島薗進
末木
大谷
西村

近代日本宗教史 第6巻

模索する現代

昭和後期～平成期

春秋社

巻頭言

時代はどこに向かっていくのだろうか。近代的価値観が疑われ、「戦後」の理念は大きく揺らいでいる。災害や新たな感染症といった、人類史上幾度となく経験したはずのことがらが、しかし未知の事態を伴って、現代の人々の生活を脅かしてもいる。歴史の進歩という夢は潰え、混迷と模索が続いている。こうした状況の中で早急に解決を求めることは危険であり、遠回りであってももう一度過去を確かめ、我々の歩んできた道を問い直すことこそ、真になさねばならぬことである。近年、近代史の見直しが進められつつあるのも、そのような時代を反映するものである。

近代史の中で、もっとも研究の遅れていたのは宗教史の分野であった。近代社会において、宗教はともすれば前近代の名残として否定的に捉えられ、社会の合理化、近代化の中でやがて消え去るべき運命のものと見られてきた。それ故、宗教の問題を正面に据えること自体が時代錯誤的であるかのように見られ、はばかられた。これまで信頼できる近代日本宗教の通史が一つもなかったことは、我々関連研究者の怠慢という面もあるが、いかにこの分野が軽視されてきたかをありありと物語っている。

しかし、今日の世界情勢を見るならば、もはや何人も宗教を軽視することはできなくなっている。プラス面であれ、マイナス面であれ、宗教こそが世界を動かす原動力のひとつとして認識されつつある。日本においても、今日の政治や社会の動向に宗教が大きく関わっていることが明らかになっている。翻って日本の近代史を見直せば、そこにも終始宗教の力が大きく働いていて、宗教を抜きにして日本の近代を語ることはできない。そうした問題意識が共有されはじめたためであろうか、さいわい、最近この分野の研究は急速に進展して、従来の常識を逆転するような新たな成果が積み重ねられつつある。宗教から見た近代や近代史の問い直しも提起されている。

そのような情勢に鑑み、ここに関連研究者の総力を挙げて、はじめての本格的な近代日本宗教史を企画し、刊行することにした。その際、以下のような方針を採ることとした。

1、オーソドックスな時代順を採用し、幕末・明治維新期から平成期までカバーする。近代日本の宗教史を知ろうとするならば、まず手に取らなければならない必読書となることを目指す。

2、一面的な価値観や特定の宗教への偏りを避け、神道・仏教・キリスト教・新宗教など、多様な動向に広く目配りし、宗教界全体の動きが分かるようにする。

3、国家政策・制度、思想・信仰、社会活動など、宗教をめぐる様々な問題を複合的な視点から読み解くようにする。そのために、宗教学研究者を中心にしながら、日本史学・政治学・思想史学・社会学など、関連諸学の研究者の協力を仰ぎ、学際的な成果を目指す。

4、本文では、主要な動向を筋道立てて論ずるようにするが、それで十分に論じきれない特定の問題をコラムとして取り上げ、異なった視点から光を当てる。

以上のような方針のもとに、最新の研究成果を生かしつつ、しかも関心のある人には誰にも読めるような平易な通史を目指したい。それにより、日本の近代の履歴を見直すとともに、混迷の現代を照らし出し、よりよい未来へ向かっての一つの指針となることを期待したい。

編集委員　島薗　進　大谷栄一
末木文美士　西村　明

近代日本宗教史　第六巻　模索する現代——昭和後期～平成期

目　次

近代日本宗教史　第六巻　模索する現代——昭和後期〜平成期

第一章　総論——信仰共同体への帰属を超えた宗教性のゆくえ

島薗進

一　はじめに

本巻は昭和後期（一九七〇年～一九八九年）と、平成期（一九八九年～二〇一九年）を対象期とする。「戦後」の大きな転換点として一九七〇年頃を捉え、それ以後の昭和後期と平成期をあわせておよそ五〇年ということになる。

高度経済成長が終わり第一次オイルショックを経て、右肩上がりではない社会に入るとともに環境問題があらわになる。だが、日本の経済的上昇と成功が実感された七〇年代、八〇年代を経て、バブルの崩壊期に入り、一九九五年、阪神淡路大震災とオウム真理教地下鉄サリン事件を経験する。世界的には一九八九年のベルリンの壁の崩壊と冷戦の終焉に続き、九〇年には湾岸戦争やバルカン半島の宗教・民族衝突が起こり、「文明の衝突」や「新世界秩序」といった言葉が踊る時期へと入る。

国内でも歴史問題をめぐり持続的に対立が生じ、近隣諸国との軋轢が目立つようになる。中国と韓国への優越意識が過去のものとなるなかで、「自虐史観」批判が唱えられ、日本会議などの右派勢力が影響力を強め「戦前回帰」の動向も生じてくる（山崎、二〇一六）。日米同盟が続くが、対米従属への疑問はあいかわらず高い。経済的な国際的地位の低下が続き、少子高齢化や格差増大に悩む停滞期に耐える時期となる。敗戦後七五年を前に平成から令和へと移行するが、なお、「今」を表すときに「戦後」という言葉が有効と感じられる状況が続いている。

総論では、この時期の日本の宗教についてその多様な様態をそれぞれ概括するとともに、それらが全体として日本の宗教の変容という点で何を示唆しているかについても述べていきたい。

二　宗教集団と共同体の後退

新宗教の勢力後退

日本の新宗教の発展期は一九世紀の初めからだが、急速な勢力拡大は離村向都が進む一九二〇年代から一九六〇年代だった。たとえば創価学会は一九五〇年に信徒数五〇〇〇人といっていたものが、一九六〇年頃には公称で七五万世帯、七〇年前後には七五〇万世帯となった。しかし、それ以後の数十年をならすとほぼ横ばいということになる。国内の信徒数は増えていないのだ。

同じような傾向は、天理教、金光教の他、霊友会、立正佼成会、大本系の生長の家、世界救世教などにも見られる。文化庁が各教団の公称信者数を示している『宗教年鑑』の昭和五七年版と平成二九年版を比べてみよう（島薗、二〇二〇、表1）。それぞれ、一九八一年末と二〇一六年末の信者数が記されており、この三五年間の変化が見えてくる。あまり減少が目立たない教団もあるが、大きく減少

	1981年末	2016年末
大本	168,105	167,604
金光教	470,646	430,170
霊友会	2,962,880	1,272,581
妙智會教団	724,418	685,145
立正佼成会	5,393,944	2,725,561
天理教	2,610,137	1,199,955
パーフェクトリバティー教団	2,714,962	818,467
生長の家	3,733,239	459,531
世界救世教	821,202	604,015

表１　各教団の公称信者数

している傾向は明らかだろう。

幕末維新期に成立した天理教は、その後、明治中後期、大正期、昭和前期と信徒数の増大が続いたが、戦後（昭和中期）は勢力維持の時期で、昭和後期には信徒数は横ばいでも高齢化が目立つようになり、平成期には信徒数が減っていく。一方、昭和初期が興隆期で戦時中に基盤が築かれ、戦後に急速に発展した霊友会、立正佼成会、パーフェクトリバティー教団、生長の家なども同様だ。これらの教団は、とくに二一世紀に入ってから後退が大きい。

概括すると昭和後期から平成期にかけて主要な新宗教教団は勢力停滞期、あるいは後退期に入った。新宗教教団への帰属が人々にとって魅力的ではなくなってきたと見ることができる。これは新しい信徒が入りにくいということとともに、家族の世代継承率が低いということでもある。大本のようにほとんどの信徒家族が、葬儀を大本式にする教団では世代継承率が比較的高い。だが、多くの教団は入信しても家の仏壇はそのまま残して、葬儀は家の檀那寺でやってもらうようにしてきており、これが世代継承率の低下の一因となっている。

伝統仏教と寺離れ

伝統仏教の勢力縮小傾向については数値で示すのは容易ではない。わかりやすい数字から見ていこう。鵜飼秀徳『寺院消滅』（鵜飼、二〇一五）の巻末に伝統仏教の各宗派が行っている調査報告の結果が引かれている。二〇一二年から一三年にかけて行われた、浄土宗の八六三ヶ寺から回答を得た調査では、最近の二〇年間で檀家数が増えていると答えるお寺が一四パーセント、変化なしが二四パーセント、分からないが二パーセント、残りの六〇パーセントは減っていると答えている。減っている檀家の数は、一～一〇軒が二六パーセント、一一～二〇軒減が一五パーセント、二一～三〇軒減が九パーセント、三一軒から五〇軒減が五パーセント、五一～一〇〇軒減が三パーセント、一〇一軒以上が二パーセントとなっている。

同じ調査で「今後、二〇年間で貴寺院の檀家の増減はどのぐらいであると予測されますか」、という問いに対して、「ほぼ変わらない」と答えるお寺が八パーセント、増えると予想するお寺が八パーセント、「分からない」と答えるお寺が五パーセント、減少を予想するお寺が七九パーセントである。減ると予想する檀家の数は、一～一〇軒が一八パーセント、一一～二〇軒減が二三パーセント、二一～三〇軒減が一六パーセント、三一軒から五〇軒減が一三パーセント、五一～一〇〇軒減が四パーセント、一〇一軒以上が五パーセントとなっている。

檀家数の変化が都市部と農村部で大きく異なることは容易に想像できるだろう。日本の都市人口と地方人口の比率の変化という観点から見ていこう。都市と地方をどのように分けるのか基準を定めるのは容易ではないが、国連の「世界都市化予測　二〇一八年版」によって日本の都市人口の推移を見ると、都市人口の割合は一九五〇年には五三・四パーセントだったが、一九七〇年には七一・九パーセントになり、二〇一五年には九一・四パーセントになっている（堀江宗正「変わり続ける宗教／無宗教」堀江編、二〇一八、一五頁）。

農林水産業など第一次産業がまだ残るような地域の仏教寺院では、地域住民との結びつきが濃いが、都市部、とくに大都市ではそれが薄くなる傾向がある。同じ檀家といっても、地方の寺院の檀家と大都市の檀家では寺院との結びつきに大きな違いがある。ところが、一九七〇年代以降に檀家が増えている仏教寺院は主に都市化が進む地域、都市機能が高度化する地域に多いことが想定できる。そうだとすると、ここで見てきた浄土宗の檀家数の推移は他教団にもあてはまり、伝統仏教教団全体にとって深刻な脅威と見なくてはならないだろう。

神社参拝者の変化

神社参拝者の推移は複雑である。地域社会の規模の小さな神社は住民の認知度が下がっている。石井研士は神社本庁による調査を示しているが（「神社神道は衰退したのか」石井編、二〇一〇）、地域の氏神を知っているという人は、一九九六年に七二・六パーセントだったが、二〇〇六年には六五・一パーセントに下降している（一五頁）。同じ時期に、氏神様のお札をもっていると回答した人は、一九九六年の二七・七パーセントから、二〇〇六年の一八・九パーセントに減っている（一八頁）。もっとも、「近くの神社のお札」について聞くと、もっているが一九九六年に二五・四パーセントだったのが、二〇〇六年には二五・六パーセントとほぼかわらない。

他方、著名神社の初詣者数は、一九六二年から一九九八年の間に著しく増大している（石井、一九九八）。明治神宮は一七〇万人余りから四七〇万人余りに、住吉大社は一六〇万人余りから二八〇万人余りに、熱田神宮は一五〇万人余りから二六〇万人余りまで増大している。一方、古くからの著名な神社でも、日枝神社、大國魂神社、富岡八幡宮、神田明神（神田神社）などは増えたとしてもさほどの伸びはなく五〇万人を超えることはない。東京では明治神宮、名古屋では熱田神宮が他を圧して増加しているが、京都や大阪、とくに前者ではいくつもの神社で増大傾向が見られる。また、地域再生にさほど規模の大きくない神社が一定の役割を果たすという事例も少なくないようだ（黒﨑、二〇一九）。

これによると神社参拝者の総数ということでは、この時期の都市化の進行によって大きな変化はなかったようだ。このように見ると、一九七〇年頃から二〇二〇年頃までの宗教行動・宗教実践の変化として、親族や地域集団の結合によるものが後退し、かわって分散した個々人や家族によるものが増大しているという傾向が見てとれるだろう。帰属する対象としての宗教集団からは離れていくか、自由に接近できる宗教資源には進んで接近する傾向が強まっているのだ。

葬儀・法要の簡略化や減少

昭和後期には女性の大学進学率が著しく向上し、近代家族の性別分業体制の変容が準備されていたが、家族構造の変化が顕著になってくるのは平成期である。小谷みどりの『〈ひとり死〉時代のお葬式とお墓』(小谷、二〇一七)は、厚労省の「国民生活基礎調査」を引いて、少子高齢化の状況を数値で示している。六五歳以上がいる三世代世帯が占める割合は一九八〇年には五〇・一パーセントだったが、二〇一五年には一二・二パーセントまで減ってきている。国立社会保障・人口問題研究所の二〇一四年推計では、二〇三五年に東京では世帯主が六五歳以上の世帯のうち四四・〇パーセントがひとり暮らしになるという。五〇歳以上で離婚する人は一九九〇年以降、急速に増加し、九〇年から二〇〇〇年までの増加率は三〇〇パーセントに上るという(一〇〜一一頁)。

小谷自身が二〇一二年に行った調査では、「身内と親しい友人だけでお葬式をしてほしい」と回答した人が三三・一パーセント、「家族だけでお葬式をしてほしい」と考える人が三〇・三パーセントもいた一方、「従来通りのお葬式をしてほしい」と考える人は九・〇パーセントにとどまった(五頁)。また、「宗教色のある形式」でしてほしいと考える人は一六・四パーセント、「宗教色のない。お別れ会形式」を望む人も二五・五パーセント、「こだわらない」人が五〇・五パーセントとなったという（二七頁）。

通夜・葬儀の簡略化は九〇年代以降、急速に進んでいる。自宅または病院から直接、火葬場に遺体を運び、火葬にする「直葬」は九八年ごろから広がり始めたと言われている。宗教が関わるとしても炉前で読経が行われるだけという簡略なものだ。通夜を省く「一日葬」は新型コロナウイルス感染症の蔓延状況で急速に広まった。一周忌、三回忌、七回忌などの年忌法要の簡略化、ひいては省略する人も増えてきている。

散骨を行うことを掲げる「葬送の自由をすすめる会」が発足したのが一九九一年だが、その後、墓石のかわりに樹木を植える樹木葬が始められ、公営墓地なども含めて増えてきている。「家の墓を設け、代々そこに入る」のが当然と思われていたが、一九九〇年代以降、急速に変化が進み、寺院でも永代供養の施設を設けてそこに入ってもらうようにする例が増えている。この場合、特定宗派、特定寺院の檀家として将来世代にも継承していくという意識は弱くなっている。

一七世紀の前半に確立した檀家制度に由来する寺檀関係が薄れていく傾向は顕著だ。二〇一〇年代以降は、人口減少地域を中心に「寺院消滅」への危惧も強まってきている。他方、大都市では無縁社会化によって遺骨の引き取り手がいなくなるなどの事例も増えている。

三　スピリチュアリティの興隆

無宗教型スピリチュアル層

共同体の人的結合と深い関わりのあった日本の宗教だが、共同体の弱体化や流動化に対応して新たな宗教性の現れが目立つようになってきている。以下、拙稿「宗教からスピリチュアリティへ」（島薗、二〇二一）にそって述べていく。

米国の Pew Research Center の調査によると、現在、米国の一八歳以下の八三パーセントがＳＢＮＲ層（Spiritual But Not Religious／無宗教型スピリチュアル層）と自覚しているという。私が「無宗教型スピリチュアル層」に注目して、『精神世界のゆくえ』（島薗、一九九六）を刊行したのは一九九六年だが、そこでは日本の場合、一九七〇年代の後半に「精神世界」という言葉が登場した時期が起点になると見なしている。「精神世界」をしかけたのは紀伊國屋書店だが、続いて西荻窪の小さなプラサード書店や新宗教の阿含宗が関わっている平河出版の『ザ・メディテーション』という雑誌が、定着に大きな役割を果たした。すぐに大型書店にはどこでも「精神世界」のコーナーが広がっていく（島薗、一九九六）。

『ザ・メディテーション』第六号（一九七九年）の特集企画は「精神世界の本・ベスト８００」だったが、やがて毎年『精神世界総カタログ』が刊行されるようになり、九〇年代末には書物だけで一万冊を超えるほどの規模になる。オウム真理教が刊行する書物は大型書店では宗教書のコーナーに加わったり、精神世界のコーナーに加わったりしていた。オウム真理教に入った人々の多くは、精神世界の動きの支持者だった時期がある。実際、最初期の、つまり八〇年代中頃のオウム真理教はヨーガに力点がある精神世界系の団体のようにも見えた。八〇年代は気功の急速な発展期でもあったし、「ニューサイエンス」の隆盛期でもあった。

また、当時、日本文化論が盛んだったが、そこでは「森の文化」やアニミズムやシャーマニズムに人気があった。キリスト教や仏教やイスラームのような都市文明と結びついた伝統宗教が広まる以前の宗教性が日本には顕著に保持されてきた。縄文文化を受け継いだ古神道、あるいは沖縄やアイヌの文化こそ日本の宗教の古層をなしており、現代人にとっても納得のいく魅力あるものだという。これは伝統宗教（救済宗教）以前のスピリチュアリティの復興に期待をかけるものだ。梅原猛『［森の思想］が人類を救う――二十一世紀における日本文明の役割』（小学館、一九九一）、岩田慶治『アニミズム時代』（法藏館、一九九三）などが注目を集めた。

これらは若者が伝統宗教を信じることはできないと感じ、かつ科学技術による合理主義的文明には限界を感じている若者たちが、未来の文明のあり方に希望を見出しながら、自らも実践に取り組もうとしたものである。「精神世界」は一大勢力に拡大したように感じられた。

スピリチュアリティと伝統宗教

以上のような動向を、私は「新しいスピリチュアリティ」として特徴づけ、新霊性運動とか新霊性文化というよび名で示そうとした（島薗、二〇〇七）。「霊性」は「スピリチュアリティ」の訳語として使われてきたもので、八〇年代、九〇年代には定着が模索されたが、その後は使われる度合いが減って来ている。「新しいスピリチュアリティ」というのは、「スピリチュアリティ」には歴史があり、二〇世紀の後半になって伝統宗教の外で試みられているもののみを指すのは困難だからである（島薗、二〇〇七／島薗、二〇一二）。

スピリチュアリティという語はもともと宗教の外にあり、宗教とは異なる何かという意味で用いられていたわけではない。むしろ宗教伝統のなかでの事柄として用いられるようになったものである。そうした用法の初期のものは一七世紀のフランスにあり、神秘主義（mysticism）の語と相通じるものとして用いられるようになったのが始まりとされる。それはキリスト教の修道院において典型的に見出されるものであり、その後も限られた少数者のみが体現するものとして用いられる時期が続いた（島薗、二〇〇七、第三章）。

伝統宗教のなかでのスピリチュアリティが、広く信徒にもあてはまるものとして用いられるようになるのは二〇世紀の後半のことであり、だんだんその範囲が広がっていった。たとえば、アリスター・マクグラス『キリスト教の霊性』（教文館、二〇〇六／原著、一九九九）では、「キリスト教の霊性は、満たされた本物のキリスト者となることを求めることである。キリスト教の基本的な考え方と、キリスト教信仰の基礎と枠組の中での人生の全ての経験とを統合させるものである」（三二頁）と述べている。

「無宗教型スピリチュアル層」（SBNR）に代表されるような「新しいスピリチュアリティ」と伝統宗教の中で見出され、培われるスピリチュアリティが併存することになる。いずれにしろ、広い範囲の人々にとって身近な事柄としてスピリチュアリティが自覚され、論じられることになる。人々がそのなかで経験をするシステムとしての宗教に対して、個々人がそれぞれに身に付け経験することとしてのスピリチュアリティに関心が移ってきていることを反映するものである。

一二ステップ系の自助グループ

二〇世紀の最後の二〇年ほど、そして二一世紀の初めの二〇年ほどの間に、スピリチュアリティという語が広い範囲の人々に関わる事柄として意識されるようになってきた。それは伝統宗教に属すると自覚する人と「無宗教」と自覚する人の双方について言える。そして、「新しいスピリチュアリティ」の担い手も当初は若者中心だったが、さらに老若男女、広い層の人々に関わるものに広がっていく。また、未来に向けて明るい希望を投影するようなものが多かったが、次第にむしろ苦難や悲嘆の経験を反映するようなものへと広がっていく。

一九九五年はオウム真理教の地下鉄サリン事件が起こった年だが、その年に斎藤学《さとる》『魂の家族を求めて──私のセルフヘルプ・グループ論』（日本評論社）が刊行されている。斎藤は精神科医だが、日本にＡＡ（アルコホーリクス・アノニマス）に由来する一二ステップ系のセルフヘルプ（自助）グループ運動を広めるのに貢献した。ＡＡとはアルコール依存症の人々がお互い支え合うための一二ステップの考え方の基準を定めて、その考えにそった生き方を行うようになったものだ。

これは米国で一九三〇年代に始まったが、米国では一九八〇年代以降、日本では九〇年代以降にさまざまな辛さや困難を抱える人々の自助集団に広まっていった。たとえば、摂食障害の人たち、自傷行為を繰り返す人々、パニック発作を自覚する人々などが集まって、それぞれ匿名で（ハンドルネームで）話し合う。それによって、困難に耐える力を得ようとする。

一二ステッププログラムの最初の三ステップは次のようなものである。

1．私たちはアルコールに対し無力であり、思い通りに生きていけなくなっていたことを認めた。

2．自分を超えた大きな力が、私たちを健康な心に戻してくれると信じるようになった。

3．私たちの意志と生き方を、自分なりに理解した神の配慮にゆだねる決心をした。

「自分を超えた大きな力」とか「自分なりに理解した神」というのは、宗教に通じる何か超越的な存在や力を信じるということだが、それがキリスト教の神でなくてもよい。特定の宗教の信念体系に従うのではなく、「自分なりに理解した」自己超越のあり方でこそ、なかなか脱することができない困難を超えていける、という考え方にそっている。

スピリチュアルペインと死生学

一二ステッププログラムの第一ステップは、自己の無力さ、自己の力の限界を自覚するというものだ。このように現代のスピリチュアリティにおいて、苦しさや弱さの自覚、また、人間の力の限界の自覚が際立つものがある。これはWHOの緩和ケアの定義では、スピリチュアルペインとよばれている。苦痛を身体的、メンタル、社会的なそれとともにトータルに捉えたケアが必要で、そこではスピリチュアルペインを考えることが欠かせないとする。

これは一九六〇年代後半に始まるホスピスケアの運動から、広く緩和ケアへと広がっていった医療における死に行く人のケアの展開と関わっている。医療のような公共領域においては、近代化の途上では世俗的な基準が優位に立ち、スピリチュアルな関心は私的な宗教性に委ねられるものと考えられてきた。しかし、実際には公共領域でのケアにおいてスピリチュアルな側面に関わらざるをえない。医師、看護師など医療関係者がスピリチュアルケアを自らの課題として受け止めるようになり、それに応じるように死と取り組む教育や学術的研究が発展してくる。

英語では、death education とか death studies, thanatology といった語で捉えられるようになる事柄だが、日本では「いのちの教育」、「生と死の教育」、「死生学」などの語で取り組まれるようになる。日本ではアルフォンス・デーケンの一九七〇年代からの取り組みが先駆的だが、八〇年代以降、多方面に広がっていく。大学では東洋英和女学院大学の取り組みが早いが、東京大学文学部でも二〇〇二年に死生学のプロジェクトが立ち上がり、二〇二二年度からは大学院での教育も始まることになっている。

グリーフケアへの関心の広がり

だが、現代社会で求められているケアは、死にゆく人のケアにはとどまらない。またスピリチュアルペインも死を前にした苦悩にとどまるものではない。それらはかつては宗教の領域に属することと考えられてきたが、今では現代社会のさまざまなセクターで、また個々人それぞれが取り組まざるを得ないものになっている。わかりやすい例は、死別の悲嘆である。一人称の死、すなわち自己自身の死に対して、二人称の死、つまりたいへん親しい近親や友人等の死による苦悩である。スピリチュアルケアの一部として理解されるかどうかは別として、グリーフケアに大きな関心が集まるようになって来ている（島薗、二〇一九）。

死をめぐる儀礼や言説は宗教と関わりが深い。だが、死生学が問うのは特定宗教の枠内での儀礼や死生観にとどまらない。さまざまな宗教伝統や諸文化における死生観や儀礼、さらにはさまざまな学術領域や芸術などにも学びながら、いかに死に向き合うかについて考えていくことである。死者を送る行事は宗教と結びついて行われて来た。通夜、葬儀、納骨、一周忌、三回忌、そして命日やお彼岸の墓参など、日本では死者との交わりの機会が多い。日本人は死者を身近な存在として感受する傾向があるのだが、現代ではそのための宗教文化、儀礼文化が後退している。それにかわって新たなグリーフケアの文化が求められている。

一九七〇年頃から新たな礼拝モチーフとして登場し、急速に広まったのは水子供養である。人工中絶による流産児の供養のための観音菩薩や地蔵菩薩が特定され、多くの女性が参拝するようになった。親族や地域集団等を分かち合うことができない心の痛みを癒す機能をもったものだが、孤独な生者が親しい死者を慰霊する新しいタイプのグリーフケアの施設と見ることもできる。共同体を基盤とした儀礼には組み込むことができないような種類の悲嘆や罪の意識が、こうした新たな礼拝形式を支えることになった。

他方、阪神淡路大震災や東日本大震災の被災地では、さまざまな慰霊・追悼施設が設けられている。人々に衝撃を与えるような事故や事件が起こると、その場所に慰霊施設が設けられる。よく知られているのは、一九八五年に日本航空のジャンボ機が墜落して五〇〇人余りが死亡した群馬県御巣鷹山である。八月一二日には今も遺族が山を登り、慰霊施設の前で手を合わせている。そこで死者に会えるとして、一年に複数回、お参りに来る人もいる。日航機事故の遺族以外の、事故や災害の遺族もこの慰霊・追悼行事に加わっている。特定宗教によらない新しい慰霊・供養の場であり、グリーフケアの場となっている。それはまた、現代社会におけるスピリチュアリティの発露の場として注目される事例ともなっている。

新しいスピリチュアリティと大衆文化

新しいスピリチュアリティ（新霊性運動・新霊性文化）のなかでじわじわとその影響力を強めているのは、さまざまな瞑想や身心変容実践である。一九七〇年代にはヨーガの実践が広まったが、八〇年代になると気功の実践が広まり中国の学会の影響も受けつつ、人体科学会が設立されている。九〇年代にはユング心理学やトランスパーソナル心理学が隆盛で、アカデミズムの中にも新しいスピリチュアリティの思想や実践が根をおろしていった時期である。ホリスティック教育や統合医療などの考え方も八〇年代以降、影響力を広めて来ており、二〇〇〇年代にはマインドフルネスへの関心が高まり、医学・医療関係でも多くの実践者、共鳴者を生み出すに至っている。

他方、新しいスピリチュアリティが商業化されたり、ポップ・カルチャーとして広められる傾向が強まっている。すでに一九七九年には学研から月刊オカルト情報誌『ムー』が刊行され、現在まで続いている。同じく一九七九年には実業之日本社から、女子中高校生をターゲットに「占いとまじない」をコンテンツとする月刊誌『マイバースデイ』が刊行されている。一九九〇年代半ばのオウム真理教事件を経て、「宗教ブーム」が後退し、『マイバースデイ』は二〇〇六年一二月をもって廃刊に追い込まれる。橋迫瑞穂によると、若年層のスピリチュアリティへの関心は形をかえて継続しており、二〇〇〇年代に入ると「スピリチュアル市場」という形をとって継続されたという（橋迫、二〇一九）。

商業的な展開は日本に限ったことではないが、日本の場合、伝統的な仏教・神道や民俗宗教との親和性も高く、伝統回帰的な性格を帯びる傾向もある。堀江宗正は「巡礼や山岳修行や参禅など、伝統的な神道や仏教の修行にネットなどの情報を頼りに人々が参加するという現象も二〇〇〇年代に顕著になる」と述べている。コミックやアニメ、ゲームや映画など大衆娯楽にスピリチュアルなネタが盛り込まれることも多い。「パワースポット」という用語が広まり、ツーリズムをスピリチュアリティが動機づけるような現象も目立つようになった（堀江、二〇一九）。

テレビ番組「オーラの泉」や「天国からの手紙」でスピリチュアル・カウンセラーを自称する江原啓之、『生きがいの創造』（ＰＨＰ出版、一九九六）などで生まれ変わりを前提とした人生観・死生観を説いた飯田史彦はともに九〇年代の半ばに登場し、メディアを通して多くの支持者を得た。米国では一九八〇年代に女優のシャーリー・マクレーンが自らのスピリチュアルな覚醒の経験を描いた『アウト・オン・ア・リム』（地湧社、一九八六／角川文庫、一九九九）がヒットしテレビドラマにもなったが、それに対応するような新たなスピリチュアリティ流布の形態が形づくられていった（堀江、二〇一九／島薗、二〇一二）。

四　新宗教の新たな展開

一九七〇年代以降の創価学会

第二節から第三節では、昭和後期から平成期にかけて、共同体とともに宗教集団が後退していく一方、集団としての結合が弱くネットワーク的なつながりを形成したり、メディアを通して伝えられたり、あるいは社会制度のなかに入り込んだりするスピリチュアリティの興隆が見られることについて述べてきた。だが、この時期、結束を重視する宗教集団や宗教的な観念構造がひたすら後退していったというわけではない。この第四節では、そうした動きについて見ていきたい。

昭和中期に急速な発展をとげた新宗教で、昭和後期以降も政治的社会的に大きな影響を保持した新宗教教団の代表は真如苑と創価学会である。真如苑は一九三六年に活動が開始され、昭和中期に基盤ができてはいたが、大きな教団へと発展したのは昭和後期と平成期である。真如苑は多数の霊能者養成という、これまでなら教団の分裂を招いたり、社会からの批判を招いたりするために、抑制せざるをえなかった課題を、制御可能なシステムによって実現させた。修行を経た多数者の霊能を重視するというのは、一部の新新宗教において求められたものだが、そこでも成功例は多くない。真如苑は昭和中期に基盤が形成された教団だが、多数者の霊能開発という課題に成功した教団である。だが、それが実現するまでにはかなりの時間がかかった。それまでの間に社会からの批判を受けるなどして、かなりの年月を経過したのだ。

創価学会も大きな勢力を保ち続けて平成期を乗り切ったと言える。前にも述べたように創価学会の国内での勢力発展は一九七〇年頃に頭打ちとなるが、その段階で国内で最大の勢力をもつ宗教教団となっており、六〇年代に結成された公明党という政党も国政の動向に大きく関わるだけの力をもつようになっていた。

一九七〇年という年は創価学会にとって大きな転機になった。創価学会が藤原弘達の『創価学会を斬る』という本の出版妨害をし、言論抑圧事件とされて厳しく批判されたのだ。事件が暴露されたところから、国民に創価学会という宗教団体と公明党という政治党派の関係が問われ、宗教的目的のために政治団体をつくり、宗教が政治を利用していると非難された。政教分離に違反すると批判され、結果的に宗教団体と政党の組織をはっきり分けることを求められたのである。

しかし、その後も池田会長が実質的に公明党を指導しているとの疑いがあり、自民党は政教分離に反するとして、池田会長の国会での喚問を求め、揺さぶりをかける。七九年には池田会長が会長を退き、以後、名誉会長となる。これも自民党からの攻撃を避けるためと世間からは見なされたが、それでも池田名誉会長の実質的な影響力は維持され続け、自民党からの攻撃は続いた。結局、一九九九年に自民党と公明党との連立政権路線が定まり、その後は自公政権を目指す方向でますます選挙活動に力を入れていく。

他方、創価学会は富士の大石寺を本拠とする日蓮正宗という伝統教団に所属する、在家の講集団という形をとっていたが、日蓮正宗の僧侶集団との間の緊張関係が高まる。一九七〇年代の前半まではもちつもたれつの蜜月的関係だったが、七〇年代の後半から両者の関係がきしみ始める。日蓮正宗が創価学会と池田名誉会長を破門するのは一九九一年のことである。以後、創価学会は僧侶なしの葬儀、「友人葬」を推進していく。他方、新たに入信する人に、それまでは大石寺から「大御本尊」が下付されていたが、以後はそれができなくなった。教義上の大きな変化は、教団の凝集力にも影響している。

キリスト教の影響を受けた新新宗教

この総論では、キリスト教の諸集団についてはふれることができないが、プロテスタントでは昭和中期までの勢力が後退し、かわって福音主義的な勢力が増大していることは記しておきたい。世界的にリベラル化が進む旧来の主流派の勢力が後退していき、聖書に忠実であることを重視し、終末が近いことを説いたり、聖霊の働きによる癒しを説いたりする勢力が上昇する傾向が見られる。こうした勢力後退は新宗教における勢力後退と並行する現象と見ることができる。一九七〇年代以降に発展期をもった新宗教教団があり、八〇年代から九〇年代にかけてこれらは新宗教の新しい世代のものとして「新新宗教」とよばれるようになる（島薗、二〇〇一）。

早い時期に注目されたものに真光系教団やGLAがあり、後発だがもっともよく知られているのはオウム真理教だが、キリスト教の影響を受けた新宗教もいくつかある。一例はエホバの証人（ものみの塔）で、アメリカで一九世紀に広まり、戦前にも灯台社（「ものみの塔」の戦前の呼称）といって布教していたが、全面的な弾圧を受けて一時消滅する。戦後に活動を再開し、一九六〇年代頃まではあまり目立った動きはなかったものの、一九七〇年代以降、急速に発展する。

エホバの証人は、世の終わりの切迫を説くところに特徴がある新宗教だ。「まもなくキリストが再臨し千年王国が到来し、悪に染まっているこの世は滅びる。そのときに選ばれた者だけが救われて神のもとに残る」という信仰をもっている。世の終わりが近いと唱える。この終末論的千年王国信仰は近代のキリスト教のセクトにしばしば見られるものだが、エホバの証人はそれが徹底している。信仰に入ると布教のために生活を捧げなければならないので、ふつうの社会生活からかなりの程度、撤退せざるをえなくなる。熱心な信徒の多くが世捨て人のようになるのだ。

もう一つキリスト教の影響を強く受け、海外から流入した新新宗教に統一教会（世界基督教統一神霊協会。現在は世界平和統一家庭連合）がある。その母国は韓国であるが、世の終わりの近いことを訴え、一般社会のモラルとは違うようなラディカルな宗教的生き方を勧める。悔い改めるべき罪を強調するのも特徴だ（櫻井・中西、二〇一〇）。

独自の聖典『原理講論』では、聖書の創世記を独自に捉え返して「堕落論」が引き出されている。堕落した人間が神に近づいていく「復帰」の歴史を推し進めていかなくてはならないとする。罪を負った人間が復帰の摂理を完成するのはイエスの再臨である教祖、文鮮明によってだ。だが、その過程を推し進めるために、罪を減らしてこの世の資源を神の下へと復帰させていく必要がある。罪を清算することを「蕩減《とうげん》」といい、また「万物復帰」という。実際には教団に人的物的資源を惜しみなく投ずることを指すことになる。

新新宗教の暴力とカルト問題

統一教会は世界諸国で活動を行ったが、霊感商法が激しく行われたのは日本だった。これは日本は堕落を引き継ぐ「エバ国家」であり、「アダム国家」である韓国に負債があり、日本が韓国に「侍る」、つまり人材と資金の供給を行うのは当然だという教えにのっとったものだ。韓国では約七〇〇〇人の日本人女性信徒が、統一教会の「祝福」により韓国人男性と結婚したが、これは韓国の農村部の男性の結婚難が背景にあったとされる。

統一教会は共産主義と戦うことを自らの使命とし、一九六八年に国際勝共連合を設立した。これによって韓国の軍事独裁政権だった朴正熙大統領の支持を得、日本の右派や反共主義者とも手を結んだ。一九七四年には世界平和教授アカデミーを組織し、大学教授などの支持を得ることにも力を入れた。選挙のときに自民党の政治家を助ける活動にも関わっており、二〇一〇年代にはそれが続いている。統一教会が日本人からの搾取を正当化する教えをもっていることが報道されたあとも、この事態は変わっていない。

後発の新新宗教教団として短期間ではなばなしく展開し、テロ事件を起こして崩壊したのがオウム真理教である。教祖の麻原彰晃（松本智津夫）はこれも新新宗教の阿含宗に入信して数年間、熱心に信仰を続けた（島薗、一九九七）。しかし、阿含宗のなかでは十分な瞑想や身体修行を行うことができず、それに不満をもった。そこで、書物を通して、クンダリニー・ヨーガや密教的瞑想について学ぶ時期が続く。こうして厳しい修行や瞑想に力点を置くようになることで、麻原は現世否定や現世離脱の教えに親しんでいく。

麻原は一九八四年に阿含宗から独立し、一五人のメンバーとヨーガ道場を始めるが、すぐに「オウム神仙の会」と名乗り、翌年には「オウム真理教」と名を改める。そこで説かれるようになるのは、修行によってこそ、死を超えることができるということだ。死を強調し、死を超えるための現世否定的・現世離脱的な教えと修行重視の実践のあり方が、若者たちを魅了した。オウム真理教の暴力事件は信徒や批判者への攻撃から、大量殺害兵器による一九九四年の松本サリン事件（七人死亡、約六〇〇人負傷）、九五年の地下鉄サリン事件（一三人死亡、約六三〇〇人負傷）のテロにまで及んでいく。そこでは教祖への絶対的な帰依服従を説くグル崇拝が大きな役割を果たしていた。殺すことが殺される人を救うことにもなるとして殺人を肯定することを指す用語（「ポア」）が高次の信仰用語として用いられた。地下鉄サリン事件の段階での国内信徒は約一万人、そのうち出家修行者が一二〇〇人余りとされる。高学歴で若い男性信徒が多かった。

社会に害悪を及ぼす宗教教団を「カルト」とよぶ用語法は、オウム真理教事件によって広まるようになった（「カルト」の語の用語法の歴史については、井門富二夫『カルトの諸相』岩波書店、一九九七）。しかし、一般社会の良識に正面から挑むような活動を行ったこの時期の宗教教団が日本における「カルト」の語義を規定していったと言える（櫻井、二〇一七）。一九七〇年代以降の統一教会が及ぼした影響も大きい。統一教会には現世の悪や人間の罪深さを強調し、それと対決することを促す性格があり、それ以前の現世肯定的な新宗教とはだいぶ異なる志向をもっていたといえる。それまでの新宗教では、中年の女性が信仰活動の主体となることが多かったが、統一教会の場合は、オウム真理教と同様に若者の、それも男性の入信が多いのも新しい特徴だった。

新宗教の新たなナショナリズム

新宗教とナショナリズムは結びつきが深い。戦前の習合神道系の新宗教は多くの場合、日本の国土と不可分の神が世界を救うという観念をもっていた。日蓮系の新宗教の場合も、日本が特別な使命をもっていて世界を救うという観念をもっていることが多かった。どちらも天皇崇敬と「国体」（万世一系の国体）の観念と結びつくこともあり、それは国家神道のナショナリズムと合体するものだった。

昭和前期に基盤が形成された教団の場合、国体論的なナショナリズムを維持している場合が多い。二〇一〇年代になって自民党の右派と結びついて政治的影響力が注目されるようになった日本会議は、宗教勢力がその一角をなしている。日本会議は一九七四年に結成された「日本を守る会」と一九八一年に結成された「日本を守る国民会議」が合同して一九九七年に発足し、二〇一二年から二〇二〇年に至る安倍晋三政権の下でその影響力の大きさが注目された団体だ。その支持母体の教団として名を連ねている新宗教教団には、霊友会、仏所護念会教団、念法真教、解脱会など、昭和初期から戦時中に基盤が形成された教団が多い。また、日本会議の実務的な牽引者には、神聖天皇崇敬を鼓吹していた生長の家の谷口雅春の薫陶を受け、生長の家政治連合（生政連）や日本青年協議会の実働部隊だった人々が多い。日本会議の台頭は冷戦後の世界的な宗教・民族アイデンティティの復興と連動する動きと言える。

第二次世界大戦後には新宗教のナショナリズムはさほど目立たなかった。「悲惨な戦争を経験した日本の宗教こそ平和を掲げ、それによって世界平和に貢献する使命をもっている」といった平和主義的なナショナリズムが主流だった。だが、一九七〇年代以降に発展した新たな新宗教になると、日本の独自性を掲げその精神的優位を誇るようなナショナリズムが浮上してくる。幸福の科学について、塚田穂高『宗教と政治の転轍点——保守合同と政教一致の宗教社会学』（塚田、二〇一五）によって述べていこう。

幸福の科学は東大法学部を卒業し、商社に勤めていた大川隆法（本名・中川隆、一九五六〜）が一九八六年に創始した教団である。霊界と霊的存在の実在性を強く主張する点に特徴がある。霊界は何次元にも分かれていて、四次元の幽界までは普通の人が帰っていく世界だ。五次元が善人界、六次元が光明界、七次元が菩薩界、八次元が如来界となる。歴史上の著名な宗教者や思想家、偉人らはほとんどがこのなかにいるとされる。

九次元が宇宙界で救世主の世界であり、ゴータマ・シッダールタ（釈迦）、イエス・キリスト、モーセ、ゼウス、マヌ、ニュートン、ゾロアスター、孔子、エンリル、マイトレーヤーの一〇の存在がいる。このなかの釈迦の本体意識が「エル・カンターレ」で「最高大霊」とされる。この意識はさまざまに転生してきており、今、大川隆法として地球―日本に下生しているのだという。

幸福の科学では、日本だけが特別な神聖性をもっていたわけではない。ただ、記紀神話が伝えるようなすぐれた宗教性が現れた時期が過去にあり、また、今、大川隆法の出現によって新たな日本の黄金時代が来ているということになる。したがって、将来はまた霊的な栄光は日本から離れていくという。

ここだけを見ると「現世救済」の宗教とはほど遠く、来世志向の宗教のようにも見えるかもしれない。しかし、霊界に還っても、また繰り返し、この世に生まれ、そこで修行を重ねるというのであり、現世志向の一面があることも確かだ。

五　公共空間と宗教

靖国神社問題

昭和後期から平成期にかけて、政教分離で大きな争点になったのは創価学会と公明党の問題だけではない。

最大の問題は靖国神社の地位と代替わり儀礼の性格をめぐる問題だ。神社本庁や日本遺族会などによって一九六〇年代の半ばから運動が起こされ、一九六九年から七二年にかけて、自民党主体の議員立法として靖国神社国家護持法案が提出されたが、毎年廃案になった。七三年に提出された法案は七四年に衆議院は通過したものの参議院で廃案になった。伝統仏教の多くの宗派教団、教派神道の諸教団、新日本宗教団体連合会（新宗連）の諸教団が反対したことが大きな力となった（赤澤、二〇〇五）。

その後、大きな争点になってきたのは首相の公式参拝の是非だ。一九七五年に三木首相が公式参拝して以来、神社本庁や日本遺族会はこれを主たる目標とし「英霊にこたえる会」を結成して公式参拝促進の運動を進めた。ところが一九八五年の中曽根首相の参拝をめぐって訴訟が提起され、一九八九年に愛媛県靖国神社玉串料訴訟の松山地裁判決で、一九九一年に岩手県靖国神社訴訟の仙台高裁判決でともに憲法二〇条、八九条の政教分離規定に則って違憲の判断が出て、前者は九七年に最高裁の判決が出て違憲が確定するに至った。にもかかわらず、二〇〇一年に小泉純一郎首相が、二〇一三年に安倍晋三首相が公費を使わない形で首相の地位にあっての参拝を行い問題となった。

首相の靖国参拝は韓国や中国からの批判も大きい。それが強まったのは一九八五年の中曽根首相の公式参拝以来のことだが、政教分離の問題ではなくA級戦犯が合祀されていることから侵略の歴史を是認する行為として批判されているものだ。A級戦犯は松平永芳宮司により一九七八年に合祀され、七九年にそのことが明らかにされたものだ。昭和天皇はこれに同意できないとの考えをもっており、天皇の靖国神社への参拝は一九七五年が最後となっている。

こうした状況を受けて、靖国神社にかわる国家的な追悼施設を設けようと、小泉純一郎首相は二〇〇一年、福田康夫内閣官房長官の下に「追悼・平和祈念のための記念碑等施設の在り方を考える懇談会」を設け、翌年、その報告書が提出された。この報告書は靖国神社ではなく、特定宗教色をもたない追悼施設を新たに設けることを提案したものだが、神社本庁、日本会議や自民党右派勢力の反発は強く、それが実行に移されることはなかった。

政教分離問題の継続

一方、憲法二〇条の政教分離の規定を緩和しようとする動きは神社本庁や日本会議、また自民党の右派勢力によって繰り返し提起され、度々、成功を収めてきた。それらは、天皇の神聖な地位を回復することを求めるものが多い（神社新報社編、一九七六／ルオフ、二〇〇三）。かつての紀元節を復活させた建国記念の日は一九六六年に定められたが、一九七四年には天皇の旅行に際して三種の神器のうちの剣璽（草薙剣と八尺瓊勾玉）を伴わせる「剣璽御動座」が再開され、七九年には天皇の皇位継承とともに改元することを定めた元号法が定められている。

加えて、いくつかの政教分離をめぐる訴訟が大きな政治的争点となった。国家や公的機関の行事に宗教色がある行事、とりわけ神道行事を含めることの是非が問われた。とくに一九六五年、三重県津市の体育館起工式において神道式の地鎮祭を行ったことが憲法違反がどうかという訴訟が強い関心を集めた。津地裁は憲法違反ではないとしたが、七一年の名古屋高裁判決は違憲とするものだった。神社本庁はこれに反発して大きな運動が起こされ、七七年の最高裁判決は合憲とするものだった。

これらは一九八九年、九〇年の代替わり儀礼において、神道的な要素や天皇の神聖性を伴う要素を公的行事として許容するのはどうかをめぐる論議にもつながっている。大喪の礼、剣璽等承継の儀、大嘗祭などは国家的行事としてよいのかどうか、またそれらを国費で行うのか内廷費で行うのかが論議され、訴訟も提起された。この問題は二〇一九年の代替わり儀礼においても繰り返され、秋篠宮が大嘗祭の規模縮小を訴え、注目を集めた。

二〇一二年以降の第二次安倍政権では、靖国神社や天皇の代替わり儀礼以外の問題でも、国家神道の復興を目指すかのような動きが目立った。その一つは伊勢神宮が国家的な地位をもつかのような機会を複数回にわたって作ったことだ。伊勢神宮では二〇年に一度、式年遷宮が行われるが、二〇一三年の式年遷宮において、安倍首相は最重要の儀式である遷御の儀に八名の閣僚を従え参列した。これは一九二九年以来、史上二度目のことである。また、二〇一六年のＧ７サミットにおいては、各国のリーダーたちを伊勢神宮の神聖な場である御垣内に招き入れた。日本が国家神道を公的に掲げる国家であるかのような演出を繰り返したのだ。多くの国会議員が日本会議や神道政治連盟の議員組織に属していることも、政権が特定宗教に肩入れしていることを疑わせるものとなった。

国際的な公共宗教的活動

昭和後期から平成期にかけては、政教分離と諸宗教の併存を前提にしつつ、公共空間に積極的に関与しようという動きも目立つようになってきている。一九七〇年には、京都で世界宗教者平和会議（ＷＣＲＰ、ＲｆＰ）の第一回世界大会が開催された。この会議は海外のカトリック、プロテスタント、ユダヤ教などの人々とともに、日本の幅広い宗教団体の関係者が参加した。なかでも、大きな役割を果たしたのは、立正佼成会の庭野日敬と金光教泉尾《いずお》教会の三宅歳雄だった。世界宗教者平和会議は世界の平和のための多くの活動に関わっており、たとえば二〇〇一年九月一一日の米国同時多発テロの直後に、米国のアフガニスタンへの報復攻撃を慎むように声明を出している。

この団体は次第に支持基盤を広め、諸宗教の連携による平和運動の団体としては世界有数のものに発展していった。本部はニューヨークにあるが、日本の貢献は大きい。それは日本では、宗教・宗派を超えた連携が戦前から行われてきたことと関わりがある。世界宗教者平和会議の日本での牽引者となった立正佼成会はそれに先立って、ＰＬ教団の御木徳近らとともに一九五一年に新日本宗教団体連合会（新宗連）を立ち上げて宗教協力に力を入れ、それが平和運動を展開する際に、大きな力となることを経験してきた。新宗連は教派神道連合会、全日本仏教会、日本キリスト教連合会、神社本庁とともに日本宗教連盟を構成している。互いに連携しながら、公共的な役割を果たすことに積極的に関わってきている。

二〇一七年には国連で核兵器禁止条約が採択された。そして、この条約案を形成し広めていく上で大きな役割を果たした核兵器廃絶国際キャンペーン（ＩＣＡＮ）はその年のノーベル平和賞を受賞した。このＩＣＡＮの活動には創価学会と世界宗教者平和会議の双方が協力し、条約の採択に貢献した。従来、創価学会と世界宗教者平和会議は、平和運動に関わっても同じ場に立つことがなかった。ところが、核兵器禁止条約をめぐっては両者が協力する立場になり、初めて宗教界がオールジャパンに近い体制を取ることになった。

二〇一九年に上智大学で行われたシンポジウム「平和、非核、人類文明の未来——宗教者・研究者による対話」はカトリックの上智大学がイニシアティブをとり、ＩＣＡＮの主要メンバーを招いて行われたが、創価学会と立正佼成会からの教団幹部のパネリストが同じ場で討議する初めての機会となった。この年の秋にはローマ教皇、フランシスコが来日した。カトリック教会は平和や持続可能な世界を求める公共宗教としての性格を強めているが、日本においても核廃絶の問題を通して、公共空間におけるその影響力を発揮する機会となった（上智学院カトリック・イエズス会センター・島薗編、二〇二〇参照）。

宗教教団が平和運動や社会活動に積極的に関わる例は、昭和後期から平成期にかけて増えてきている。キリスト教系では、一九七三年、鶴川学院農村伝道神学校（東京都町田市）の東南アジア科を母体として始まり、現在は栃木県の那須に大きな施設をもって農業関係の人材養成に取り組んでいるアジア学院がある。仏教系では一九八〇年に設立されたシャンティ国際ボランティア会がある。これは曹洞宗僧侶、有馬実成のリーダーシップで曹洞宗東南アジア難民救済会議として始められたもので、現在は主に東南アジア諸国で子どもの福祉や教育のための支援活動に取り組んでいる。同様の団体に一九九三年に設立されたアーユス仏教国際協力ネットワークがある。

国内での公共宗教的活動

これらは国際的な広がりをもったもので、ごく一部の例にすぎない。国内で平和や教育や福祉の活動に携わる宗教団体や宗教関係者は、昭和後期、とくに平成期に増大していった。これは一定程度の経済的な豊かさが広がってきて支援活動に携わるモチベーションが広がってきたこと、一九八〇年代半ば以降、福祉国家の理念が後退し、「小さな政府」を掲げる新自由主義的な体制に移行し、格差が拡大し社会的に孤立する人が増えてきたことなどによるものだろう。

いくつかの宗教教団は戦後、早くから世界連邦運動に関わってきているが、大本はとくに積極的である。

大本はまた海外の宗教勢力との連携にも力を入れる一方、脳死による臓器移植に反対するなど、生命倫理問題でも積極的に発言してきている。真宗大谷派は死刑廃止にコミットするとともに、原発問題にも積極的に関わってきている。脳死・臓器移植問題と原発問題は日本社会では多くの人々が関心をもった論題となり、宗教界もその社会倫理的な立場を問われることになった。

いくつかの伝統仏教教団は差別問題や環境問題にも取り組んできている。また、昭和中期の戦争協力やそれ以前の国家主義的姿勢に対して、その検証を積極的に行っている教団もキリスト教、伝統仏教では一定数見られる。他方、ジェンダー問題に対する取り組みという点では、取り組みが進んでいる教団は少ない。女性の研究者からの厳しい批判がなされる所以である（川橋、二〇一二）。

二〇一〇年代以降、地域社会の諸問題への連携、貧困者支援、自死念慮者や自死遺族支援、ターミナルケアやグリーフケアなどに取り組む例が、仏教、キリスト教、神道、新宗教等に広がってきている。また、医療関係者が、マインドフルネスなどスピリチュアリティに関心をもつ例も増えている。

東日本大震災への応答

二〇一一年三月一一日の東日本大震災は、こうした傾向を見えやすくしたようだ（稲場・黒﨑編、二〇一三）。行政も公共的な支援への宗教団体や宗教関係者の関与を遠ざけるのではなく、利害関係にならぬような形での協力関係を形作ることを歓迎するような姿勢をもつようになってきている。

東日本大震災後の第三回国連防災世界会議は二〇一五年三月仙台で行われ、創価学会、キリスト教系などともいくつものシンポジウムが行われたが、もっとも多くの聴衆を集めたのは、世界宗教者平和会議日本委員会、宗教者災害支援連絡会、宮城県宗教法人連絡協議会の三団体で構成する実行委員会による宗教・宗派横断的な「防災と宗教」シンポジウムで、四〇〇人を超える聴衆を集めて行われた。宗教・宗派の枠を超えた支援活動により、地域住民のニーズにそった支援活動を行うことの意義が確認された（稲場圭信・黒﨑浩行「防災と宗教——第三回国連防災世界会議における宗教」宗教者災害支援連絡会編、二〇一六）。

これは災害時に限ったことではない。平時の地域支援活動の一例として、子ども食堂について見てみよう。『朝日新聞』二〇一八年五月九日号の記事では、全国で三〇のキリスト教会で行われているとの話を聞き、また東京都内で一〇以上の仏教寺院で行われているのを確認したと述べている。子ども食堂は二〇一二年に始まり、全国子ども食堂支援センターむすびえの二〇一九年六月の報告では、全国に三七一八ヶ所の子ども食堂があるというが、そのうちのどれほどが宗教関係のものであるか、調査研究が待たれるところである。

以上、おおまかな概観にすぎないが、昭和後期から平成期にかけて宗教団体や宗教者の社会倫理的な活動や発言が、増えてきている傾向にある。公共空間における宗教という自覚をもつ団体が増えているということができる。

六　本書の構成

各章の主題について

まず、第二章から第八章までについて概観する。

第二章「政教分離訴訟の展開——争われ続けてきた「宗教」」(塚田穂高)は、一九六五年に提訴された津地鎮祭訴訟から二〇二一年に判決が出た那覇孔子廟訴訟に至るまで、憲法第二〇条、第八九条をめぐって争われた政教分離訴訟の歴史を振り返り、その多くが「国家神道」の問題を背景としつつ展開してきた一群の訴訟での「宗教」概念の揺れに注目している。

第三章「葬祭仏教と社会参加仏教」(高橋原)は、この時期が「葬式仏教」や「葬祭仏教」という呼称が定着した時期であることを踏まえ、その意義が「死者のケアを通して生者のケアを行う」ことにあるとしながら、それへの批判が歓迎され、後退を余儀なくされている現状と、新たに「社会参加仏教」に活路を見ようとする動向を対置している。

第四章「消費社会と宗教の変容——聖なるものへの奉献から自己への奉献/投資へ」(堀江宗正)は、宗教者や宗教施設への布施や献金にあたる奉献が、宗教共同体を伴わないスピリチュアリティを好む人にとってなお聖性を伴う、自己への奉献/投資としてあり、かつての奉献に伴いがちな暴力性へのチェックもなされやすいことを示している。

第五章「ポスト世俗主義時代の技術と資本主義、そしてアニメの潜在性」(川村覚文)は、市場経済を絶対化する「資本主義リアリズム」がゆきわたり、さらに中国こそが資本主義をもっとも有効に用いる国となる「中華未来主義」の現状に対して、アニメなどに見られる、人間中心主義を超えるポストヒューマンなビジョンの可能性を問うている。

第六章「縮図としての沖縄」(及川高)は、一九七二年に本土復帰した沖縄が、宗教的にも独自の世界をもっていることを強調し「沖縄の宗教」の表象が流布されてきたことを振り返るとともに、今も影響力を保つ女性霊能者（シャーマン）であるユタが位牌（トートーメー）継承をめぐり、七〇年代に批判を浴びたことに注目し、優位の位置からの表象を捉え返す必要を示している。

第七章「癒しの力としての宗教・水俣」（飯嶋秀治）は、一九五〇年代半ばに被害が現れ始めた水俣病が、ようやく六七年に原因認定され、その後も被害者の救済を求める運動が展開する過程で、独自のスピリチュアルな次元をもつ発言と行動を続け、九四年に「本願の会」を結成した石牟礼道子、杉本栄子、緒方正人を取り上げ、そこに宗教性の新たな展開を見ることができることを示している。

第八章「霊性と宗教――平成期」（鎌田東二）は、一九六〇年代から二〇一〇年代までの日本の宗教とスピリチュアリティの展開を四つの時期に分けて、社会的に注目された現象に即してその変容をトレースしている。大きな流れとしてのスピリチュアリティの興隆に注目しつつ、二つの大震災とオウム真理教のもたらしたインパクトを顧みる論述がなされている。

コラムについて

六篇のコラムについて述べる。「巡礼ツーリズム」（岡本亮輔）では娯楽化され産業化されたスピリチュアリティについて、「人口減少時代と宗教」（川又俊則）では人口減少地域での宗教施設の統廃合や相互協力について、「妊娠・出産のスピリチュアリティ」（橋迫瑞穂）では子宮や妊娠・出産の神聖視に見られる新しいスピリチュアリティについて、「人文学の死――震災と学問」（磯前順一）では東日本大震災後の死者との関わりの見直しについて、「宗教の災害への応答」（稲場圭信）では宗教者の災害支援や防災の活性化と行政との連携について、「生命倫理」（前川健一）では脳死臓器移植や水子供養における仏教界の対応について、それぞれの視角から論じられている。

本巻と本シリーズにおける「宗教」について

本巻では宗教教団や宗教者についての論述が多くない。第二章、第三章は宗教教団に関わる論題だが、第四章から第八章までは消費文化、娯楽文化であったり、文化的表象であったり、地域住民や市民の運動であったり、アートであったり思想であったりする。こうした現象を歴史的に遡ると、前の時代にはこれらは宗教の領域に関わるものとして取り上げられない傾向があったのではないか。宗教教団や宗教者以外のもの、狭く定義すれば「非宗教」とされるものの宗教性が多く扱われている。

本シリーズの第一巻では、その冒頭で「近代」「日本」「宗教」のそれぞれが明確に規定しにくい現状において、新たに「近代日本宗教史」について述べていくことの意義が問われていた。第一巻が取り扱う時期については、神道の位置づけをめぐって宗教と非宗教の「間」が複雑に展開したことが、この時代の宗教史を捉える鍵の一つになることが示された。

続いて、第二巻では大日本帝国憲法の枠組みのなかで、いちおう宗教とは何かの安定した捉え方が定着するかに見えるが、扱われる時期の終わり頃である明治末期から、再び宗教と非宗教の「間」が新たに問われ始める動向も取り上げられていく。天皇崇敬の位置づけはその一つの焦点である。第三巻では、この問題とあわせて、「宗教的なもの」の新たな動向が目立つ状況が注目されている。たとえば教養主義であり、民間精神療法である。仏教、キリスト教、神道を教団や宗教者の次元で捉えていくとともに、宗教と非宗教の「間」を問うという構成は本シリーズの前半でも採用されていた。

第一巻から第三巻までのサイクルと第四巻から第六巻までのサイクルは重なりあっているようでもある。まずは、宗教と神道や天皇の関係をめぐる問題が焦点となり、一定の安定を得ていった後に、宗教と定義されやすい教団的な宗教に焦点を合わせやすい時期がくるが、それに続いて、宗教の枠を超える多様な非宗教の領域が広がっていく。

宗教教団や宗教者以外のものが多く扱われたという点では、第四巻もそうだったかもしれない。だが、第四巻では国家や天皇に関する話題が多かったのだが、この第六巻ではメディアを媒介として伝えられる思想や表象が多く取り上げられている。では、第四巻と第六巻の間にあった第五巻はどうか。そこでは、地縁・血縁はなおある程度健在で、他方、新宗教に代表されるように中間集団的な宗教教団に一定の存立基盤があったようだ。国家から中間集団へ、共同体からネットワーク的なつながりへの変化があり、それが第四巻から第六巻の各巻の構成に反映しているように見える。

「近代」「日本」「宗教」の未来へ

やや過剰な単純化のそしりを免れないかもしれないが、一九四五年を界とする二つのサイクルは、目標とすべき「近代」とアイデンティティとしての「日本」がある程度明確だと意識されてきた時代から、目標が見えなくなり「日本」の輪郭も見えにくくなる時代への二つの展開だったと見ることもできるだろう。

では、今後の宗教や宗教性はどのように展開していくのか、この問いへの答えはすでに見え始めているのかもしれない。だが、今後、「近代」「日本」「宗教」が明確に輪郭づけられると感じる時期は戻ってこないのではないだろうか。そして、その曖昧さにつきあいつつ進める研究の魅力も高まるのではないだろうか。

このシリーズはそうした未来への探究の第一歩でもあると信じたい。このシリーズへのご批評をいただき、近代日本宗教史の課題を捉え直していくこと、また、今後の宗教のゆくえの研究が大いに進むことを期待する次第である。

参考文献

赤澤史朗（二〇〇五）『靖国神社――せめぎあう〈戦没者追悼〉のゆくえ』岩波書店
石井研士（一九九八）『戦後の社会変動と神社神道』大明堂
石井研士編（二〇一〇）『神道はどこへいくか』ぺりかん社
稲場圭信・黒崎浩行編著（二〇一三）『叢書　宗教とソーシャル・キャピタル4　震災復興と宗教』明石書店
鵜飼秀徳（二〇一五）『寺院消滅――失われる「地方」と「宗教」』日経BP
川橋範子（二〇一二）『妻帯仏教の民族誌――ジェンダー宗教学からのアプローチ』人文書院
黒崎浩行（二〇一九）『神道文化の現代的役割――地域再生・メディア・災害復興』弘文堂
ケネス・ルオフ著、高橋紘監修、木村剛久・福島睦男訳（二〇〇三）『国民の天皇』共同通信社
小谷みどり（二〇一七）『〈ひとり死〉時代のお葬式とお墓』岩波新書
櫻井義秀（二〇一七）『人口減少時代の宗教文化論――宗教は人を幸せにするか』北海道大学出版会
櫻井義秀・中西尋子（二〇一〇）『統一教会――日本宣教の戦略と韓日祝福』北海道大学出版会
島薗進（一九九六）『精神世界のゆくえ――現代世界と新霊性運動』東京堂出版
――（一九九七）『叢書　現代の宗教2　現代宗教の可能性――オウム真理教と暴力』岩波書店
――（二〇〇一）『ポストモダンの新宗教――現代日本の精神状況の底流』東京堂出版
――（二〇〇七）『スピリチュアリティの興隆――新霊性文化とその周辺』岩波書店

――（二〇一二）『現代社会学ライブラリー8　現代宗教とスピリチュアリティ』弘文堂
――（二〇一九）『ともに悲嘆を生きる――グリーフケアの歴史と文化』朝日新聞出版
――（二〇二〇）『新宗教を問う――近代日本人と救いの信仰』ちくま新書
――（二〇二一）「宗教からスピリチュアリティへ」『福音と世界』二〇二一年五月号
宗教者災害支援連絡会編、蓑輪顕量・稲場圭信・黒崎浩行・葛西賢太責任編集（二〇一六）『災害支援ハンドブック』春秋社
上智学院カトリック・イエズス会センター、島薗進編（二〇二〇）『核廃絶――諸宗教と文明の対話』岩波書店
神社新報社編（一九七六）『近代神社神道史』神社新報社
塚田穂高（二〇一五）『宗教と政治の転轍点――保守合同と政教一致の宗教社会学』花伝社
橋迫瑞穂（二〇一九）『占いをまとう少女たち――雑誌「マイバースデイ」とスピリチュアリティ』青弓社
堀江宗正（二〇一九）『ポップ・スピリチュアリティ――メディア化された宗教性』岩波書店
堀江宗正責任編集（二〇一八）『いま宗教に向きあう1　現代日本の宗教事情』岩波書店
山崎雅弘（二〇一六）『日本会議――戦前回帰への情念』集英社新書

第二章　政教分離訴訟の展開——争われ続けてきた「宗教」

塚田穂高

一　「政教分離」は戦後社会の確固たる基盤？

宗教とは、その社会・文化で「宗教」とみなされうる社会的な思想と実践の総体である。よって、その範囲は社会間で、あるいは社会的アクター間で不断に争われるものである――。

宗教の定義は宗教学者の数ほどある、とはよく言われる。だが、教壇でそう述べると、「では先生の定義は何か」と尋ねられる。その際には、おおむねこのように答えるようにしている。煙に巻いているつもりはない。社会や教育現場にさまざまな「宗教」意識を持った人びとが共に生きている現状があること、そしてまた自らが研究してきた戦後日本宗教の諸問題の複雑な姿に拠るならば、このような考えにもなる。

多大なる犠牲の上に、圧倒的な敗戦を迎え、戦後日本社会が始まった。では、「宗教」はどうなったか。「みなさんは、國民のひとりとして、しっかりとこの憲法を守ってゆかなければなりません。そのためには、まずこの憲法に、どういうことが書いてあるかを、はっきりと知らなければなりません」（「あたらしい憲法のはなし」文部省、一九四七）。この新憲法に「宗教」の語が出てくるのは、以下の箇所のみである。

第二〇条

第一項　信教の自由は、何人に対してもこれを保障する。いかなる宗教団体も、国から特権を受け、又は政治上の権力を行使してはならない。

同第二項　何人も、宗教上の行為、祝典、儀式又は行事に参加することを強制されない。

同第三項　国及びその機関は、宗教教育その他いかなる宗教的活動もしてはならない。

第八九条
公金その他の公の財産は、宗教上の組織若しくは団体の使用、便益若しくは維持のため、又は公の支配に属しない慈善、教育若しくは博愛の事業に対し、これを支出し、又はその利用に供してはならない。

ここには「信教の自由」と「政教分離」(この語自体は記されていないが)が謳われている、と一般的に解されている。憲法は一度も改定されていないから、最高法規における「宗教」をめぐる枠組は不変だったということになる。それならば、「戦後」日本社会は、「戦前」の大日本帝国憲法下の「国家神道」体制とうってかわって、「信教の自由」が保障され、「政教分離」が徹底されてきた社会だったのだろうか。また、確かにそう信じられてきたのだろうか。そしてそれが、近年になって「右傾化」などで脅かされるようになってきたというのだろうか。

そうではなかった、ということを本章では描く。「信教の自由」「政教分離」は、ずっと争われてきた。数々の政教分離訴訟という場においてである。そこでは、ある人びとの問題視から、問題が提起されて、提訴され、長年の過程で複数の立場の人びとが法廷で証言し、意見を発信し、メディア等もそれぞれの見解を報じることを通じ、文字通り争われる。それは単なる法廷闘争・判例だけに留まらない。社会のなかで、「宗教」であるのかないのか、どのような「宗教」であるのかが争われるのである。そして、それぞれの判決(特に最高裁違憲判決)は大きく報じられ、今度はそれが学校教科書にも載り(塚田・岡崎、二〇一九)、大学入試・司法試験・公務員試験などで問われる「宗教」に関する標準的な知識となる。こうして、戦後日本社会における「宗教」概念・イメージの重要な一角を(新宗教運動の隆盛、創価学会―公明党の政治進出、オウム真理教事件と「カルト問題」、「宗教とテロ」問題などとともに）構築・形成しているのである。

戦後政教分離訴訟の展開を追っていけば、日本社会における「宗教」概念、その社会的位置づけなどが、かなりの程度わかるのではないか。以下では、主に最高裁まで進み、判例としても社会的にも比較的重要視されている諸事例を、そこで争われた「宗教」に注目しながら、順に見ていきたい。

二　政教分離訴訟の幕開け——問題の発見と連結

津地鎮祭訴訟（I）——宗教学上も国法上も「宗教」

発端は唐突だった。一九六五年一月、三重県津市。共産党市議の関口精一は、市が新たに建てる体育館の起工式の案内を受け取った（以下 田中、一九九七ほかを参照）。関口が市に確認すると、地元の神社（宗教法人）の宮司に頼み、神式の地鎮祭を執り行い、謝礼や供物代金は公金から支出すると当然のように説明された。関口は、これは特定の「宗教」と地方自治体の結びつきとして、「おかしい」「憲法違反では」と感じた。起工式の執行停止を津地裁へ申し立てたが、却下された。起工式—地鎮祭は予定通り行われた。続く住民監査請求も退けられた。

同年三月、関口は津地裁へ提訴した。関口はひとりだった。地元の弁護士に相談したが、政教分離の訴訟は前例がないとしぶられ、本人訴訟となった。社会的注目もなかった。

原告の関口は、市主催の神式地鎮祭は、「神道の宗教的活動に該当することは明白」で、「宗教的儀式に参加を強いられ」たとし、その挙行と公金支出（七六六三円）は政教分離違反だ（二〇条三項・八九条）と訴えた。公判では、神職から地鎮祭は「宗教的儀式、神事」との証言も引き出した。他方、被告の市側は、「宗教活動とは……教義をひろめ、……儀式を行い、……信者を教化育成することを主たる目的としての行動」をいうもので、本件地鎮祭は「慣習」「単なる形式的儀礼」であり、「宗教的活動ないし宗教的行為というものではない」と主張した。「宗教」をめぐる争いが始まったのだ。

一九六七年三月の一審・津地裁判決は合憲判断だった。地鎮祭は一般に「慣行」であり、「宗教的色彩は非常に稀薄」だとした。また、日本においては「近代的宗教」成立以前に「素朴な民族宗教つまり原始信仰」があり、これが「本来の信仰的要素を失い」「宗教的意識を伴うことなしに」行われているのが地鎮祭だ、とした。判決文に、政教分離制定の趣旨や「国家神道」の語は一つもない。政教分離訴訟の初発は、「国家神道」の問題でも「靖国問題」でもなかったのだ。しかし、それでは終わらなかった。

舞台は名古屋高裁に移った。ここで大きな変化が生じた。関口には名古屋の弁護士がついた。それでも政教分離問題を扱うのは初めてだった。同時にその頃、本件は急激に「政教問題」化していく。いや、「靖国問題」化といってもよいだろう。そこには、靖国神社国営化法案が一九六九年から続けて提出されるという社会的・政治的背景があった。学者や宗教者らが、原告支援にまわった。一九七〇年四月には、「国家神道復活の動きが活溌となっている」なかで、「信教、思想、良心の自由を守ること」を目的とした、「津地鎮祭違憲訴訟を守る会」（代表世話人に飯坂良明・友松圓諦《えんたい》・松島栄一、常任世話人に今村嗣夫《つぐお》・小池健治・戸村政博・西川重則・日隈威徳《ひぐまたけのり》ら）が発足した。

高裁で鑑定意見を聴取された宗教学者の佐木秋夫は、信教の自由は「国民にはまだ十分に定着していない」なかで、「靖国神社問題が起こってきた。……靖国神社、伊勢神宮を公的なものにするには、政教分離の条項をあいまいにしなければならないという絶対の条件がある。この地鎮祭の問題は、まさにここにぶつかっています」と当時の状況を警戒して述べた（津地鎮祭違憲訴訟を守る会編、一九七二、三四七頁）。

　宗教学者の村上重良は一九七〇年刊行の『国家神道』（岩波新書）のなかで、「（本件で）神社神道の儀礼は、宗教行為か一般的な習俗かという国家神道復活問題の中心点が、法廷で争われるにいたった。……神社非宗教論の復権は、ふたたび神社に公的性格をあたえることを意味し、憲法がさだめる信教の自由、政教分離の大原則を完全に空文化するもの」と論じた（同書、二一〇〜二一一頁）。

　原告の関口は、「私は最初、クリスチャンの方たちが靖国神社問題に取り組んでいるのは知っていたが、それがこの地鎮祭訴訟に直結してもらう《ママ》とは思ってもいなかったのです。ところが、共産党を含めて政党関係の人はこの問題にむしろ無関心で、かえってクリスチャンなど宗教関係の人たちといっしょにやって行くように」なったと述べている（政教関係を正す会編、一九七二、三〇二頁）。

　そうした支援のもとに関口は闘った。原告側は「本件訴訟は一地方公共団体が挙行した地鎮祭という一見些細な事柄を争っているように見受けられるが、そこには過去における神社神道にみられるような宗教と国・公共団体との特別な結合関係を、いかなる宗教に対してももつことを禁止した憲法秩序にかかる重要な問題が潜んでいる」と新たに主張した。「国家神道」・靖国問題との連結の強調である。証拠類として、神社界や靖国法案関係の資料、村上『国家神道』ほか六二件を提出した。対する被告側からは四件のみだった。

　こうした分厚い陳述を受けて、一九七一年五月の二審・名古屋高裁判決は違憲判断だった。本件地鎮祭は「宗教的活動」（二〇条三項）だとされた。判決は、「憲法でいう宗教とは「超自然的、超人間的本質（すなわち絶対者、造物主、至高の存在等、なかんずく神、仏、霊等）の存在を確信し、畏敬崇拝する心情と行為」」と定義し、「たとえ神社神道が祭祀中心の宗教であつて、自然宗教的、民族宗教的特色があつても、神社の祭神（神霊）が個人の宗教的信仰の対象となる以上、宗教学上はもとよりわが国法上も宗教であることは明白」だとした。そして地鎮祭は、「習俗」というほど普遍性はなく、神社神道も「国民的宗教」ではないとし、「政教分離原則の特質は、まさに戦前、戦中の国家神道による思想的支配を憲法によつて完全に払拭することにより、信教の自由を確立、保障した点にある」とした。

「宗教」認識としては、「宗教学上」と「国法上」の近さが特徴的である。また、単に地鎮祭は宗教かだけではなく、その神社神道はどのような宗教か、そもそも政教分離が定められたのはなぜかなど、「国家神道」や歴史との関連を問う視点が付与され、照準がそこに向けられていった。

この判決は諸方面にとって、とりわけ実質的に名指しされた神社界には衝撃だった。神社本庁は市側の支援を表明した。同年一一月には、神社界関係者や学者が集まって「政教関係を正す会」が結成された。同会は今日に至るまで、問題視される「（国家―神社）神道」に対して、問題ではないというカウンター活動を行っており、各種の訴訟で合憲側の意見書などをメンバーが提出している。

なおここで、「宗教法人」により構成され、数々の神事・祭りという「宗教的儀式」を執り行う神社界側が、「宗教ではない」と主張せざるをえない自治体等の側を支援するという奇妙なねじれ関係も成立した。

このように、津地鎮祭訴訟とりわけその高裁違憲判断は、その後の政教分離訴訟の展開の枠組みを大きく方向づけるものだったと言えよう。

津地鎮祭訴訟（Ⅱ）——目的効果基準、宗教性の程度

一地方都市の神式地鎮祭から始まった本件は、「政教分離」「国家神道」「靖国問題」をめぐるものとなり、その舞台は、いよいよ最高裁へと移った。結果的には、一九七七年七月の最高裁大法廷判決は合憲判断となった。

ここで提示されたのが、政教分離の判断基準としての「目的効果基準」である。これは、「宗教とのかかわり合いをもたらす行為の目的及び効果にかんがみ、そのかかわり合いが……相当とされる限度を超えるものと認められる場合にこれを許さないとする」というもので、「当該行為の行われる場所、当該行為に対する一般人の宗教的評価、当該行為者が当該行為を行うについての意図、目的及び宗教的意識の有無、程度、当該行為の一般人に与える効果、影響等、諸般の事情を考慮し、社会通念に従つて、客観的に判断」するというものだった。それに照らすと、本件地鎮祭の目的は土地の平安堅固や工事の無事安全を願うもっぱら世俗的なもので、その効果も神道を援助・助長・促進等はしないため、限度は超えていないとされたのだ。

目的効果基準は、以降の政教分離訴訟のスタンダードとなっていった。そのため、憲法学的には画期的判決だ。だが、本章の問題意識からすれば、その位置づけはやや異なる。本基準は、「宗教か否か」ではなく、「どの程度宗教的なのか」という程度問題の判断に向かわせるものだからだ。もちろん、その線引きの熾烈な争いはさらに続けられる。また、その現在の行為の目的や効果となると、歴史的性格や「国家神道」との関わりなどについては、やや後景化せざるをえない面もあるだろう。

裁判官一五人中の五人による反対意見と一つの追加反対意見も、その線引きをめぐるものだ。「習俗的行

事化しているものであってもなお宗教性があると認められる宗教的な習俗的行事は、……禁止される宗教的活動に当然含まれると解すべきである」（反対意見）、「（地鎮祭は）工事の無事安全等に関し人力以上のものを希求するから、そこに人為以外の何ものかにたよることになるのである。これを宗教的なものといわないで、何を宗教的というべきであろうか」「そういう事柄から国家や地方公共団体は、手をひくべきものなのである。たとえ、少数者の潔癖感に基づく意見と見られるものがあっても、かれらの宗教や良心の自由に対する侵犯は多数決をもってしても許されない」（藤林益三《ふじばやしえきぞう》裁判長による追加反対意見）。ここには、広義の宗教性や、マイノリティの意見・信仰という観点が見られる。

他方、神社界は、「今回の最高裁判決は、（神宮、靖国、宮中祭祀など）それらの問題に対する正しい憲法解釈を確立するための大きな足場となるもの」と、その意義を評価した（『神社新報』七月二五日付）。

以上のように、津地鎮祭訴訟は大きな展開を遂げた。ここで問題となっているのは、「宗教」対「反宗教」ではない。神式地鎮祭は当然慣習として行うべきと考え（てき）た自治体側と、それは神道という「宗教」の行事だと考え問題視する側との拮抗である。「宗教」として神道を信仰・実践するアクター（神道者・神社界側）は、脇に置かれつつ、「宗教ではない」側に与している。そして、判決としての着地点もまた異なる。「当たり前だ（った）」という認識と、戦前の反省からいって違憲だとみなす認識との間には、戦前／戦後の国家―宗教の関係枠組みをめぐっての齟齬、「宗教」観のズレがある。こうした従来「当たり前」、習俗・慣習・伝統などと見られていたことが、徐々に「宗教」ではないかとみなされ問題化されていくことは、後続するケースにも通底する。本件は、その原型を提示したのだ。

三　「国のため」の死者の祀り方?――慰霊・追悼・顕彰

山口自衛官合祀訴訟――「公の宗教」と「宗教的人格権」

津地鎮祭訴訟は、事例自体はあくまで自治体の行う神式地鎮祭が対象だった。ところが、それに続き起こったもう一つの事件は、より「靖国問題」と深い結びつきを持つものであった。山口自衛官合祀訴訟である。

（以下　田中、一九八八ほかを参照）。

一九七二年三月、自衛隊山口地方連絡部と隊友会山口県支部連合会（OB組織）は、公務中に交通事故死した隊員の中谷《なかや》孝文を含む県出身殉職隊員二七人の宗教法人山口県護国神社への合祀計画を進めていた。隊員は、遺族である妻の中谷康子を訪ね、「合祀することになりました」と伝えた。中谷は自分がクリスチャンで、夫の遺骨も教会に納め、キリスト教式で夫の祭祀を行っているから、合祀を拒否すると伝えたが、四月、県護国神社は祭神として合祀した。中谷が抗議したところ、自衛隊側は「国のために死んだのであるから県護国神社に祀るのは当然である、自衛隊員に誇りをもたせるために遺族の宗教に関係なく善意で祀った、原告が拝むことを強制するわけではない」と応じた。同じく抗議に訪れた中谷の所属教会の林健二牧師は、「護国神社は公の宗教であり、日本人は家庭での宗教とは別に公には護国神社に祀られるのが当然」などと説明された。中谷は、日本基督教団社会委員会の戸村政博（前出）に、「これこそヤスクニ問題ですよ」と言われた。

一九七三年一月、中谷は山口地裁へ提訴した。国と隊友会が被告となり、取消手続と百万円の賠償を求めた。

原告側は、護国神社と靖国神社と「国家神道」のつながりや、亡夫が神社神道の信奉者でないのに合祀されたのは信教の自由の侵害であることを訴えた。「信教の自由はすぐれて内面的であり、公権力の介入すべからざる領域に関するもの」で、「死者に関する宗教上の行為について最も尊重せられるべき人格的利益は、……死者に対する深い精神的きずなを基本として実際生活感情を最も濃く有する者すなわち配偶者の人格的利益」であると主張した。

被告側は、隊友会側が、殉職隊員の霊を神として祭祀する自由を唱え、原告こそ「非常識」「偏狭」で憲法違反だと主張した。原告が侵害されたというものは、「せいぜい原告の主観的宗教感情上の不快感にとどまるもの」だとし、「靖国神社法案反対闘争の一環としてかつがれて提起したのが本件訴訟の実態」だと述べた。国側は、信教の自由は相互に「宗教的寛容」の問題を含むこと、「国家公共に尽した人の心霊を奉斎し、それを神として崇拝することは、わが民族が古くから行ってきた御霊信仰に端を有する宗教行為」で遺族の同意は必要ないこと、「何が宗教的行為として許されるかの判断が宗教行為自体に及ぶときは……「どの範囲の宗教を認めるか」の問題になる」から、公権力の判断が及ぶべきではないことを主張した。

訴えを起こすと、原告への脅迫と非難が殺到した。「かつての軍人が戦死した場合、靖国神社にまつられ、現在の自衛官が殉職した場合、護国神社にまつられるのは、亡き人の名誉のためのしきたりにすぎないのです。そんなことがわからないのか」「日本国民の殆んどがあなたの行為を憎んでおります。そんなにキリスト教が好きなら日本を去って外国へ行きなさい」「国防の第一線にある者の霊は国家によってまつられ、国民がそれを尊ぶ事は国家主義の世界にあっては当然のこと」「「仏教だから神に祭られては」と合祀を拒否なんかした人は未だ一人と居ません。神に祭るという事はその宗教でどうこうすることではなくただ殉国の人に感謝するといふ気持ちから出る行動です」（同一七五～一七六頁）。「日本人の宗教観」の一面が滲み出ているだろう。

一九七九年三月、一審・山口地裁は違憲判断だった。合祀申請行為は「宗教的意義」を持ち、「県護国神社の宗教を助長、促進する行為」であり（二〇条三項）、宗教上の人格権の侵害を認めるものだった。「人が自己もしくは親しい者の死について、他人から干渉を受けない静謐の中で宗教上の感情と思考を巡らせ、行為をなすことの利益を宗教上の人格権の一内容としてとらえることができる」とした。原告が主張した「国家神道」論には触れられなかった。

一九八二年六月の二審・広島高裁の判決も違憲で、ほぼ同様だった。原告は、親しい者の死を悼むのは、信教の自由に内在する「宗教上のプライバシー」として「純粋に私的な事柄」だとした。被告側は、国の宗教的活動も個人と同じ地平に立つものだと主張した。なお、公判のなかでは一九七八年二月に、村上重良に対して神道・靖国・護国神社などについての鑑定人尋問も行われている。

ところが、一九八八年六月の最高裁では一転、合憲判断となった。目的効果基準が持ち出され、その目的は「自衛隊員の社会的地位の向上と士気の高揚を図ること」で宗教的意識も希薄だったこと、その効果も特定宗教への関心等を呼び起こすとは言えないとされた。さらには、「強制や不利益の付与を伴うことにより自己の信教の自由を妨害するものでない限り寛容であることを要請している」と、原告に寛容さを求めるものだった。

ただし、判決には補足意見・意見・反対意見が複数つき、ぶつかり合うものともなった。宗教的少数者を特別保護するものではなく、配偶者優先を認めるべき法理はないとするものもあれば、政教分離規定の制定趣旨からいっても、公務員は「宗教的少数者等」から宗教的中立性を疑われることのないようにとするものもあった。伊藤正己《まさみ》裁判官の反対意見は、津地鎮祭訴訟最高裁の藤林追加反対意見を踏まえ、「一般人の宗教的評価」「行為の一般人に与える効果」などを強調すると、「個人の宗教的利益の侵害が問題となる場合には……多数者による少数者の抑圧になる可能性があるので、一層の慎重さを求められる」とし、「合祀申請はまさに自衛隊の殉職者の霊を神道によつて祭神として祀ることを直接の目的とするものであり、地鎮祭等のように社会の一般的慣習に従つた儀礼とは性質を異にする」とし、その宗教性を指摘した。

以上のように、本件は、自衛隊による護国神社合祀という行為の宗教性と、その「公的」行為が配偶者遺族の私的宗教性とどう関わりうるかという問題をめぐって展開された新たな型である。そして、戦後の殉職者の場合でありながらも、この構図は（本章では十分に扱えないが）後続する靖国霊璽簿訴訟と相似形である。「祀る自由」と「祀られない自由」、「公的」な死者をいかに慰霊・追悼・顕彰できるかという問題と、遺族の意志はどのように酌まれるかがせめぎ合う、この問題の特性を表している。

箕面忠魂碑訴訟——「宗教」か、存続する「国家神道」か

津地鎮祭訴訟と山口自衛官合祀訴訟が並行して進むなか、大阪府箕面《みのお》市ではまた新たなタイプの政教問題が顕在化していった。箕面忠魂碑訴訟である（以下 田中、二〇〇二ほかを参照）。

忠魂碑は、外形上は石碑である。特に日露戦争以降、近代国民国家による対外的戦争に際しての郷土の戦死者の名を刻み、そのはたらきを顕彰、記念するために全国的に建てられた。その後、「国家神道」確立過程のなかで、「国のために」「天皇のために」戦うことを教え伝えるためにも、その前で慰霊祭が行われ、礼拝・参列が求められてきた。法制度上は「宗教」施設として扱われてはこなかったが、機能面では、軍事・教育・宗教のはざまにあり、「国家神道」を下支えしてきたと言えよう。敗戦後のいわゆる「神道指令」によってなぜ撤去・破壊等されたか、を考えてみるとよい。

一九七五年、箕面市はその忠魂碑を公金約八六〇〇万円を用いて移設再建することを決めた。移設地近くに住んでいた神坂《かみさか》玲子・哲《さとし》夫妻は、憲法違反だと考え、地域住民で反対運動を始めたが、移設は実施された。忠魂碑前で行われた地元遺族会主催の神式慰霊祭への市長や教育長らの公務での参列、靖国神社国家護持や公式参拝運動などを進める市遺族会への補助金支出も含め、政教分離違反などにあたるのではと問題視した。

一九七六年二月、神坂夫妻ら九人は、まず移設再建について大阪地裁に提訴した。本人訴訟だった。

原告側の主張は、忠魂碑は宗教施設、慰霊祭は宗教的活動、遺族会は宗教上の組織だとするもので、移転の費用返還を求めた。他方、被告側の市は、忠魂碑は「追悼、慰霊のための記念碑」で、慰霊祭は習俗だとした。これらの「宗教」性が真っ向から争われたのだ。

一九八二年三月の一審・大阪地裁は違憲判断だった。目的効果基準を用いつつも、原告側の訴えをおおむね認め、忠魂碑は「宗教施設」だとした（二〇条三項・八九条）。すなわち、忠魂碑と護国神社、靖国神社、「国家神道」の連結構造を認め、「神道指令」により戦後の「国家神道」は廃止されたが、市のこうした取り扱いは、忠魂碑が「宗教上の観念に基づく礼拝の対象物」「宗教上の行為に利用される宗教施設」であると、

「宗教活動を援助ないし助長」するもので、「（市が）積極的に「忠魂」思想を鼓吹」していると判断した（なお、同年八月には、長崎でも同様の忠魂碑違憲訴訟が起こされた）。

その後、一九八三年三月には、慰霊祭参列についての訴訟の一審・大阪地裁判決が出て、慰霊祭は宗教行事だとされた。判決後は、自民党が箕面市を全面支援すべきという反論の党見解を出した。地方自治体に関わる一審判決でのこの反応は、本件が重要な点――靖国神社への首相参拝問題――に食い込んでいたことを物語る。

ところが、前二件が併合された一九八七年七月の二審・大阪高裁判決は、一転して合憲判断となった。原告は、忠魂碑と遺族会の「国家神道」とのつながりに最大の力点を置いた。いわく、「旧憲法下におけるわが国の戦没者慰霊祭は、すべて国家神道の一定の観念に基づく一定の儀礼であり、この系譜が今日に至るまで脈々と続いている」と訴えるとともに、「遺族会は、超国家主義と軍国主義のイデオロギー・国家神道の中心的施設である靖国神社を信仰することを本質的な体質とする」と主張した。

判決は、忠魂碑は「国家神道が確立してこれが軍国主義の精神的基盤となるに伴い、軍事教育・軍事政策上の観点から礼拝が強制されるようになった結果、戦没者を祭祀する靖国神社・護国神社が国家神道を支えてきたのと同じ役割を担うかのようにして国家神道を側面から助長する機能を果してきた」ことは明確に認定しつつも、「敗戦後に右政治体制が全く変革してその基盤が消滅した以上、これに基づく宗教的関連性も失われたものと認めるのが客観的には相当」で、忠魂碑は「記念碑」、慰霊祭は「社会倫理的な儀礼」だとした。

一九八八年一〇月の遺族会についての訴訟の一審・大阪地裁も、「国家神道」が強く問われたが、宗教団体ではないとする合憲判断だった。続く一九九四年七月の二審・大阪高裁も、原告は「国家神道」は戦後も消滅しておらず、神社本庁・日本遺族会に支えられていることを訴えたが、判決は、「国家神道が解体し、日本遺族会や各地の忠魂碑を維持管理する遺族会と靖国神社との法的なつながりもない現在においては、一般には、忠魂碑を維持することが戦前の国家神道を支持するものであるとか、天皇・日本国・日本国民の優越性を誇示し又は日本国民を侵略戦争に向かわせたり、紛争解決手段として武力行使を賛美するものではないと認識されており、忠魂碑を靖国神社の宗教施設のようなものとしてとらえる意識も希薄である」として合憲判断をくだした。

なお、一連の裁判のなかでは、柳川《やながわ》啓一・村上重良・阿部美哉《よしや》・洗建《あらいけん》らの宗教学者が、証言や意見書のかたちで、それぞれの「宗教」観を示し、ぶつかり合う局面も見られた。

移設再建・慰霊祭参列訴訟は、一九九三年二月に最高裁で合憲判決が、遺族会訴訟は一九九九年一〇月に最高裁で合憲判決がそれぞれ出た。どちらも結論的には目的効果基準により程度問題として判断された。

結果としては以上の通りだが、忠魂碑訴訟は、宗教法人・団体との関わりだけが政教分離問題として取り扱われるのではないこと（の可能性）を示した。そして、一連の裁判のなかで、戦前の「国家神道」のあり方自体は固められていった。また、目的効果基準の繰り返しの適用からは、同時代の「一般（人）」の「社会通念」としての「宗教」認識を重くみる姿勢が定着していったことを看取できるだろう。

四　時代の終わりと一つの画期

「即位の礼・大嘗祭」訴訟——問われる皇室祭祀の宗教性

政教分離訴訟の一連の流れは、ついに時とともにここまで辿り着いた。「即位の礼・大嘗祭」訴訟である。同時代に並行して進行中だった種々の政教分離訴訟は、自治体と神道的行事の関わりや、護国神社への合祀の問題、地域の忠魂碑の問題などをめぐるものだった。背景には明らかに、一九七〇年代中盤までの靖国国営化法案、後半から八〇年代にかけての首相公式参拝の問題があった。その点で、政教分離問題の主戦場は、靖国神社（―護国神社―忠魂碑）問題、戦没者慰霊・顕彰問題であり、「国家神道」をどう捉えるかと密接に関わっていた。

ところがそれは、「国家神道」の一面にすぎない。その構成要素をめぐる議論を思い返せば、「皇室祭祀（皇室神道）」「神社神道」「天皇崇敬・国体イデオロギー」により鼎立するものだったはずだ。本章のここまでは、「天皇」「皇室祭祀」「国家儀礼」の語が出てきていない。ほぼ争われてこなかったのだ（先駆的事例として、滋賀献穀祭訴訟〔一九八六年四月提訴、一九九八年一二月の大阪高裁判決において控訴棄却とするも、傍論で皇室祭祀の宗教性を論じ違憲性を認める〕がある）。

しかし、昭和も五〇年以上を迎え、天皇も高齢になるにつれ、少しずつ「その時」を見据えたことが取りざたされるようになっていった。

一九七九年四月一〇日には、衆議院・内閣委員会で日本社会党の岩垂寿喜男《いわたれすきお》が、「……新天皇の即位の際に天皇を神格化する儀式である大嘗祭というふうなものを国の行事として行うなどということはお考えになっていらっしゃらないと思いますが、……特定の宗教に偏ったというか、あるいは宗教的なものはやらない、また憲法上からもやれるものではない、こういうふうに考えてよろしゅうございますか」と質問し、政府側は「祭政分離」を踏まえ、「憲法違反というようなことがないようにしなければ」と答えている。

八〇年代には、さまざまな「陣営」で注目・準備・警戒の必要性が唱えられた。土肥昭夫（キリスト教学）は一九八七年の段階で、「皇室儀式が私的に神道形式をとったとしても、皇室とか天皇が公的存在であるがゆえに、公私の区別をあいまいにさせ、結果として皇室祭祀を国事の中にとりこむようなことになっている……皇室祭祀の頂点に立つのは大嘗祭である。……それが国家的儀式として強行されるか、私的行為としてなされるかは、予断を許さない」とし、大嘗祭の宗教性や法的性格についての探究に取り組んできたことを述べている（富坂キリスト教センター編、一九八七、四〜五頁）。

昭和天皇の病、体調悪化を経て、一九八九年一月七日の「崩御」を迎える。

一九九〇年一一月、大嘗祭ならびに即位の礼が執り行われた。訴訟はすでにその前から始まり、陸続した。一九九〇年九月提訴の大阪「即位の礼・大嘗祭」訴訟を皮切りに、大分主基斎田抜穂《すきさいでんぬきほ》の儀参列訴訟（一九九一年一月提訴）、鹿児島県大嘗祭参列訴訟（一九九一年三月提訴）、東京「即位の礼・大嘗祭」訴訟（一九九二年一月提訴）、神奈川県「即位の礼・大嘗祭」訴訟（一九九二年一月提訴）などである。これらはいずれも即位の礼・大嘗祭関連の諸行事に各地の知事らが参列したこと、それにともなう公金支出の妥当性を問うものであった。おおむね、地裁・高裁・最高裁ともに「社会的儀礼」「国家儀礼」であるとして、合憲判決となる結果だった。大嘗祭・即位の礼が広域・同時的に問題化されていったことが見て取れる。

そのなかで、ほぼ唯一「揺らぎ」を見せたのが、大阪のケースである。

原告側（約一七〇〇名、委任状形式）は、即位の礼・大嘗祭等を含む「大礼関係諸儀式等」は「登極令《とうきょくれい》」

の様式に従って行われており、それは「国家神道の下で、現人神天皇を国民に徹底的に印象づけるために編み出された宗教儀式の詳細であるから、これに従って即位の礼及び大嘗祭の諸儀式を執行したということは、今日の日本国民に対し、これらの儀式を通じて、知らず知らずのうちに天皇神聖観を育む効果をねらったもの」だと訴えた。

地裁は訴え自体の不適法性から請求を棄却したのみだったが、一九九五年三月の高裁判決はちがった。請求自体は棄却したが、大嘗祭については「神道儀式としての性格を有することは明白であり、これを公的な皇室行事として宮廷費をもって執行したことは……政教分離規定に違反するのではないかとの疑義は一概には否定できない」、即位の礼についても「旧登極令及び同附式を概ね踏襲しており……神道儀式である大嘗祭諸儀式・行事と関連づけて行われ……宗教的な要素を払拭しておらず、大嘗祭と同様の趣旨で政教分離規定に違反するのではないかとの疑いを一概に否定できないし、天皇が主権者の代表であるD首相を見下ろす位置で「お言葉」を発したこと、同首相が天皇を仰ぎ見る位置で「寿詞」を読み上げたこと等、国民を主権者とする現憲法の趣旨に相応しくないと思われる点がなお存在することも否定できない」と「違憲の疑いあり」と結論したのだ。

裁判自体はこの高裁どまりだったが、大嘗祭と即位の礼の特定「宗教」(団体・法人)ではないながらの「宗教性」をよく炙り出すこととなった。前後して、キリスト教界や歴史学者らを中心とした違憲・批判派、神社界・日本政策研究センター・政教関係を正す会等の合憲・擁護派双方から、論陣が張られた事態も目立った。昭和は終わった。

愛媛玉串料訴訟――靖国への到達、「一般人」の「宗教」観のゆくえ

「国家神道」「靖国問題」と関連づけられた政教分離訴訟が積み重なっていき、他方で靖国の「国家護持」頓挫後に代わってその「公共性」を回復させようという動きが進むなか、いよいよ「本丸」たる靖国(との関わり)そのものを問うケースが起こった。それは、昭和の終わりから平成の始めを経て、一九九七年四月、最大級の衝撃をもたらすに至った。愛媛玉串料訴訟である(塚田、二〇一九)。最高裁で初めて政教分離に関する違憲判断が下されたのだ。

これは、白石春樹・愛媛県知事が、一九八一~八六年にかけて、宗教法人靖国神社の「みたま祭」や春・秋の例大祭などに「玉串料」「献灯料」「供物料」などの名目で公金・計一六万六千円を支出したことが争われたものである。白石の認識は、「靖国神社に合祀されているみたまは、これは一身をお国のためにささげた、そうして今日、日本の繁栄とそうして平和の守り神になっておる……。県がそのおまつりに社会生活上の通常の儀礼の範囲内におけるところの玉串料を贈って、そうして感謝と哀悼のまことを県民を代表した形でするということは、私は当然だと信じておる」(田中、一九九七、二七頁)というものだった。

これについて問題視した市民は、住民監査請求などを経て、一九八二年六月に松山地裁へ提訴した。原告は、真宗大谷派僧侶・安西賢誠《あんざいけんじょう》ら市民一〇人であった。安西にとっては、憲法問題だけに集約されない、宗教者・真宗者としての闘いだった。また連携を取っていた岩手靖国訴訟も、同日に提訴された。

原告は、県が、靖国という宗教法人に公金を支出すること、その行為と目的が「宗教的活動」にあたるのではないかと第一に主張した。また、遺族会の宗教性についても論じられた。そしてその際に、「靖国神社

及び県護国神社は、近時台頭してきている国家神道体制の復活を図る靖国神社国家護持運動の対象であり、また中心であり続けている神社なのである」という「国家神道」との関連がやはり持ち出された。憲法の政教分離規定はそもそもそうした戦前の状況の反省から制定されたのだから、それと同じような状況を求めるような動向の中心にある靖国に公金支出をすることの重大性を強調したのだ。

これに対して被告側は、靖国への支出は「県関係戦没者の慰霊及び遺族の慰藉のため」なので宗教的活動ではないこと、遺族会は宗教ではないこと、慰霊祭は世俗的な性格を持つこと、玉串料は賽銭と同様の社会的儀礼にすぎないことを主張し、これらは「(一般にとっては)戦没者の慰霊、追悼という世俗的行事」だと反論した。

ここでは、靖国神社が宗教であるか、自体は争われていない。原告側は政教分離が定められたそもそもの前提、戦前の状況との連関を持ち出すことで、その行為が国や自治体が関わってはいけない「宗教的活動」だと論じている。被告側は戦没者慰霊・追悼は「宗教」ではない、世俗的行事であるというロジックで応酬している。戦没者慰霊・追悼・顕彰などが宗教研究の一つの主要研究領域であることを考え併せると興味深いが、どこまでをどのような「宗教」とみなすかについて、線引きと綱引きが行われている。

一九八九年三月の一審・松山地裁では、違憲判断がくだされた。原告側の主張をかなり受け入れ、「(靖国は)政教分離の問題を考える際に避けて通ることのできない過去を有しており、しかも、戦後においても現在に至るまで国家との間に結びつきを持とうとする動きの続いてきている宗教団体である」とした。そこへの公金支出は「一般人」に「他の宗教団体とは異なる特別のものであるとの印象」を与えるのであり、「宗教的活動」にあたると結論した(二〇条三項)。

なお、同時提訴の岩手靖国訴訟は、一九九一年一月に仙台高裁で違憲判断がくだされた（控訴・請求自体は棄却）。判決理由では、目的効果基準に照らしても、戦没者追悼のための靖国参拝は「宗教的行為」であり、天皇や首相の「公式参拝」は靖国に「優越的地位を与えているとの印象を社会一般に生じさせる」ことから、「限度を超える」違憲なものだとした（二〇条三項）。県から靖国への玉串料等の支出についても同様の判断だった。

高松高裁での控訴審で原告側は、基本的には地裁と同様の主張をした。また、「（知事の）宗教的意識は、第二次大戦中の地方長官と全く同様に、国家神道をそのまま継続して信仰し、その信念に基づき、その強い意思表示である国家護持運動の一環としてしたもの」だとした。

他方、被告側は「現在では……国家神道の思想は跡形もなく消え去った」のであり、「靖国神社等は現在戦没者の慰霊すなわち故人の生前を偲び、鎮魂を祈る」「慰霊施設」で、「遺族援護行政の一環」などと訴えた。

一九九二年五月の高松高裁判決では、合憲判断だった。「国家機関が自然人と同様に信教の一つである神道の祭神を畏敬崇拝するということは、現行憲法の解釈としてはあり得ない」、「（千鳥ケ淵や広島での行事も靖国と同様）戦争犠牲者の慰霊、追悼を一つの目的としている点では同一であり、それらの行事は既成の特定宗教には属さないけれども一つの新たな宗教集団……による宗教行事であることは否定でき」ないなどと、独自色が強かった。

舞台は、最高裁へと移った。原告側は洗建の意見書を提出し、「戦没者の霊は靖国神社にいる」とする判断そのものが、靖国信仰という特定の宗教的信仰に立脚した判断であることを指摘している。すなわち「宗教」と「慰霊」「習俗」「儀礼」とを切り離すつもりの被告側のロジックだが、その「戦没者慰霊」という概念・行為自体が（宗教学的に見れば）「宗教」性に支えられているではないか、というものだ。

一九九七年四月二日、最高裁大法廷にて、違憲判断がくだされた。判決は、「目的効果基準」に照らしつつ、「県が特定の宗教団体の挙行する重要な宗教上の祭祀にかかわり合いを持ったということが明らか」であり、「一般人が本件の玉串料等の奉納を社会的儀礼の一つにすぎないと評価しているとは考え難い」とした。このような戦没者慰霊の仕方は当然「宗教」性を有しており、しかもそれが許容される社会的限度を超えているという判断である（二〇条三項・八九条）。

しかし、一五裁判官のうち補足意見・意見が五件、反対意見が二件ついた。補足意見・意見は、おおむね政教分離の厳格な原則的・平等的適用を説き、靖国はシンプルに宗教法人なのだから「宗教」であり、それと公的機関等の「世俗」との区別をはっきりさせよというものであった。他方、三好達《とおる》長官（後の日本会議第三代会長）の反対意見は、マジョリティの宗教認識を重視せよというもので、特定の宗教・信仰を持つ（マイノリティの）人びとが寛容になることを要請している。さらに、「政教分離規定を設けた憲法の下では、国家神道の復活はあり得ない」とした。このように、最高裁の多数意見としての判決は違憲判断だったが、実際のところその裏には多様な意見・視角が含まれていた。「宗教」とみなすか、「習俗」とみなすかの二者択一でもない。当該事象を程度問題でみて限度を超えるかを判断するのか、厳格に捉えるべきか、宗教の平等性とは何か（一律に扱うべきか、歴史性などを考慮すべきか）、宗教の脱世俗性とは、多数派か少数派の宗教か、といった論点である。

この判決は大きく報道され、各方面に衝撃を与えた。地方自治体や政治家にとってはこうした関わりについての自粛・慎重姿勢が求められることとなった。憲法学においては最重要判例の一つとなり、高校の「政治・経済」の教科書や、司法試験・公務員試験等の場にも登場することとなった。原告と支援者側にとっては、「ついに最高裁を動かした」、憲法の信教の自由と政教分離が「守られた」と認識されるものだった。

他方、被告側と支援勢力にとっては、憤慨すべきものだった。神社本庁は、「国のために命を捧げた、戦歿者に対する慰霊は洋の東西を問はず、常識である。……御遺族や良識ある国民には到底受け入れられない」(『神社新報』四月七日付)とした。日本会議は、設立総会(五月三〇日)において、「最近の内外情勢は領土問題、教育問題等をはじめ、最高裁の偏向判決まで出るというような誠に憂うべき深刻な事態」だと述べた。「政教関係を正す会」は、判決の影響は限定的なものにすぎないと努めて喧伝した。これらの諸団体においては、重大な「敗北」的判決として受容されるとともに、そこからどう巻き返していくかの起点ともなりうる一件だった。

靖国神社という「本丸」への公金支出について、ついに最高裁で違憲判断がくだされた。しかし、はたして「一般人」の「宗教」を視る眼とは、どこにあるのか。そしてそれは時代とともに変わりうるものではないのか。本件という一つの到達点、ピークは、そのことを示している。

五　政教分離訴訟の新展開——揺らぐ前提

空知太神社訴訟——「ムラの神社」の変貌

政教分離訴訟の新展開は、北海道の「ムラの神社」をめぐって不意に巻き起こった。二〇一〇年一月二〇日、最高裁大法廷は、北海道砂川市が市内の空知太《そらちぶと》神社・富平《とみひら》神社に市有地を無償で貸与している状態であるのは政教分離違反だとして、市民二人が市を訴えていた裁判（それぞれ二〇〇四年・〇五年提訴）で、空知太神社のケースについて違憲判断をくだした（塚田、二〇一六）。最高裁の政教分離関連の違憲判断としては、愛媛玉串料訴訟に続く二例目である。

明治期に創設された同神社（法人格なし）は、一九四八年ごろ住民が提供した現在地に移転した。一九五三年、住民は税負担解消のためなどから同地を町（当時）に寄付した。町議会は、集落に対して「空知太神社境内敷地」である土地の無償使用を認める旨を「全員了解」で議決した。一九七〇年、町内会館の新築時に祠が会館内に納められるとともに鳥居が設置され、会館と神社が一体の形となった。これらの動きが、いずれも戦後であることには注目すべきだ。こうした神社付き土地の受領と継続使用の承認、町内会館と神社の一体化などがよもや政教問題になりうるとは、当時は考えられなかったのだろう。

原告側は、神社と一体となった土地・建物は宗教施設であり、無償提供の状態は違法な財産管理行為だと訴えた。被告側は、敷地提供は公共的なもので、そこでの行事等も習俗的かつ宗教性は喪失していること、管理する住民も神道の信徒ではないことを述べた。

空知太神社については一・二審ともに違憲判決だったが、最高裁判決は微妙に異なった。目的効果基準を用い、二〇条三項に照らすのではなかった。代わりに、「当該宗教的施設の性格、当該土地が無償で当該施設の敷地としての用に供されるに至った経緯、当該無償提供の態様、これらに対する一般人の評価等、諸般の事情を考慮し、社会通念に照らして総合的に判断すべき」という「新基準」とされるものが提示された。

そして、二〇条一項後段の「宗教団体への特権付与」と八九条とが取り上げられ、「氏子集団」という「宗教団体」に無償供与という便益が提供されているので違憲とされた（二〇条一項後段での最高裁違憲判断は初）。

本件で注目すべき点として、以下の三点がある。

まず、ある種典型的な「ムラの神社」でありながら、社会変動のなかで前提が変わってきたことである。空知太神社は確かに地域の氏神である。その点では、「当たり前」の神社神道とそれに抗議するマイノリティの構図に見えるかもしれない。だが同地域は、人口減少と過疎化が進む市中でも団地造成等により新住民も多く流入してきた地域であり、新住民らみなが氏子意識を持っているわけではない。氏子という明確な意識があり神社祭礼を支えているのは、旧住民を中心とする十数人の総代を核とした限定的な人びとだった。かつては地域住民＝氏子集団であったものが、地域社会の変動のなかで、氏子集団が特殊集団化しているような状況が見いだせるのである。それが、「宗教（団体）」への特権付与、活動助長と見なされた。「当たり前」だったことの基盤はもう揺らいでいる。

次に、原告の属性や動機、そしてまた神社神道が対象であったことにもかかわらず、裁判のなかで「国家神道」がほぼ問われなかったことだ。原告の一人、谷内《たにうち》栄は元中学校教員でクリスチャン。軍国少年だったが、兄は中国で戦死、「明治政府が国家神道を作り、学校教育に持ち込んだことが無謀な戦争につながった」と考えている。空知太神社は移り住んできた自宅近くであり、連合町内会を構成する町内会の一つの会長時に、神社の祭りのための寄附集めをやめた。その空知太神社が市有地にあることを知り、問題視し、提訴に至った。もう一人の原告の高橋政義は中国帰還者連絡会のメンバーであり、谷内とは首相靖国参拝に反対する「滝川平和遺族会」の活動で知り合った。だが裁判においては、これまでのケースのようには「国家神道」について論じられなかった。なぜなら、公有地の神社への提供という財産管理の問題であって、それは必ずしも戦前の「国家神道」体制の未解決問題ではなかったからだ。最高裁判決文でも補足意見のなかに二回ほど出てくるのみである。こうして「政教分離と国家神道」という最大の問題は、本件においては脱色させられてしまった。

そして、「宗教（団体）」の扱いの拡張傾向である。従来の政教分離訴訟の多くでは、やはり靖国を中心に特定の宗教法人（の活動への関与、公金支出）が主に取りざたされてきた。そして、箕面忠魂碑訴訟（移設）の一審違憲判決や岩手靖国訴訟の高裁違憲判決などの例外を除いては、おおむね目的効果基準に照らし、合憲判断がくだされてきた。ところが本件では、法人格なしの神社を支える一部地域住民――「神道の（信者の）人は一人もいない」と述べる――らが「氏子集団」という「宗教団体」だと認定されるというアクロバチックな展開を見せた。これは憲法のいう「宗教」が宗教法人や明確な活動形態を持つ宗教集団に限らない可能性をより一歩進んで指し示している。そして、それは「一般人の評価」や「社会通念」に照らして「総合的に判断」されるのだと。

このように、従来の政教分離訴訟で積み上げられてきた「常識」に明らかな揺らぎが見いだせたのが、本件であった。

那覇孔子廟訴訟――拡張される「宗教」

異変を含んだ空知太神社訴訟の判決は前例となり、さらに予想外の展開を生む。

二〇二一年二月二四日、最高裁大法廷は、沖縄県那覇市が公有地公園上にある孔子廟《びょう》「久米《くめ》至聖廟」の敷地使用料を免除していることは政教分離に違反し違法だと市民が訴えていた事件（二〇一四年提訴）について、違憲判断をくだした（塚田、二〇二二）。最高裁の政教分離関連での違憲判断としては三例目である。同廟は、一般社団法人「久米崇聖会《そうせいかい》」が、二〇一三年に建設し管理している。同施設は複数の建物からなり、儒教の祖・孔子の像や門弟らが祀られている。毎年の「釋奠祭禮《せきてんさいれい》」では、供物を並べ、孔子の霊を迎え入れるために普段閉じられている門が開けられる。各種の御利益を祈願する参拝者も訪れる。

本件は異例ずくめであった。

まず、対象が明確に「宗教」ではなかった点だ。この点も実は変転がある。一審地裁（差戻し）判決では、一般社団法人の同会が、施設や行事内容等から「宗教団体」「宗教上の組織」に当たると認定の上、限度を超えた関わりで公の財産を提供していることが、地方公共団体の「宗教的活動」に該当するため違憲だとされた。空知太神社訴訟の最高裁判決との類似性が目立っていたのである。ところが最高裁では、「儒教が宗教か」には明確に答えず、孔子廟が「外観等に照らして」「社寺との類似性」があり、そこでの儀礼に「宗教的意義」があるとされた。その上で、同会が「宗教団体」かは問わず、二〇条一項・八九条については「違反するか否かについて判断するまでもな」いとし、目的効果基準ではなく「一般人の目から見て」「社会通念に照らして総合的に判断すると」「限度を超える」ため、二〇条三項のみを用いてその「宗教的活動」に該当するから違憲だとしたのだ。

次に、原告の属性と動機がこれまでと大きく異なっていたことだ。原告の那覇市民、金城《きんじょう》照子は、一九六〇年代から沖縄県教職員組合等に対抗する活動を続けてきた人物で、右派系ウェブ配信チャンネルの現地キャスターなどを務める。彼女らにとっては、那覇市政が孔子廟の設置許可などを進めることは「中国侵略」の脅威を感じさせるため、それを阻止したいという思いがあったのだ。

よって、そうした動機からもそもそも「国家神道」が問われることはなかった。従来の訴訟は、おおむね「国家神道」体制の存続・復興の動向に抗しようという人々が中心となって提起され、その対象は、神社・神道・皇室祭祀・戦没者慰霊等が主であった。その宗教性が判断される際にも、戦前「国家神道」体制との連続性・関連性が当然考慮され、むしろ「政教分離」が問われるというのは、そのことが問われることとほぼ同義であった。しかし、本件では、最高裁判決文には一言も「国家神道」の語はない。その点では、きわめて純粋に、対象の孔子廟とそこでの儀礼の「宗教性」が、国・自治体が関わってよい程度であるかどうかだけが判断されたのである。

このような異例ずくめの流れを総合的に考えると、政教分離判断における「何が宗教（的）か」の概念の外延は、かなり柔軟に、拡張されてきている印象を持つ。もはや、宗教法人あるいは明確に「宗教団体」である必要もないようだ。さらにその判断基準は、「一般人の目から見て」「社会通念に照らして総合的に判断」される方向で、より社会の側に投げかけられている傾向がある。

こうした動向は、「宗教」を宗教団体・法人や特定宗教だけに限るのではなく、社会に拡散的に存在するとみなす現代宗教論の視座ともかなり合致してきている。津地鎮祭訴訟、とりわけその高裁時点から長く続けられてきた「宗教」と「国家神道」をめぐる「争い」の「旅」は、この地点まで来てしまった。

六　おわりに――「宗教」のゆくえを映す場

戦後日本の政教分離訴訟という「宗教」をめぐる種々の物語を一気に辿ってきた。靖国問題関連など十分に追い切れなかった動向もある。重要判例もこれだけに限られない。しかしそれでも、いかに多様な、あるいは雑多な「宗教」概念が飛び交い、文字通り争われ続けてきたかは明らかになっただろう。社会のなかで、他者と「宗教」認識でコンセンサスが取れている、とは安易には言いがたいのである。その自覚の上で、そこにどう、議論や対話、合意形成の場を設けていくのか。

またこの流れには、「宗教」概念の拡張傾向も読み取れそうであった。従来の「国家神道」「靖国問題」あるいは特定宗教・宗教団体という限定性から解き放たれ、拡張された政教分離の観点と「宗教」概念には、さまざまな――「活用」「悪用」ともに――展開可能性があるだろう。その先、どう受け止め、用い、用いられるかは、市民と社会とに委ねられている。戦後日本の政教分離訴訟とは、そのような持続的な注目が必要な、有効なフィールドなのである。

参考文献

赤江達也（二〇二〇）「（非）宗教的なものの宗教社会学――キリスト教と神道の間」『フォーラム現代社会学』一九

熊野勝之・箕面忠魂碑違憲訴訟原告団・弁護団編著（二〇〇九）『298人はなぜ死んだか――箕面市遺族会補助金違憲訴訟　洗建証言集』エピック

澤藤統一郎（一九九二）『岩手靖国違憲訴訟』新日本新書
政教関係を正す会編（一九七二）『法と宗教——いま一つの公害を追う』経済往来社
田中伸尚（一九八八）『自衛隊よ、夫を返せ！——合祀拒否訴訟』現代教養文庫
——（一九九七）『政教分離——地鎮祭から玉串料まで』岩波ブックレット
——（二〇〇二）『靖国の戦後史』岩波新書
塚田穂高（二〇一六）「政教分離訴訟の宗教社会学——北海道砂川市有地上神社問題のフィールドから」寺田喜朗・塚田穂高・川又俊則・小島伸之編著『近現代日本の宗教変動——実証的宗教社会学の視座から』ハーベスト社
——（二〇一九）「愛媛玉串料訴訟の宗教-社会史——戦後政教分離訴訟の画期・再考」『宗教と社会』二五
——（二〇二一）「那覇孔子廟政教分離訴訟——最高裁違憲判決の意味」『世界』九四四
塚田穂高・岡崎優作（二〇一九）「高校「政治・経済」教科書のなかの「信教の自由」「政教分離」——戦後日本社会における政教分離概念の浸透過程の一側面として」『上越教育大学研究紀要』三九—一
津地鎮祭違憲訴訟を守る会編（一九七二）『津地鎮祭違憲訴訟——精神的自由を守る市民運動の記録』新教出版社
富坂キリスト教センター編（一九八七）『キリスト教と大嘗祭』新教出版社
平野武（一九九五）『政教分離裁判と国家神道』法律文化社
藤本龍児・塚田穂高（二〇二二）「政治と宗教——現代日本の政教問題」高橋典史・塚田穂高・岡本亮輔編著『宗教と社会のフロンティア——宗教社会学からみる現代日本』勁草書房

※なお、文中では、各訴訟の判決文を引用・参照している。文中の傍点は筆者による。

コラム① 巡礼ツーリズム

岡本亮輔

一　神社仏閣へのまなざし

二〇一三年、伊勢神宮は一四二〇万人という史上最多の参拝客数を記録した。同年は内宮・外宮の主要な建物を建て替える式年遷宮の年だったが、その後も九〇〇万人近くが毎年訪れている。また二〇一五年には、楽天トラベルが興味深いデータを発表している。同年九月の大型連休について、前年と比べた予約数の伸び率を算出したところ、一位になった和歌山県が六一五・八パーセントという驚異的な数値を記録していたのだ。旅行客の多くの行き先は高野山であった。

二一世紀に入ってから、神社仏閣はかつてないほど多くの人を集め、観光のまなざしに晒されている。御朱印集めをはじめ、狛犬、鳥居、宿坊、さらには参道といった寺社のパーツごとのマニアも存在する。しかし、いくつか疑問も湧いてくる。宗教観光が活性化する一方、日常生活で宗教と関わる機会は減っている。縁結びのために遠方の寺社まで出かけ、ご神木からパワーを貰う人々は何かを信じているのだろうか。彼らは伝統的な信仰者とは異なるのだろうか。以下では、「巡礼ツーリズム」という概念を導きの糸に考えてみよう。

二　四国遍路バスツアー

この言葉を最初に使った門田岳久によれば、一九〇〇年代初頭、そもそも宗教とは関係なかった観光産業が、足と寝床の手配という強みを活かし、旅行商品としての巡礼ツーリズムが誕生した(『巡礼ツーリズムの民族誌』)。門田が調査対象としたのは四国遍路のバスツアーだ。旅程表だけ見ると、遍路ツアーは宗教にどっぷり浸かっているような印象を受ける。だが実際には、参加者は立ち寄る場所ごとに土産物や名産品を買うなど、マスツーリズムの形式がしっかりと踏襲されている。巡礼ツーリズムは企業活動の一環として創出されたのであり、宗教的動機から生まれたものではないのだ。

とはいえ、巡礼ツーリズムはまったく世俗的・娯楽的なわけではない。門田はバスツアーの乗務員の二面性に注目する。乗務員は「添乗員」として旅程管理を担い、予定通りに札所寺院を周ることに心を砕くが、同時に、礼拝作法や遍路の知識伝授といった「先達」の役割も兼ねる。参加者が過剰に土産物を購入したり、参加者同士の関係が悪化した時など、乗務員は宗教的表現を用いた説明やありがたい話でそれを諫めるのだ。そして、乗務員の最も重要な役割は集合的身体性の感覚を生み出すことだという。遍路では札所ごとに読経を行うが、初心者の多いツアーでは、最初は上手く唱和できない。だが、乗務員が主導することでツアー後半には統一感のある読経が行えるようになり、参加者同士は身体的同期を通じて自他の知覚が溶け合う体験をする。門田は、こうした「共同経験」こそが巡礼ツアーの商品価値の一つであるとしている。

三　巡礼ツーリズムの新しさ

巡礼ツーリズムの新しさは、旅の中に宗教的要素と観光的要素が混在していることではない。重要なのは、観光産業の下支えがあって初めて可能になる宗教体験が存在することだ。遍路がバスツアーとして観光化されることで、読経を通じた共同経験が生まれているのである。

他の例で考えてみよう。二〇〇〇年代以降、多くの寺社がパワースポットとしてメディアに登場している。筆者は、パワースポットを元から有名な寺社があらためて言及される①再提示型、地域外では無名だった寺社が恋愛成就など特定効能を強調して人を集めるようになる②強化型、そして自然環境など宗教施設でない場所に宗教的なものが読みこまれる③発見型の三つに分類した(岡本亮輔『聖地巡礼――世界遺産からアニメの舞台まで』中公新書、二〇一五)。

この類型はパワースポットの構築過程に注目したものだが、重要なのは、その背後に何か新しい宗教意識や信念の芽生えがあるわけではないことだ。パワースポットの多くは①か②だ。元から宗教的とされてきた寺社があらためて「パワーが貰える場所」としてラベルを貼られただけなのだ。そして、このラベル貼付の役割を担うのが、各種の旅行雑誌や観光ガイドといった観光産業なのである。

具体的に見てみよう。女性向けライフスタイル雑誌『Hanako』二〇一九年二月号では、「幸せをよぶ、神社とお寺」が特集されている。一〇二の寺社が紹介されるが、ほとんどは元から有名な場所だ。「三大聖地」として紹介されるのは伊勢神宮、出雲大社、高千穂神社という典型的な再提示型だ。その他も、鶴岡八幡宮、香取神宮、白山比咩神社などで、特段に目新しくはない。

誌面構成は特徴的だ。見開きで一つの寺社が紹介される。例えば香取神宮の場合、一ページ目には神社の簡単な歴史、東京からの行き方、同社にまつわる伝説が書かれている。そして二ページ目で、参道や本殿などの見どころに加え、神社近くの甘味処が二つ紹介されている。典型的な旅行ガイドのフォーマットである。

さらに注目したいのは、各神社につけられたコピーだ。香取神宮は「神々の声が聞こえる信仰深き森」「すべての願いを受け止める森の中に鎮座する黒い社殿」といった言葉で飾られているが、何か宗教的な含意があるわけではないだろう。分譲マンションの広告で用いられる、いわゆるマンションポエムと大差ない。実際、「確かなるもの、揺るぎなきものを求めて」「正統の聖域」「都心の聖域、由緒と潤いの所以」といったマンション用コピーは、そのまま寺社に転用できるし、逆に『Hanako』の「「海」=万物を生み出す場で強い生命力を体感する」(大洗磯前神社)、「古都繁栄の神からパワーを享受」(鶴岡八幡宮)、「伝統を礎に、新しさを発信」(来宮神社)などのコピーも、神や伝統を街や森に変えれば、マンション広告に使えるはずだ。

四　新たな身体的実践

そして、こうした観光産業がもたらしたパワースポット・ブームから新たな身体的実践も生まれている。典型がご神木からパワーを貰うというものだ。『Hanako』では、香取神宮では樹齢千年以上の杉の神木、猿田彦神社では子宝池といった具合に、その寺社のどこでパワーを貰うべきかが案内される。近年、寺社でご神木に手をあてている人の姿は珍しいものではないだろう。秩父の三峯神社のように、神社側が樹齢八〇〇年の神木をパワースポットとして紹介し、神木から「氣」を貰う方法（三度深呼吸をして神木に手を付けて祈る）を記した看板を立てているところもある（岡本亮輔『宗教と日本人――葬式仏教からスピリチュアル文化まで』中公新書、二〇二一）。

宗教消費論の観点から巡礼ツーリズムを広く論じた山中弘は、「需要側の不定形な欲求」が市場論理によって編集された場所で、訪問者も予期せぬ形で「具体的な行動」が生まれていることを指摘している（山中弘「消費社会における現代宗教の変容」『宗教研究』九一巻二輯、二〇一七）。神木からパワーを貰うのは著しい逸脱ではないだろうが、伝統的実践とも言えない。観光産業主導の下、寺社参詣が巡礼ツーリズムとして商品化されることで新たな観念と実践がもたらされたのだ。あらかじめ宗教的動機を抱えて寺社に行くというより、行き先がパワースポットとして観光産業によって演出・整備されているため、それに合わせた実践と体験が生まれるのだ。巡礼ツーリズムは、現代社会の宗教の変容が最も端的に現れる領域なのである。

第三章　葬祭仏教と社会参加仏教

高橋原

一　はじめに

葬祭仏教とは、葬式と法事を中心とした仏教のあり方を指す言葉であり、しばしば、本来の仏教はそのようなものではないという主張を暗黙に含んでいる。一般には「葬式仏教」という呼び方で日本人の語彙の中に定着している。『広辞苑』に「葬式仏教」という見出し語が採用されたのは第六版（二〇〇八年）からで、そこには、「現代の仏教を、葬式や先祖の供養をするだけだとして、非難の意味を込めていう語」という説明がある。

それでは本来の仏教とは何かというと、仏の教え、すなわち釈迦が説いた真理をもとに、さまざまな言語で表現され、研究されてきた教理の体系であるというのがひとつの答えであろう。しかし、その教理なるものが、苦の中に生きている現実の人間の幸福につながらない抽象的な哲学のようなものにとどまるのならば、それもまた本来の仏教のあり方ではないという批判が成り立つだろう。

釈迦の教えに基づいて、人間を苦から解放することを目標に、社会の改良のために活動する仏教徒たちがいる。インド、スリランカ、タイ、ベトナムなど現代のアジア諸国の事例を念頭に、かれらの活動を形容するものとして欧米の研究者たちが用いてきた呼称が「社会参加仏教」である。社会の現実に即して苦からの解放に取り組むアジアの仏教者たちこそ、本来の仏教の体現者であるという評価がそこに込められているようである。

そうすると、社会への積極的関わりの有無という観点から、「葬祭仏教」対「社会参加仏教」という図式が成り立つようにも思われるが、ことはそう簡単ではない。日本においては、葬祭仏教とはもう何百年にもわたって社会の中にしっかりと組み込まれてきたシステムであって、社会に背を向けてきたわけではないからである。さまざまな「社会活動」を行なっている日本の仏教僧侶たちが、一方で、葬祭仏教の担い手でもあるという事情もある。

本章では、死者のケアを通して生者のケアを行なうことが葬祭仏教の本質であるという視点を提出し、おおまかに昭和末期以降、二一世紀の日本仏教を念頭に、葬祭仏教が批判されるなかで、さまざまな問題に取り組んできた僧侶たちの社会活動を取り上げる。そして、東日本大震災以降、僧侶たちがケアという発想を取り入れて「臨床宗教師」などの肩書きでケアの領域に参入しはじめた動きを、葬祭仏教の担い手たちによる日本的社会参加仏教の形なのではないかと論じてみたい。

二　葬祭仏教

葬祭仏教批判

『広辞苑』の説明に見られるように、葬祭仏教（葬式仏教）とは、葬式や法事を、コストに見合うメリットを見出せない時代遅れの習慣として煩わしく感じている現代人が、「坊主丸儲け」といった言葉とともに、非難をこめて使う言葉となっている。

大谷栄一によれば、「葬式仏教」という言葉が普及したのは戦後になってからのことであり、日本史学者で僧侶でもあった圭室諦成《たまむろたいじょう》が、葬式仏教の日本社会への定着は一七世紀前半であったと論じたときには、この言葉が批判的な含意を持つものとして用いられたわけではなかった（圭室諦成『葬式仏教』大法輪閣、一九六三）。しかし、葬式と法事に明け暮れる僧侶のあり方は、実は明治時代以来、常に批判の対象となってきたものである。早くも明治一〇年代には、仏教新聞『明教新誌』に、僧侶を「葬式屋」と揶揄する投書を見ることができる（大谷、二〇一九）。また明治三三年に仏教改革を旗印として創刊された『新佛教』にも、僧侶が自らを「葬式坊主」と卑下して表現している例が見られる。このように、今日「葬式仏教」（葬祭仏教）と呼ばれている営みを批判する言説は、すでに百年以上にわたって仏教界の内外に存在し続けてきたのである。

逆に言えば、常に批判されながらも現代においてなお根強く存続しているのが葬祭仏教であるが、それは具体的にはどのような宗教の形態であるのだろうか。佐々木宏幹による記述を要約して示すと次のとおりである。

かつての日本の地方社会において、結婚式と並ぶ最大の行事は葬式であった。人々は家紋のついた晴れ着を身に着け、イエを代表してそこに参列した。葬式は仏教で行ない、格式に応じてこれを盛大に行なうのが社会の常識であり、義務であった。僧侶がいなければ葬式は成り立たず、僧侶はこの通過儀礼のプロフェッショナルとして一目置かれ、送り迎えをつけて丁寧に遇された。死者を生者と切り離し、あの世の存在として安定させるためには僧侶による読経と引導が不可欠であると考えられていたからである。これによって死者は疑いなく「先祖」になり、「ほとけ」（仏）となって、この世の人々を守護し、幸運に導いてくれると人々は考えかつ感じてきた（佐々木、二〇一二、一二八頁　傍線引用者）。

地域や宗派によって多少の違いはあるだろうが、葬祭仏教はこのように「常識」、「義務」であると人々に受け止められ、日本社会に定着してきたのであった。そして、死者を「先祖」「ほとけ」に変えることがその重要な役割として必要とされてきたのであった。

池上良正によると、「葬式仏教批判」が本格化するのは一九六〇年代以降である。その背景には、戦前の国家神道を支えていたイデオロギーとともに、家父長的なイエ制度や先祖祭祀が批判されたことがある。日本社会の民主化が進んでいく過程で、古い体制を批判する矛先を向けられたのが葬祭仏教であった。また、宗教の価値の中心を個人の内面の信仰に求め、儀礼を一段下に見るというプロテスタント的な宗教観がその背景にあるという。これは、教理・教義として表現されているものが「本来の仏教」であり、葬祭仏教はそれと無関係な、劣ったものであるとする見方につながる。教理仏教との乖離を問題視する視点は、明治時代以来、一貫して葬祭仏教批判の底流をなしていると言ってよく、この見方は、仏教系大学を拠点に発展した近代仏教学の立場からも、寺院や僧侶の堕落ぶりに批判の目を向ける社会の側からも強化され、葬式仏教は非難されるべきであるという一種の常識が形成されてきた。

これに対して、池上は、葬式仏教を日本に固有の堕落した形態としてではなく、東アジア地域に広く展開してきた「死者供養仏教」という救済システムの中に位置づけて再評価する道を提示している。「死者供養仏教」においては、儒教的な「孝」思想と「祖先崇拝」の役割が大きく、死者の救済が同時に生者の救済にもなるという習俗が構成されている。また、死者供養を通じて、個人の道徳的な生き方が促進され、生者の間の関係性（縁）を強化するという巧みな構造特性を持つのも死者供養仏教であるという。これをやわらかく言いかえれば、位牌や仏壇、墓を大切にする習慣を重んじる葬祭仏教は、生者と死者のみならず生者と生者との絆をも支え、人間がどのように生きていくべきかという道徳的・倫理的指針を日本人に与えてきたということになる（池上、二〇一一）。

こうしてみると、葬祭仏教とは、死者の存在のリアリティを人々が感じていて初めて成り立つものであると考えられる。人の死が日常生活の平穏をかき乱すときに、死者に働きかけて秩序を回復し、維持する儀式の専門家が必要とされていたのである。そのリアリティが失われていったのはいつごろであったのだろうか。戦後一貫して、病院で死ぬ日本人の割合は増加し続け、一九七七年に在宅死の割合を上回り、二一世紀に入って八割を超えた。それは、誰もがいつか死に、死者となるという人間の営為が医療の管理するところとなり、人の死が日本人の日常生活から急速に隠されてきたことを意味する。生と死を別つものは医師の書く死亡診断書となり、僧侶を呼ばなければ死者があの世の存在として安定しないという時代は終わった。僧侶による読経も引導も戒名も、肝心なことが済んだ後で付け加えられる添え物となってしまっては、葬祭仏教批判が説得力を持つのは無理もないことであろう。

葬式不要論と寺院消滅

二一世紀に入って、島田裕巳の『葬式は、要らない』（幻冬舎新書、二〇一〇）の出版をひとつのきっかけに、葬式不要論というかたちで葬祭仏教批判が脚光を浴びることとなった。ベストセラーとなったこの本は都会暮らしの消費者の声を代弁するものとして書かれており、金がかかる葬式の費用対効果への不満に基づいて、「家族葬」や「直葬」といった、簡略な葬儀の流行を肯定的に評価するものであった。金銭的コストは別としても、葬式（とその後の墓地の管理）は、日頃は潜在している人間関係のしがらみが集中的に噴出する場面である。これを嫌った人々が、散骨、樹木葬など、さまざまな形での「自然葬」を選択するようになった（井上治代『墓と家族の変容』岩波書店、二〇〇三）。一九九一年には島田裕巳も会長を務めたＮＰＯ法人「葬送の自由をすすめる会」が設立されており、この流れが止まる様子はない。

葬式不要論はそのままただちに仏教そのものの不要論へと結びつくわけではないが、「葬式離れ」と「墓離れ」が進めば、檀家が定期的に支払うイエの墓の管理料と護持費、法要や葬儀の際に生じる布施を主たる収入源としている仏教寺院の経営を苦しくしていくのは当然のなりゆきである。ただし、寺院の経営と存続の困難さは、葬祭をめぐる消費行動が変化した結果によるものというよりは、少子高齢化と地方の過疎化の進展という社会構造の変化がもたらした必然でもあった。

「寺院消滅」というセンセーショナルな言葉でこの問題に光を当てたのが、「貧乏寺の生まれ」であるルポライター鵜飼秀徳であった（鵜飼、二〇一五）。しばしば、コンビニの数ほどあると表現される日本の寺院七万七千ヶ寺のうち、無住寺院が二千を超え（朝日新聞の調査では無住と兼務の寺院数は一万二千ヶ寺を超える）、経営難や後継者不足の問題を抱える「消滅可能性寺院」が増加しているとされている。人口減少による地方都市の消滅に伴い、二〇四〇年までに全宗教法人の三五・六パーセントが消滅する可能性があるという試算もあるので（石井研士「宗教法人と地方の人口減少」『宗務時報』一二〇号、二〇一五）、ことは仏教だけの問題ではないが、葬祭仏教によって寺が維持されていくという仕組みが、多くの地域において、もはや成り立たなくなっていることは明らかである（櫻井義秀・川又俊則編『人口減少社会と寺院』法藏館、二〇一六）。

一方で、「寺院消滅」の危機は同時に、ビジネスチャンスの側面も持っている。都会に移り住んだ人々が地方の菩提寺にあるイエの墓を守ることを放棄する場合に、先祖代々の墓は「墓じまい」されるが、その際に遺族の負担を減らす選択肢となるのが、永代供養墓や納骨堂への改葬である。このようなニーズに巧みに応えて逆風をうまく乗り切ることができた寺院も少なくない。たとえば、新潟市の日蓮宗角田山妙光寺は、全国に先駆けて一九八九年に、承継者の負担が少ない永代供養の形式である「安穏廟」を設立した。「宗派を越え、かつ跡継ぎを必要としないお墓」であると謳われており、永代使用料を支払って区画単位で分譲を受ければ、血縁関係を問わず誰でも納骨することができる。檀家制をとらず、年会費のみで運営されていく形式が、しがらみを避けたい現代人のニーズに応えるものとなっており、多くのマスメディアでも取り上げられた（写真1）。

大阪市の浄土宗一心寺は、現代彫刻をあしらったモダンな山門で知られる都市寺院であるが、「お骨佛の寺」として知られている。骨佛とは納骨された遺骨を一〇年ごとにまとめて造立する阿弥陀如来像であり、明治二〇年に始まったという独特の形式であるが、やはり宗派を問わず安価で行われる永代供養である。納骨数は平成に入って年々増加しており、二〇一七年の第一四期の骨仏は二二万体の納骨によって作られている。一心寺の境内には家族連れを含む参詣者の賑わいが絶えないように見受けられ、この供養の形式が現代人の心をとらえていることが一目瞭然である。

今日では宗派を問わない永代供養を謳う寺院はもはや珍しくなく、都市部ではロッカー式の納骨堂も増えている。多くの地方寺院が消滅の危機に直面する一方で、新しい形の先祖供養が栄えているのである。

葬儀がパッケージ商品化していることを示す動きもある。これを象徴するのが、二〇〇九年に大手スーパーが葬祭事業に参入した際に、戒名代を含む「お布施の目安」をインターネットで公表したことであった。このことは、お布施が商品のように定価表示されるならばそれは宗教行為ではなく、収益事業として課税さ

写真１　安穏廟

れることになるのではないかといった論点で物議を醸した。二〇一五年一二月に、インターネットによって申し込みが出来る定額制の僧侶派遣サービス「お坊さん便」が大手サイトでの販売を開始したときにも、全日本仏教会がこれに批判的な声明を発表したところ、かえって世論の批判を浴びたという一連の流れが話題になった。こうしたことは、死者を「先祖」「ほとけ」に変える仏教儀礼としての葬儀の形骸化・空洞化を示すものであったが、同時に、パッケージ商品の一部としてであれ、なお僧侶が葬儀に必要とされているということも逆説的に示したものと言える。時代の変化に合わせて形を変えながらも、葬祭仏教はなお日本人の生活の一部として存在し続けているのである。

三　社会参加仏教

欧米の概念として

「社会参加仏教」とは、平和運動を展開したベトナム出身の僧侶ティク・ナット・ハンによる造語であるとされる「エンゲイジド・ブッディズム（engaged Buddhism）」の訳語である。この言葉が欧米で広く用いられるようになったのは一九八〇年代以降であるが、二一世紀になって日本人の間にもこの概念が知られるようになっていった。「社会をつくる仏教」（阿満、二〇〇三）、「行動する仏教」（上田、二〇〇四）のような訳語が試みられていたが、ムコパディヤーヤ（二〇〇五）以来、「社会参加仏教」という訳語が定着している。

社会参加仏教という言葉は、アジア諸国における仏教徒の社会改良運動を念頭に用いられてきた言葉である。では、日本におけるそれはどのようなものかというと、その問いに答えるのは簡単ではない。

末木文美士によれば、「社会参加仏教」の概念は、欧米の研究者によって、社会的マイノリティの解放を目指した欧米のラディカルな市民運動をモデルに、中南米のキリスト教徒が展開した「解放の神学」の仏教版として理解されてきた。しかし、政治的・社会的プロテストの側面を強調すると、国家体制に順応してきた日本仏教の実情には当てはまらないところがあるという。実際、これまでに日本の社会参加仏教として研究されてきたのは創価学会、立正佼成会などの法華系新宗教教団であり、伝統仏教の動きはこの枠組みでとらえられてこなかった。日本における社会参加仏教を論じるならば、その枠をある程度広くとらざるを得ない（末木、二〇〇六）。

ムコパディヤーヤは「仏教者が布教・教化などのいわゆる宗教活動にとどまらず、様々な社会活動も行い、それを仏教教義の実践化とみなし、その活動の影響が仏教界に限らず、一般社会にも及ぶという対社会的姿勢を示す用語」（ムコパディヤーヤ、二〇〇五）という定義を提出しているが、これは、社会の近代化やマイノリティの解放を目指す運動という欧米の研修者による枠組みを日本社会の実情に適用できるように軌道修正し、社会に対する「姿勢」として「社会参加仏教」を定義したものであろう。では具体的にどのような活動がこれに当たるかというと、それはあまりに多岐にわたる。

大谷栄一の編著『ともに生きる仏教』（二〇一九）には、二一世紀の僧侶たちによる、地域寺院を拠点とする種々の社会活動が取り上げられており、そこには、こども食堂、親子教室、ビハーラ活動、被災地食糧支援等々が含まれている。これらすべてを日本の社会参加仏教の事例として論じることも可能であるように思われるが、それらをくくる言葉は「お寺の社会活動」である。大谷はこの本で、「葬式仏教という常識」

を問い直すことから論を起こしているが、「葬式仏教」と対置されるものとして、浄土宗が掲げるスローガンともなっている「ともに生きる（共生）仏教」という言葉が選ばれており、「社会参加仏教」の語は避けられている。どうも社会参加仏教という概念は、伝統教団を念頭に日本仏教の実情をとらえようとするときの枠組みには適さないと見なされているようである。

大谷栄一は、日本仏教には「教化《きょうけ》」という概念があり、それが宗教活動（儀礼や法要、祈願や祈祷、修行）と社会活動、布教・伝道活動のすべてに重なるため、活動の類型的把握が困難であると指摘している（大谷、二〇一九）。教化とは、「教導化育する意。人々を教育・訓練することにより、あるいは仏教徒と成らしめ、あるいは仏と成る資格を持つように導くこと」（『岩波仏教辞典　第二版』二〇〇二）であるが、僧侶にとっては葬式でさえも参列者を対象とした布教・教化の場であることや、寺院による幼稚園や老人介護施設の経営も教化の意味を持ち得ることなどを考え合わせると、仏教徒が行なうあらゆる活動が社会への影響を意識した教化活動であるとも言える。このような事情も日本の社会参加仏教の輪郭を曖昧なものとしている。

櫻井義秀らの次のような指摘もある。「「仏教」あるいは広い意味での「宗教」が、「社会」に参加するというのは、見方を変えれば、社会の外にある「宗教」が、あらためて「社会」に参加するという意味を持つ。その前提には、私的な「信仰」というかたちで私事化された近代の「宗教」があり、その枠を超える運動として、「社会参加仏教」が想定されているといえるだろう。」（櫻井・外川・矢野、二〇一五、ⅱ頁）

日本の仏教はどうであろうか。仏教は解脱を目指す現世否定的な宗教であるという欧米人の「偏見」に当てはまるものでないことは言うまでもない。また、檀家制度に組み込まれており、僧侶が妻帯し「半僧半俗」の生活を営むのが常態である日本仏教は、私的な信仰として個人の内面に囲い込まれてきたわけでもない。社会生活の中にしっかり根を下ろしてきた日本仏教は、ことさらに社会に参加するという局面を指摘しにくいのである。

葬祭仏教を映し出す鏡

二一世紀が始まってまもない時期に出版された、『がんばれ仏教!』（日本放送出版協会、二〇〇四）の中で、上田紀行は、日本の伝統仏教には元気がなく、もはや人々に何も期待されておらず、瀕死の危機的状態にあると警告した。この批判自体は伝統的な葬祭仏教批判と同じ響きを持つものであったが、同時に、仏教界を叱咤激励するエールでもあった。上田はまず、「生きている仏教」の一例として、アンベードカルやティク・ナット・ハンと並び称され、「社会参加仏教」を代表する人物であるアリヤラトネの率いるスリランカの農村社会改革運動（サルボダヤ運動）に言及してから、日本に目を向けて、社会が直面している困難な問題に積極的に取り組む「がんばっている」僧侶たちの活動を紹介するというスタイルを採用している。社会参加仏教の概念が日本にもたらされたとき、それは、海の向こうから日本の葬祭仏教の現状を映し出す鏡の役割を果たし、その中で奮闘努力する僧侶たちの姿を浮かび上がらせたのであった。

上田が取り上げた僧侶の一人に、大阪市天王寺区の浄土宗僧侶・秋田光彦がいる。秋田は一九九七年に、大蓮寺の塔頭《たっちゅう》寺院であった應典院（写真2）を「葬式をしない寺」として再建し、演劇や美術展などに使える会員制のオープンスペースとした。應典院は市民参加と協働の場として開かれ、自殺防止やホームレス支援など宗教の社会貢献という軸に添った活動にも一貫して関わり続け、二〇一八年には「おてら宗活塾」も始まっている。秋田はお寺の幼稚園の園長の顔も持ち、まさに地域社会とのつながりの中で生きている僧侶であるが、忘れてはならないのは、一六世紀に創建された浄土宗大蓮寺の住職でもあることである。大蓮寺のウェブサイトには「生前個人墓」「自然納骨堂」「永代供養総墓」などの案内があり、秋田が葬祭仏教の最先端を走る僧侶でもあることがわかる。

上田が取り上げたもう一人、長野県松本市の臨済宗神宮寺住職高橋卓志も、寺院を地域コミュニティに開かれたイベントスペースとして活用し、多彩な活動を繰り広げている。その内容は、寺院を使った老人向けデイサービス、廃業した旅館を借り受けてのケアタウン事業、タイのＨＩＶ感染者支援を目的とした作務衣プロジェクトなど、枚挙にいとまがない。そしてまた重要なことに、彼もまた、「真の葬式仏教」を追求する僧侶であるということである。先代住職であった父の看取り体験を踏まえての、「お葬式見本市」（模擬葬儀ワークショップ）や、ＮＰＯ法人ライフデザインセンターの活動は、いずれも納得のゆく自分らしい旅立ちをサポートしようとする試みである。神宮寺では葬祭業者を介さない明朗会計に基づく葬儀のシステムも確立している。

秋田や高橋の活動は、文字通りの意味で社会への参加にほかならず、『がんばれ仏教！』で取り上げられた僧侶たちはいずれも、暗黙のうちに、日本における社会参加仏教を論じるのにふさわしい代表的僧侶たちであると考えられているようである。しかし、上田はかれらの「内側から湧き上がってくる思いに形を与えようとする奮闘」と海外の仏教界の潮流とが響き合っているという慎重な記述にとどまり、かれらをあえて社会参加仏教徒とは呼んでいない。それは、葬祭仏教も不可欠な一部とするかれらの活動を全体として見るときに、欧米から輸入された枠組みには到底収まりきらないからであろう。社会参加仏教はあくまでも海の向こうの鏡である。

写真２　應典院

ところで、上田と並んで、いち早く社会参加仏教に注目した阿満利麿は、明治期の清沢満之にさかのぼる真宗大谷派の同朋会運動を、「日本社会を深部から規定している天皇制を内発的に克服した、貴重な実験」であると評価し、社会参加仏教の一つとして取り上げている。一九六〇年代に始まり、宗派の分裂という結果も生んだこの運動は宗門内の改革運動という性格が強いものであるが、阿満の視線は別のところに向けられている。「「エンゲイジド・ブッディズム」という言葉は新しくとも、その思想や実践は、つまるところ、仏教がそのはじめから目指してきた「利他」という、わが身をあとにしても、同朋の救済を願う教えに端を発しているとも解釈できる」と阿満は述べる。彼が遠く見据えるのは、仏教の理想を追って社会参加仏教という「広場」に出ることができたときに始まる、日本の仏教徒と世界の仏教徒との本当の連帯というヴィジョンである(阿満、二〇〇三、一一頁)。阿満においてもやはり、社会参加仏教とは日本の仏教の現状を照らし出し、そのあるべき理想の姿を指し示す参照点なのである。

以上のように、「社会参加仏教」という外来の枠組みを出発点として、そこに日本の仏教徒たちの多彩な社会活動を当てはめようとすると、活動の実像をとらえにくいという難点がある。近代にかぎっても、日本の仏教徒たちの社会活動には、「仏教慈善事業」「仏教感化救済事業」「仏教社会事業」「仏教社会福祉」等の呼称が与えられてきた。人権運動や戦後の平和運動、仏教系新宗教教団を担い手とする活動まで視野に入れるならば、その範囲はさらに広がることになる。

葬祭仏教との関係はどうだろうか。上述の秋田光彦、高橋卓志らに見られるとおり、檀信徒以外の人々を含む一般社会に目を向けて活動している日本の僧侶たちは、同時に地域の寺院を拠点とする寺檀関係に基づいた葬祭仏教にしっかりと一方の軸足を置いて活動している。もう一方の軸足をどこに置いているかというと、多くの場合、宗門人・教団人としての義務を果たすことであるというのが実際のところであろう。これは本末制度の歴史や僧侶養成システムとも絡むことであるが、日本仏教の大きな特徴のひとつである。比喩的な表現になるが、日本の意欲的な僧侶たちは地域と宗門にそれぞれの軸足を据えつつ、なお新しい一歩を、現代社会に生きる不特定多数の人々に向けて踏み出そうとしている。日本の僧侶の活動は、社会参加仏教と呼ぶにせよ呼ばぬにせよ、そのような構造を抜きにしては成り立たないであろう。

明治以来、日本の僧侶たちは、「本来の仏教」である教理仏教と乖離しているというある種の後ろめたさを感じながら、葬祭仏教に従事してきた。個人として、教団としての社会活動は、その埋め合わせとなってきたようにも映じる。二一世紀になって新たに入ってきた社会参加仏教の概念も、別の形で「本来の仏教」の姿を指し示すものであった。ただし、社会参加仏教は（教理仏教とは異なり）、同時代の現実社会の中に根を下ろした実践であるがゆえに、同じく地域社会に密着した営みを基礎とする葬祭仏教の諸実践と異次元にあるものではない。葬祭仏教は死者をケアすることによって生者の生活を安定させる機能を持つものであり、生身の人間を相手にするという点では社会参加仏教と同じ平面上に位置づけることができるのである。社会参加仏教という視点を経由して、葬祭仏教自体に「本来の仏教」を見出すことも可能であろう。

四　仏教と臨床との（再）接近——葬祭仏教の復権と新たな社会参加の試み

大震災という契機

二〇一一年の東日本大震災は一万五千人を超える死者を出す大惨事となったが、これは長いあいだ続いてきた葬祭仏教不要論の風向きを変える出来事となった。端的に言えば、人の死が病院で管理され隠されていることに慣れきっていた人々が、むき出しの死に直面したことによって、あらためて、死者を「先祖」「ほとけ」に変える儀式の存在意義を生身で感じることになったということであろう。日本仏教が担ってきた弔いという役割が日本社会全体で見直され、再評価されたのである。

その前提として、一九九五年の阪神・淡路大震災の経験を振り返っておきたい。この震災は、「ボランティア」と「心のケア」という言葉を日本人の語彙の中に急速に浸透させる契機となった。被災地ではさまざまな職種の専門家が支援活動を行なったのはもちろんであるが、全国から駆けつけた素人ボランティアが復興支援活動の中で存在感を示した。その中には仏教徒を含む多くの宗教者も混じっていた。とりわけ「心のケア」は、精神保健の専門家だけではカバーしきれない、誰もが小さな隙間を埋める貢献をし得る領域として注目されることになった。大震災の現場から発せられたのは、支え合いによって成り立っているのが人間の生活の本来のあり方であるというメッセージであった。東日本大震災が起こったのは、このような認識が日本社会に定着し、仏教僧侶たちが被災地等でのボランティア活動の経験と自信を蓄えていった時期であったのである（三木、二〇一五／高橋、二〇一八）。

東日本大震災をめぐって、僧侶は個人として、寺院として、教団単位で、あらゆる支援活動を行なった。その中で僧侶の特性を活かした貢献と言い得る分野として真っ先に指摘できるのが、死者の弔いに関わる活動である。雪の被災地を鎮魂の読経とともに歩く禅僧の姿を映した写真がいくつかのメディアに掲載され（共同通信二〇一一年四月四日配信など）、多くの人々に強い肯定的な印象を残したことは、こうした営みこそが僧侶の本分であるという感覚がまだ共有されていることを示している。震災の約一ヶ月後から宮城県と岩手県のほとんどの遺体安置所を回ったという真宗大谷派僧侶谷山洋三（現東北大学教授）によると、ボランティアでの読経を施設管理者に断られたことはなく、多くは感謝によって迎えられたという（谷山、二〇一二）。名取市職員であった真宗大谷派の僧侶、木村敏の証言もある。木村は遺体安置所運営の凄惨な業務の中で人の死を人の死と受け入れられなくなり、金縛りの中で死者の面影が目に浮かんで消えなくなる体験もしたという。人々の心を落ち着けるためには葬式が必要であると痛感した木村が指揮をとって実現させたのが、震災後一〇〇日目の節目に行われた合同慰霊祭であった（NHKEテレ「こころの時代・シリーズ私にとっての3・11　苦と共にありて」二〇一六年三月一三日）。式典は名取市主催の公的なものであったが、僧侶による読経と焼香も組み込まれていた。「葬式仏教のどこが悪い」と木村は語っている。

こうしたエピソードがただちに、商品化した葬祭仏教自体の復権までも意味するわけではない。東日本大震災後のメディアは、仏教による死者儀礼の本来性が回復しつつあるのではないかという見解を好んで発信したが、それは葬式以外の領域での仏教への期待を表明したものに過ぎず、そうした再評価の風潮が一段落してからは、葬祭仏教への風当たりは震災以前にも増して強くなっている。「お坊さん便」騒動がその証拠である、という手厳しい指摘もある（碧海寿広「震災後の仏教に対する評価――メディア報道から読み解く――」『佛教大学総合研究所共同研究成果報告論文集』六号、二〇一八）。

たしかに消費者の心理としてはそうかも知れない。しかし震災直後に見られた火葬へのこだわりや、行方不明者の遺体捜索が何年も続けられていることが示すとおり、今なお多くの日本人が死者の存在を軽んじることなく、死者の尊厳に相応しい扱い方をすることが生者の心の安定につながるということを経験的に知っている。死者を「先祖」「ほとけ」に変える葬祭仏教とは、死者をケアすることによって生者のケアを行なうという、まさにこのことに貢献するために存在するシステムであるという再認識が、東日本大震災によってもたらされたのである。ただし、その再認識を強くしたのは、一般の日本人よりもむしろ被災地内外の僧侶の側であったかもしれない。

心のケア

死者が「先祖」「ほとけ」に変わっていくというプロセスは、遺族の心理に即して言えば、故人の死を受け止め、死別の哀しみと向き合いながら徐々に日常性へと戻っていく喪の作業（グリーフワーク）のプロセスにほかならない。大河内大博は、大阪での浄土宗の事例を念頭に、人の死に際して行われる枕経、通夜、葬儀・告別式、拾骨式、初七日、四十九日、納骨、年忌法要、月忌参りなどの儀礼が、遺族の喪の作業をサポートするグリーフケアの場として機能していることを論じている（大河内、二〇一二）。グリーフケアという概念も、二つの大震災を経験した平成時代にクローズアップされるようになったものだが、そこで要となるのが、遺族の言葉に耳を傾ける「傾聴」の営みであり、それこそが葬祭仏教の中核をなす法事において僧侶が行なう重要な務めである。このような論じ方が、東日本大震災後の葬祭仏教再評価論の基調となっている。

「傾聴活動」は、東日本大震災後の僧侶による被災者支援活動のひとつとして大きな脚光を浴びた。それは仮設住宅での炊き出しや、コンサートなどのイベントに付随する形をとることもあったが、ひたすら話に耳を傾けるということが悲しみを抱える人々を支える力になるという手ごたえを感じ、被災地に通い続けた僧侶たちがいた。仮設住宅への「居室訪問活動」を行なった「ボランティア僧侶」たち、仏具（線香）配付の形で戸別訪問を続けた「傾聴に取り組む宗教者の会」、傾聴移動喫茶「カフェ・デ・モンク」など、被災地の各所でさまざまな宗派の僧侶たち、また諸宗教の宗教者たちが「傾聴」に取り組んだ数々の例が報告されている（藤丸、二〇一三／北村、二〇一三）。

こうした活動がメディアで紹介されるときにしばしば「心のケア」という言葉が用いられた。僧侶たちはこの言葉を掲げて被災地を訪れたわけではないが、「心のケア」の行き詰まりを実感することの多かった医療者や精神保健の専門家の中には、僧侶たちが傾聴の専門家としてアドバンテージを有していると高く評価する声があった。宮城県で緩和ケアのクリニックを開業していた医師岡部健《たけし》はその一人である。

「実際に被災地に行きますと、被災した人たちは医者である私なんかより、一緒にいる若い頭を丸めたお坊さんの方に行っちゃいますからね。なによりも横で一緒に話を聞いておりますと、医療職やなんかに話する内容とぜんぜん違うんですよ。だから医師とか看護師とか、臨床心理士とか、そういう領域で呼ばれている人間達にしているよりも、おそらくもっと奥深いところの訴えを宗教者の方に投げかけているんだなと、実感させていただきました。」（岡部健「講座開設への思い」『実践宗教学寄附講座ニュースレター』一号、二〇一二)。

ここに表現されているのは、人の死をめぐる悲嘆や不安は医療者だけでは受け止めきれるものではなく、宗教者、中でも仏教者こそがこのような場面で「傾聴」を行なうことで、「心のケア」の担い手として力を発揮するのではないか、という期待感である。僧侶は「なにも期待されていない」どころではなく、現に人々が「もっと奥深いところの訴え」を投げかける相手であり、死の現場における医療者のパートナーの役割が期待されているのである。医療現場における医療者と宗教者との協働は、牧師や修道女がチャプレンとして常駐するキリスト教系の病院や、仏教系でもビハーラ僧を置く長岡西病院などにおいてすでに試みられてきたことであったが、大震災というきっかけがこのテーマを改めて浮上させたのであった。

臨床宗教師の誕生

大震災が日本の仏教界にもたらしたことの一つに、二〇一二年、東北大学において、岡部健医師が旗振り役の一人となった「臨床宗教師」養成のプロジェクトが開始されたことがある。臨床宗教師とは、欧米のチャプレンをモデルとした、被災地や医療・福祉施設などの公共空間で心のケアを提供する「宗教者」であり、仏教僧侶にかぎらず、広く宗教者一般がその役割を担い得るものであるとされた（鈴木、二〇一六）。

これがとりわけ仏教界にとって大きな意味を持ったことにはいくつかの理由がある。一つは、臨床宗教師を志して研修を受講した者の多くが、葬祭仏教で生計を立てている仏教僧侶であったことである（東北大学の研修修了者のうち八割超が仏教徒である）。かれらのほとんどが、教団の指示によらず個人としてこれに加わったことも特徴的であった。かれらが「臨床」へと一歩を踏み出したのは、大震災の現場で求められて活動する僧侶たちの姿に宗教者としての使命感を刺激されたことが一つの理由であろう。しかしそれ以上に、僧侶が公共空間での「心のケア」の役割を担う専門職となり得るというメッセージが国立大学から発信されたことは、かれらが「葬式坊主」として感じてきた閉塞感に風穴を開けるものであったように思われる。「がんばれ」と言われながら、活躍の場を見出せず、もがき続けてきたかれらにとって、「臨床宗教師」という耳慣れない言葉は、社会参加する宗教者という新しいアイデンティティにふさわしい名前であった（高橋、二〇一八）。

臨床宗教師と仏教界の関わりにおいて無視できないことのもう一つは、東北大学で開始されたこの事業の理念に、仏教系の諸大学が次々と賛同し、自校の養成プログラム開設に乗り出したことである。設立母体となる宗派とプログラム開設年は次のとおりである。

龍谷大学（浄土真宗本願寺派、二〇一四年）、鶴見大学（曹洞宗、二〇一四年）、高野山大学（高野山真言宗、二〇一五年）、種智院大学（真言宗諸派、二〇一六年）、武蔵野大学（浄土真宗本願寺派、二〇一六年）、愛知学院大学（曹洞宗、二〇一七年）、大正大学（浄土宗・天台宗・真言宗豊山派・真言宗智山派、二〇一七年）。

これらのプログラムの開設は、各教団の本山ではなく、地域寺院とはまた別のかたちで少子化時代の経営問題に直面している大学側の主導によって行われた。宗門大学による臨床宗教師養成への参入は、ひとつには僧侶養成課程を魅力的なものに拡充するという意味を持ち、またひとつには、社会人を受け入れることによって、大学に求められている社会貢献を仏教的理念に基づいて行なうという意味を持つことであった（高橋、二〇二二）。

臨床宗教師は各大学機関等でスピリチュアルケアの方法を学んだ後に、主として医療、福祉の現場で傾聴の役割を担うことが想定されている。その活動自体は個人として行なうことであるが、ひとりひとりの臨床宗教師は全国各地の臨床宗教師会に所属して継続研修を受け、各大学の担当者と宗教者、医療者などによって結成された全国組織である（一社）日本臨床宗教師会が資格認定を行なうという仕組みが出来上がっている。すなわち、臨床宗教師とは、教団や宗派を横断するネットワークを通じて、医療や福祉の現場においてバイプレイヤーに徹しながら社会にかかわっていく活動である。この点が、『がんばれ仏教！』に描かれたような、才覚溢れる僧侶たちが自坊を拠点にして繰り広げた社会活動とは異なっている。

ところで、スピリチュアルケアとは、ケア対象者自身が持つ宗教性や価値観を尊重することを何よりも重視するアプローチである。それは、公共空間において、求められない限りは臨床宗教師が布教伝道につながるような宗教行為を行なわないということを意味する。臨床宗教師が仏教者である場合には、自らが仏教僧侶であるという自覚からその現場に立つことになったのであろうが、公共空間で活動する際にマインドセットを切り替えることが求められている。これはいわば、社会の側が「無宗教」であるならば、宗教者の側も「無宗教」のモードでそこに関わっていかなければならないということである（もちろん、「無宗教」とは逆説的な言葉で、特定宗教を信仰しない日本人が、実は豊かな宗教生活を送っていることも含意している）。

このような「臨床」の活動は、僧侶が寺院から社会に出ていき、檀信徒以外の人々と関わりを持つところに成り立っている。それは「仏教教義の実践化」と言えるのだろうか。僧侶が教理を語ることもなく、「傾聴」に徹するとき、かれらが苦を抱える人々の生老病死の問題に寄り添おうとしていることは確かであるが、それは仏教の実践と言えるのだろうか。そう言えるとするならば、これも日本的な社会参加仏教の一形態であると言ってよいだろう。

実はすでに、『がんばれ仏教！』の中で、この問題は予見されていた。上田は、僧侶は「正しい教え」を説くことは得意だが、相手の話を聴く能力に乏しいと指摘して、仏教が「正しいが無意味」の世界を超えて現代的であるためには、「説く仏教」から「聴く仏教」へと転換を成し遂げなければならないと主張していたのだった（上田、二〇〇四、二八八頁以下）。今日、「臨床宗教師」以外にも、「臨床仏教師」「スピリチュアルケア師」といった、傾聴の専門家として臨床現場に立つための資格が誕生しており、「聴くこと」へのシフトが仏教界のトレンドになっていると言える。

上田が語ったのは、相手に教えを説くために必要な前提としての聴く力であったが、臨床宗教師においては「説く」ことは問題とされない。ただひたすら「聴く」に徹することが重要視されている。ここに「聴く仏教」はあるのだろうか。東北大学病院に臨床宗教師として雇用されている僧侶の一日のスケジュールは次のようなものだという。

一〇時　患者さんの情報の確認（看護師に口頭で確認、看護カルテを確認）
　　　　各部屋訪問、随時記録作成
一二時　お昼休憩
一三時　各部屋訪問、随時記録作成
一三時半　カンファレンスへの参加（デスカンファレンスは月二回）
一四時　各部屋訪問。随時記録作成
一七時　看護師への報告。記録の提出

およそ僧侶らしい部分は見当たらないが、若い彼と話をしたあとの患者が穏やかな様子になっていることがわかるとこの病棟の担当医師は語っている（金田諦晃「東北大病院緩和医療科での活動」『実践宗教学寄附講座ニュースレター』一〇号、二〇一六）。

実のところ、臨床宗教師として活動する僧侶の多くは剃髪姿であり、そのような姿の人と話をしたいという相手に向き合っているのだから、臨床宗教師の現場にまったく宗教色がないというわけではない。「ケア対象者」は、相手が僧侶だからこそ「もっと奥深いところの訴え」を言葉にすることができるという面もある。しかし、患者を穏やかにさせるのは、宗教者らしい姿や宗教的所作にあるのではなく、ケアをする者から滲み出る「なにか」――言葉にするなら慈悲、利他、菩薩行、深い道心、等々――なのである（太田宏人「臨床宗教師の専門性とは何か」『仏教タイムス』二〇一五年一〇月二九日）。「なにか」を備えているからこそ話し相手に選ばれる。そうであるならば、ここで実践されているのはやはり「聴く仏教」なのであろう。

もしも「聴く仏教」への転換がここまで徹底されて、こうした実践こそが仏教本来の教えにかなった原点であると考えることができるならば、無宗教のモードに合わせながらも明確に社会の方を向いて活動する臨床宗教師の僧侶たちは、新しい器の中で社会参加仏教を試みているのだと言うことができるのではないだろうか。

五　おわりに

以上述べてきた道筋をあらためてたどってみる。葬祭仏教は日本人の生活の中に義務、常識として深く根付いてきた習俗であったが、同時に、すなわち「葬式仏教」という言葉が世に現われるずっと以前の明治時代の昔から、それは本来の仏教ではない劣ったものとして揶揄され、非難されてきた。僧侶たちの間では、「教理仏教」対「葬祭仏教」という対立軸が意識された。こうした時代が長く続いた後、少子化、過疎化といった日本社会の変化も手伝って、二一世紀にいたって葬式不要論が大きな影響力を持つようになった。

一方、欧米から日本に伝わってきた「社会参加仏教」という言葉もまた、それが現代における仏教本来のあり方を示す言葉として受け止められ、「葬祭仏教」の停滞ぶりを際立たせた。このような時期に『がんばれ仏教!』が書かれ、地域寺院を拠点に独創的な社会活動をする僧侶たちに脚光が当てられた。かれらは葬祭仏教の改革者でもあり、それはかれらなりの「社会参加仏教」と両立するものであることが示された。

二〇一一年に東日本大震災が未曾有の被害をもたらすと、日本人は長らく目を背けてきた死者の存在を思いだすことになり、死者を「先祖」「ほとけ」に変えるシステムである葬祭仏教の意義を再評価する気運が生まれた。これは一般人の葬式不要論に歯止めをかけることはなかったが、死者のケアをすることが生者のケアとなるという洞察、苦の現場で求められていることは人々の声に耳を傾けることだという洞察をもたらした。折しも誕生した「臨床宗教師」は、僧侶たちが模索していた宗教者としての新しいアイデンティティに形を与え、各宗門大学も社会的要請に応えるためにそれをバックアップした。

公共空間での「傾聴」に徹する臨床宗教師の活動は、グリーフケアといった観点において葬祭仏教と本質において一致する「聴く仏教」であり、また多くの「無宗教」の人々に働きかけるという意味で「社会参加仏教」でもある。ここでは「教理仏教」との乖離が問題とされることはない。このような考え方は、葬祭仏教に慣れてきた日本人の仏教観に大きな転換を迫るものであろう。こうしてみると、長いあいだ潜在してきた「葬祭仏教」対「教理仏教」という対立が、「臨床」という触媒によって止揚されたものとして、日本的「社会参加仏教」を考えることができるように思われるのである。

参考文献

阿満利麿（二〇〇三）『社会をつくる仏教』人文書院

池上良正（二〇一一）「民俗と仏教――「葬式仏教」から「死者供養仏教」へ――」編集委員末木文美士『新アジア仏教史15 日本V　現代仏教の可能性』佼成出版社

上田紀行（二〇〇四）『がんばれ仏教！――お寺ルネサンスの時代』日本放送出版協会

鵜飼秀徳（二〇一五）『寺院消滅――失われる「地方」と「宗教」』日経ＢＰ

大河内大博（二〇一二）「日本社会の伝統的なグリーフケア」髙木慶子編『グリーフケア入門』勁草書房

大谷栄一編（二〇一九）『ともに生きる仏教――お寺の社会活動最前線』筑摩書房

北村敏泰（二〇一三）『苦縁――東日本大震災　寄り添う宗教者たち』徳間書店

櫻井義秀・外川昌彦・矢野秀武（二〇一五）「はじめに」櫻井義秀・外川昌彦・矢野秀武編『アジアの社会参加仏教――政教関係の視座から』北海道大学出版会

佐々木宏幹（二〇一二）『生活仏教の民俗誌』春秋社

末木文美士（二〇〇六）「仏教に何が可能か」末木文美士編『現代と仏教』佼成出版社

鈴木岩弓（二〇一六）「「臨床宗教師」の誕生」磯前順一・川村覚文編『他者論的転回――宗教と公共空間』ナカニシヤ出版

高橋原（二〇一八）「大震災後の宗教者による社会貢献と「心のケア」の誕生」西村明責任編集『いま宗教に向きあう2　隠される宗教、顕れる宗教』岩波書店

――（二〇一二）「大学における臨床宗教師養成」江島尚俊編『シリーズ大学と宗教Ⅲ　現代日本の大学と宗教』法藏館
谷山洋三（二〇一二）「災害時のチャプレンの働き――その可能性と課題――」『宗教研究』八六巻二輯
藤丸智雄（二〇一三）『ボランティア僧侶――東日本大震災　被災地の声を聴く』同文館出版
三木英（二〇一五）『宗教と震災――阪神・淡路、東日本のそれから』森話社
ランジャナ・ムコパディヤーヤ（二〇〇五）『日本の社会参加仏教――法音寺と立正佼成会の社会活動と社会倫理』東信堂

コラム② 人口減少時代と宗教

川又俊則

一 人口減少と宗教の見通し

令和の時代は人口減少の時代でもある。人口統計が整備された明治以降、戦時期を除き、人口は増加していたが、平成後半以降は減少に転じた。とくに戦後二度のベビーブーム以降は子供が集中的に生まれた時期がなく、逆に合計特殊出生率は一九七四年以降、ほぼ一貫して人口置換水準を下回り、二〇一六年以降の出生者数は毎年百万人未満が続く。そして、今後、半世紀にわたって減少し続けると推計されている。

社会全体の人口減少は、そもそも宗教を信仰する人が二、三割という日本において、檀家・氏子・信者数の減少に直結する。人の移動による社会減から、死亡数が出生数を上回る自然減へと進むが、寺院や神社、教会を支える人がそこにいなければ維持困難なのは明白である。そうなると、このような維持困難な状況を次世代へ継承させたくない宗教者たちが増えるだろう。また、これまで加齢にしたがい信仰を持つ割合が増えると思われていたが、いよいよ後期高齢者となる団塊の世代以降の世代にはこれが当てはまらないという調査結果もある。幼い頃、地域に根づいた宗教文化に親しまず、出身地を離れて生活していた人びとが、高齢になって急に宗教に親しむことはないかもしれない。とすると、今後、若年層のみならず、高齢層も「宗教離れ」が進み、現時点では見られる菩提寺と檀信徒との先祖や死者の供養を紐帯としていた関係も、いずれは薄くなることが予見される。

二　宗教の役割

それでも、これまでの経験が活きることもあるだろう。例えば、昭和後期、人口が集中した都市部では、さまざまな困難に信仰を求める人びとに対して、新宗教教団や都市開教した伝統仏教教団が受け皿となっていた。その後も三大都市圏や、現在では「極点社会」と呼ばれるように人口が集中している地域で、寺院・神社・教会などは、初詣や観光、イベントのみならず、宗教を求める人びとを集めている。また、キリスト教会では就学・就職まで地方教会の礼拝に通っていた信者が、上京などでその教会を離れてしまうことに対し、自らは稲の苗を育てているという意味で「苗床教会」と表現している。地方で育てた信者がその教会を離れても、都市の教会に通っていれば、キリスト教信仰が継続できていると見なす考え方だ。この視点に立てば、寺院・神社・教会など個々の所属者数の増減だけで議論すべきではないということになる。さらに、近年の大規模災害や事故・事件などで苦しむ人びとに対し、多くの宗教者が様々な立場で寄り添っている姿も目にする。檀家・氏子などいわば「固定客」への宗教サービスだけでなく、広く多くの人びとのために求められた宗教的ニーズに応えている宗教者の役割が発揮されている。そして、保護司、民生委員・児童委員など地域社会でなり手が少ない奉仕的立場に就く宗教者も少なからずいることは、改めて指摘しておきたい。所属メンバーの奉仕だけが宗教のなすべきことではないことを考えると、人口減少時代でも、宗教の役割が直ちに減ずる訳ではない。

三　人口減少への対応

しかしながら、やはり、人口減少が著しい過疎地域の対応は、今一度確認すべきことも多々あろう。北海道や中国、四国などでは昭和後期にすでに人口流出による過疎対策をとっていた。いくつかの教会などで統廃合を決断したところもあった。ただ、多くの過疎地域では、在住する人びとの工夫や努力によって、年中行事などの宗教儀礼を継続し、本堂・庫裡などの建造物も管理・維持されてきた。仏教十派とも呼ばれる伝統的宗派のうち、曹洞宗、臨済宗妙心寺派、日蓮宗などは、過疎地域自立促進特別措置法で指定を受けた地域に立地する寺院も多いものの、各宗派の寺院数は、微減程度で推移している。明治から昭和前半までに、廃仏毀釈や神社整理、そして第二次世界大戦の空襲などもあり、各地で大きな影響も被っていた。しかし、一九五一年の宗教法人法制定後、神社や寺院、教会などの宗教法人数は、約一八万程度で推移してきている。平成最後の一〇年を見ると、合併を含む設立数が年間約百、解散数が年間二百から三百と、やや減少傾向にあるものの、急減というほどではない。

なぜ法人数が減少しないかというと、例えば、仏教寺院で住職が逝去や病気等で不在になると、副住職が住職に昇格する場合だけではなく、同じ宗派で他寺院の住職による兼務あるいは、檀信徒が無住職のなかで本堂・庫裏などを維持するケースがあるからだ。地元に檀家がいない場合、近隣にある寺院の住職が兼務し、年数回の行事（彼岸法要など）だけ、遠方より檀家が来るということもある。神社でも多数を兼務する神職のフォローを、地元の熱心な氏子たちがしている。いずれにせよ、檀家・氏子など所属メンバーが、当該施設の独立維持を選択していたのである。

また、北海道で同じ地区の八教会の信者と牧師が、それぞれの教会を互いに支えあう「共同牧会」を四〇年以上続けてきたところもある。京都府山間部で異なる教派のルーツをもつ二つの教会が一九七〇年代に合併した後、複数の牧師が複数の会堂を信者たちと維持し続けているところもある。このように、宗教法人としては独立していたとしても、複数の施設を集団で維持していく決断をし、実際にそれを続けてきた事例もあるのだ。

ただし、若年層などで一部、地方移住も見られるが、就学先・就業先が多い都市部への人口集中は不可逆的な状況が続く。宗教離れを示す団塊の世代以降、地元を離れた次世代は「故郷」へ戻ってこない。若年層の割合は減少し続けている。一九七〇年代に二万五千ほどあった小学校数は、学校統廃合の流れの中で減少し続けている。廃校した地域では、やがて地域全体も廃れ、廃村へ進んだケースもある。当然そうなると、神社・寺院もその地からはなくならざるを得ない。

四　これからの生存戦略

文化庁では毎年、宗教法人事務担当者向けに、不活動宗教法人の対策として、統廃合の手続き説明や現代宗教を調査研究する研究者の講話などによる研修会などの対策を続けている。仏教教団側でも、統廃合を進める施策を進める宗派（臨済宗妙心寺派・日蓮宗）など、寺院個々の対応だけではない動きもみられる。伝統的仏教教団で古くは一九五〇年代以降、人口の社会移動や新宗教の興隆による自らの教団の実態把握を目的とする定期的な調査を実施してきた。近年、教団付置機関や外部研究者によって調査結果が詳しく分析されている。この仏教教団調査の結果および、筆者自身による全国各地での観察・インタビューなどを総合的に勘案すると、地方の宗教集団は、まさに今、「臨界点」にあり、現状維持できるぎりぎりの状態ではないかという見立てを持っている。

他方、「次世代教化システム」とでも呼ぶべき、現職者研修あるいは、檀信徒向け研修などの取り組みもみられる。宗教者たちは、それぞれの養成学校で資格を得て現職者となる。一宗教法人の代表やそれに類する立場となるが、地域社会の多様な関係者とのつながりをもったり、多年代の現職者と交流を深めることで、宗教者としての経験値を増したり、檀信徒として信仰を深める取り組みである。筆者は、三重県曹洞宗青年会、天台真盛宗福井教区蒐修会などの事例を紹介してきたが、全国各地に宗派内あるいは超宗派による取り組みはみられる。

「人生設計一〇〇年時代」とも呼ばれる現代、人の寿命が八〇歳前後からさらに延びることが予想され、宗教集団は多世代にかかわることが可能になる。従来の「教育→現役→引退」という画一的な生き方から、八〇歳までマルチ・ステージを生き抜く人びとが多数派となる。すでに宗教者自身でこれを体現している人びともいるが、宗教集団は、これにどのように対応できるだろうか。先駆的宗教者たちの「生存戦略」の実践例を見ると、「多世代・多文化共生社会」に対応できている宗教集団こそが継続できるのではないだろうか。そしてそれは、所属メンバーや地域の人びととともに「学び続ける」場所の提供などがその一つだろうと思っている。

第四章　消費社会と宗教の変容――聖なるものへの奉献から自己への奉献／投資へ

堀江宗正

一　宗教とカネの問題

宗教と言えば金儲け、というイメージは人々のあいだでは根強い。巨大な教団には富が集積し、立派な建物が建つ。これは新宗教だけでなく、既成宗教にも向けられるまなざしである。宗教または聖職者は、金銭に対して潔癖でなければならない、清貧こそが求道者にふさわしい、という規範が批判の根底にはある。井上順孝（一九九二）は、明治以来のマスコミによる新宗教批判の論点を類型化した。その一つに、教団の金銭スキャンダルの追及がある。そこから、井上は、潔癖、清貧の宗教イメージ、儒教やピューリタニズムに通じる禁欲主義的な価値観が批判者の側にあることをあぶり出した。

宗教者から見れば、金銭を集積するのにも正当な理由がある。信徒が集まるためにはそれなりの土地と建物が必要だし、維持費もかかる。信徒からの献金がなければ、教団の存続そのものが危ぶまれる。専従の宗教者であれば生活費が必要であり、組織化された教団であれば人件費が必要である。資本主義社会のなかで組織として存続するためには金銭のやり取りと無縁ではいられない。しかし、世俗社会からは、金銭と無縁であることが宗教本来の姿だと見なされる。

仏教用語における財の扱い

このようなジレンマは、宗教の側ではどう考えられてきたか。宗教組織への贈与に関する語彙は、たとえば「お布施を積む」など、仏教に由来するものが多い。そのような仏教用語の意味について、ここで簡単に振り返っておこう（以下では『日本大百科全書』と『岩波仏教辞典』を主に参照する）。「布施」という言葉は、出家者、教団、貧窮者に財物などを与えることを意味する。その場合、施す側も施される側も執着の心を離れるべきだとされる。

類似の言葉である「喜捨」は「喜んで財物を施すこと」「報償を求めない施し」である。仏教以前から、バラモン僧や修行者への喜捨は功徳を積むことになるとされてきた。仏教における「功徳」は、善行を積むことでその人に備わってゆくすぐれた徳を意味する。それはやがて解脱につながる。つまり、喜捨をすれば功徳が返礼品のようについてくるわけではない。喜捨は進んで執着を手放すことなので、おのずから執着を離れた人格の形成につながり、やがては解脱に至るのである。

「喜捨」はユダヤ教・キリスト教・イスラームの文脈でも財を喜んで手放すことに対応する訳語として使われる。その場合、喜捨は贖罪と結びついたり、貧者救済のための義務とされたりする。とりわけ、イスラームにおける救貧のための喜捨（ザカート）という言葉には、「心の清浄」という意味もある。これを裏返すと、財の過剰な蓄積、財への執着は罪だという価値観が見えてくる。逆に、財の喜捨、施しは浄化につながると考えられてきたことが分かる。仏教では功徳に相当するが、キリスト教でも善行に対する神からの恵みは「功徳」と訳されている（英語なら merit）。

功徳と近い言葉に「ご利益《りやく》」がある。これについて、松本史朗は次のように説明している。

仏教に従うことによって得ることのできる幸福・利益のこと。自分を益するのを功徳（くどく）、他を益するのを利益とよんで、自利と利他を分けることもある。この世で受ける利益を「現世（げんぜ）利益」（現益）、後の世で受けるものを「後世（ごせ）利益」（後益）という。（中略）俗には、病気を治し、寿命が伸び、金銭や名誉などを得ることを現世利益とよぶが、仏教では世間一般の名声や利欲を名利（みょうり）として厳しく退けている。（『日本大百科全書』）

狭い意味では、功徳は自利、利益は「利他」を意味する。しかし、大乗仏教では自利と利他の両立が理想とされる。布施や喜捨によって功徳を積み、執着を離れることで解脱に近づくことが、他者にとっての利益、ひいては仏教のもたらす利益になる。それがこの世で生きているあいだに成就することが「現世利益」である。貧病争の解決などまでは現世利益に含めてもよいが、それ以上に名声や利欲を求めることは、執着からの解脱とは逆方向なので、名利の追求として退けられる。このように理解することができるだろう。

宗教の消費、消費の宗教化

だが、宗教の批判者なら、布施や喜捨を修行として位置づけることは、人々から財物を集めるための口実ではないかと疑うかもしれない。教団の名声を高め、信者数の拡大を求めるのも、名利追求ではないか、と。正当な現世利益と名利の区別は、実際にはそう簡単にはできない。世俗社会の側からは、宗教法人に公益性を求め、収益事業があれば課税をするという対応が取られる。

また、人々はそもそも布施や喜捨を、修行としてとらえているだろうか。寺社に参拝し、賽銭を投じる人々の多くは、その見返りに金運や恋愛運が高まることを期待している。寺社側もそれを約束するようなお守り等を一定の額と引き換えに頒布している。ここでは、宗教的行為が限りなく消費行動に近づいていると言える。これは「宗教の消費」と呼べるだろう。

議論を複雑にするのは、お守り等を求める人々が効果をどこまで信じているか、である。ＮＨＫ放送文化研究所（二〇二〇）によれば、お守り・お札を「身のまわりにおいている」人は三割台に達し、二一世紀になってからは三五パーセント程度である。それに対して、「お守り・おふだの力」を信じる人々は一五パーセント程度で推移しており、大きな割合ではない。

しかし、有名寺社の参拝者は、事前に参拝先の情報を得て、ある目的を持って、交通費を払い、時間をかけて参拝し、周辺の店や観光地にお金を落としていく。この消費行動自体が、一種の宗教儀礼のようである。アニメの舞台となった場所を巡る「聖地巡礼」は、現地で物語を追体験し、写真を撮り、レアなグッズを入手するなど世俗的な消費行動だが、「聖地」や「巡礼」などという宗教的語彙で表現される。これは「消費の宗教化」と呼べるだろう。

島薗進の「聖の商業化」論

本項では、このテーマの先行研究である島薗（一九九六）の主張を確認し、一九七〇年代以降の状況に当てはめて振り返ってみたい。島薗はまず、古代から近代へと時代にしたがって、見返りが不確かな共同体的奉献から、個人的目的を実現するための個人的奉献へと、奉献の性質が変わってきていると指摘する。先ほどの仏教用語と照らし合わせるなら、自利と利他の両立ではなく、自利が突出してゆく歴史的過程だと言い換えられるだろう。

島薗のいう「奉献」は、時間や所有物やエネルギーを、神仏・宗教的善・共同体のために自己犠牲的に贈与する宗教的行為である。たとえば一族を代表する長が土地を寄進するといった奉献から、時代をくだると、多数者の自発的な奉献が増える。そして、寺社や仏像の建立・修繕のために金品を募る勧進など、「平均化された奉献」が登場する。島薗の奉献概念は、人類学的な供犠論や贈与論をベースにしている。先述の諸宗教に見られる「寄進」などは、ここで言う平均化、あるいは標準化された形態の奉献ととらえられる。

近世近代になると、奉献は、個人・小家族の私的平安を願う方向へ傾く。現代では、互いを知らない人々が金を払って集会に参加し、情報サービスを享受するといった、ほとんど純粋に個人的な奉献が増加している。これを「奉献」と言えるか、商業的な消費と呼ぶべきではないかという疑問も浮かぶ。島薗が奉献という言葉を使い続けるのは、個人が新宗教教団に莫大な財産や労力をつぎ込むような過剰な贈与が当時はよく問題になっていたからだろう。

島薗によれば新新宗教教団の組織構造も、企業と消費者の関係に近く、「業務遂行組織—消費者接合モデル」ととらえられる。そこでは、教団刊行物の商業的・非人格的な交換などの「弱いコミットメント」が見られる一方で、霊的向上のための投資とも言える極端に高額な献金、全面的自己投入生活のような「強いコミットメント」との二分化が見られるという。この強いコミットメントは、現代的な消費というより、共同体的奉献への先祖返りのように見える。しかし、島薗は、いずれの強度のコミットメントも「聖の商業化」の流れに合致していると見る。というのも、それは地域信仰共同体の弱体化と連動しているからである。ともに信仰し、育てあい、励ましあう空間が十分な機能を果たしていない。このような状況でコミットメントが急激に深化すると、強制・欺瞞があったのではないかと疑われやすいという。

資本主義社会と信仰共同体の対比——共同性を評価する宗教研究者

島薗の論稿は、一九九五年のオウム真理教関連の事件（地下鉄サリン事件など）の一年後に刊行され、事件を意識していると思われる。オウム真理教に限らず組織的な教団は、信者を地域や家族から引き離す傾向がある。教団内でも共同体と呼べるものが成立しているかどうかは怪しい。公共性や社会的責任を無視し、従業員に過酷な労働を強いるブラック企業に近い。

島薗の議論は、奉献の個人化、聖の商業化という一方向的な変化のプロセスをとらえようとする。そのため、教団への強いコミットメントも個人化、商業化とされる。しかし、教団は個人の意思を否定するので、個人化と相容れないように一般社会からは見なされる。また、資本主義を批判し、私有財産を否定するのは商業化と異質に思える。財産の寄付は金銭の授受に当たるが、対価はなく、それを商業化で括るのは無理がある。

一方、「新新宗教」に対する「旧新宗教」とも言える天理教について、島薗は共同性を保った奉献だと評価する。島薗によれば、一八九六年に天野無偏道人が天理教における土地家屋の奉献を、国家秩序を脅かす共産主義に通じると批判したという。それに対して、島薗は、地域を基盤とした教会共同体が奉献の場だと見る。また、一九三七年に中村古峡は、教会システムによって下積みの信徒から搾り取る「詐欺略奪」だと批判したという。中村は機関誌から次のような逸話を引用した。ある信者が盆礼の前に教会に献金しなかったために子どもが発熱した。親は献金をして教師は病気治しの儀礼をおこなったが、こうなる前に献金をするべきだったと指導する。盆礼に限らず大祭や歳暮などには献金をすることで教会経済が成り立つという教会側の見解を、中村は搾取のシステムと見る。だが、島薗は共同体的奉献と見ている（九七〜九九頁）。

このように島薗は、村落共同体などから離れて信仰によって結びついた教団をも共同体としてとらえている。だが、天理教の歴史は長く、組織化の度合いも変化している。天理市を取り上げれば巨大企業のような面と行政組織のような面の両方が浮き彫りになるだろう。信者数の少ない地域の教会は、逆に共同体と呼ぶほどの規模にならず、地域共同体から遊離した結社や小集団としてとらえられるかもしれない。

私有財産を否定したコミューンとしてしばしば取り上げられるのがヤマギシ会である。養鶏を核とした農業共同体であり、当事者は「宗教」ととらえていない。島田裕巳は、一週間ほど問い詰められるという研鑽によって参加者が精神的転換を経て勧誘にコミットするプロセスを、宗教的なイニシエーションとして特徴づける。島田自身も一九七四年頃から活動に参加したが、やがて離脱し、研鑽の活動を、共同体の自由を阻害するものとして批判した。だが、オウム真理教に関しては、それを批判する全国霊感商法対策弁護士連絡会——もとは統一教会の被害者救済のための組織——や信者家族に、カネや土地やものがすべてという消費主義社会に戻れというのかと反論している（堀江、二〇一六）。

先に紹介した島薗のオウム真理教に対する見方は、これとは反対である。地縁血縁の共同体との対立やそれらからの離脱に、むしろ個人化の傾向を重ねる。島薗と島田は、実は資本主義社会より共同体に価値を見出す点で共通している。個人が私有財産をなげうって教団に奉仕する姿に、資本主義社会と異なるオルタナティブな価値を見出すのである。天理教やヤマギシ会や統一教会やオウム真理教などの関係者も同意するような価値観である。

奉献に対する市民社会と司法の見方

一方、これらの教団の批判者は、個人の私有財産を否定する面に危険性を見出す。その立場がよく現れているのが、前出の全国霊感商法対策弁護士連絡会の関係者による『Q&A宗教トラブル110番』である。

それによると、これまでの判例では、宗教団体や霊能者による金銭の要求には、刑法の詐欺罪、脅迫罪が適用されている。また民事訴訟では、返金義務があるとされる。

判例では、信奉者から宗教者・霊能者への金銭の受け渡しは、基本的に信仰ゆえの奉献と見なされていない。宗教者・霊能者側は、信仰による奉献だと主張するだろう。訴訟に至るケースでは、信奉者が信仰を失った状態にあり、その場合、受け渡した金銭は返金されるべきだというのが司法の判断である。信仰がなくなった時点で、それは奉献ではなくなり、偽の効能をうたった商品やサービスへの誤った支払いとなる。

さらには、奉献を成り立たせる信仰それ自体も、詐欺や脅迫によって成立したと考えられる。たとえば、宗教者・霊能者が信者・相談者を「先祖の祟り」という観念によって脅したり、騙したりした場合、信仰が芽生えたとしても、それは脅迫や詐欺という暴力的な働きかけの結果できたものとされる。とくに教団内にマニュアルが存在する場合は、組織的詐欺の証拠となる。

二　個人的スピリチュアリティの領域における商品化と市場形成

オウム真理教事件以後、とくに二〇〇〇年以後、宗教団体への過度な奉献は目立たなくなりつつある。その一方で、宗教法人や教団の形を取らないが、非物質的なもの、スピリチュアルなものに関わる個人的信念や個人的実践が盛り上がりを見せる。このような信念と実践を、ここでは「個人的スピリチュアリティ」と呼ぶことにする（より厳密な規定は堀江、二〇一九を参照）。

個人的スピリチュアリティの領域では、組織の拘束力は比較的弱い。したがって、組織への過度な奉献も徐々に弱まってゆく。市場に出回っている商品やサービスを購入する際に、不確かな効能についての誤った表示・提示によって不当な額の金銭を支払うという問題はありうる。だが、それは通常の商品の売買にもつきまとう問題である。教団組織による詐欺・恐喝が目立たなくなると同時に、スピリチュアル市場に問題が拡散されたのではないかと疑うことは可能である。しかし、サービスの提供者と受容者の結びつきが一時的なものになると、問題が起こる前に関係が解消しやすいし、問題のある業者には客が集まりにくい。価格が安い方に客が集まり、価格下落が起こり、詐欺が起こりにくくなるという推測も立てられる。

ここからは、一九九〇年代、二〇〇〇年代、二〇一〇年代のその時代を代表するスピリチュアリティ関連雑誌の広告欄から、商品化と市場形成の様子を見てゆこう。

一九九〇年代の雑誌『たま』から

「新時代のスピリチュアルマガジン」をうたった雑誌『たま』の一九九二年八月号の巻末には、「TAMA MIND NETWORK」というコーナーがあり、イベント、セミナー、サークルの情報が掲載されている。写真や絵はほとんどなく、文字だけなので広告というよりは読者投稿欄が拡大したような趣である。内容が明確で料金の出ているものをまとめてみよう（スピリチュアリティと関係のないものは省く）。

1　占星術の講義とリーディング、ヨガ、五万円
2　気功瞑想法セミナー受講料（昼食、飲み物付き）、八月二一日　一万円、八月二二日　一万五千円
3　ヨガ瞑想会入門コース、七時集合、無料

4　チャネラー来日。二日間ワークショップ三万九千円、個人セッション一時間四万円
5　複数のチャネラーとのエジプト旅行、全九日間で五八万円、全一四日間で七四万六千円
6　「伝導瞑想」、参加費無料
7　心霊科学夏期講座（米国と日本の霊能者、民俗学者、精神医学者、翻訳家などが講師）、四時間で二千円
8　能力開発セミナーの無料説明会、一時間半
9　自己変革のためのハイパーセミナー。潜在意識を開くベーシックコース五万円、瞑想によって無意識の抑圧やひずみを浄化するシニアコース一泊二日二〇万円、瞑想によって地球に波長を合わせ、それを超えて宇宙と共鳴するシニアコース一泊二日二〇万円
10　アクエリアン・フェスティバル、午前一〇時から午後六時までの間で会費、当日三千円（前売り二千円）

内容はきわめて多岐にわたる。一〇例のうち五例は瞑想やヨガに言及している（1、2、3、6、9）。チャネリングやリーディングや霊能者と関係があるものは四例である（1、4、5、7）。形態としては講義やセミナーなどの座学と瞑想などの実践との組み合わせが多い（1、2、3、6、8、9）。時間に注目すると、所要時間不明の日帰りのイベント（1、3、6、9、10）、複数の日に渡るもの（2、4、7）、合宿（9）、旅行（5）に分けられる。のちの時代では一般的な、所要時間を明記した告知は一つだけだった（8）。まとめると、リーダーや霊的権威が明確で、参加者は学ぶ存在であり、長時間のコミットメントが自明視され

ている。このようなあり方は教団に近い。

価格に注目しよう。海外のチャネラーが関係すると、渡航費と通訳のためか、高額になる傾向がある。そのような事情があるとは言え、個人セッションが一時間四万円というのは一般的には安くはない。だが、当時の霊能者の相場から見ると高いとは言えない。データを残していないが、筆者が二〇〇〇年代初頭に当時のインターネットで「霊能者」を検索し、検索上位から価格が明示されているものを一〇件拾ったところ、平均は一件につき五万円だった（時間単位ではない）。

宗教団体の場合、献金の目安ははっきりしない。価格を明示してしまうと、金銭的価値を超えた宗教的価値を持つはずの儀礼的実践が、カネで買えるものにおとしめられてしまう。それに対して、この『たま』の事例では、瞑想指導やリーディングの価格が明示され、消費されるサービスとして位置づけられた。

なお「サービス service」という言葉は「奉仕する serve」から来ており、文脈によっては「礼拝」という意味もある。しかし、経済学では無形財によって構成された商品で、感覚的効用や心理的効用を持つものを指す（『有斐閣　経済辞典』参照）。奉献は見返りを求めない奉仕の一種であった。その主体は信奉者である。しかし、物質的な見返りとして現世利益を求める場合、そのための金銭の支払いは奉献と言えないだろう。これが聖なるものの商品化である。その次に来るのがスピリチュアルなサービスである。一般社会においても、高度経済成長を終えたオイルショック後は、第三次産業、サービス産業の割合が高まる。霊能者や占い師に事業経営の指示を仰ぐのは、人々が物質的現世利益に関心を寄せた時代に特徴的である。しかし、サービス産業の時代には、一定の金額と引き換えにリーディングやヒーリングを受けることで、自己成長感・自己肯定感・心理的安心・好奇心充足などの心理的効用あるいは「心理利益」を得ることが一般的になる。サービスをする側は信奉者ではなく実践者になる。価格を提示した九〇年代『たま』広告はその第一歩を示しているのである。

二〇〇〇年代の雑誌『Ｆ・ｉ・Ｌ・ｉ』から

二〇〇〇年代以後のスピリチュアル・ブームでは、時間単位で切り売りされるセラピーやヒーリングが加わる。次に取り上げるのは『Ｆ・ｉ・Ｌ・ｉ』五九号（二〇〇一年）である。キャッチフレーズは「すてきなわたしに出会うスピリチュアル・マガジン」である。『たま』同様、スピリチュアル雑誌を自称するが、『たま』にあった「新時代」（ニューエイジ）への期待より、「すてきなわたし」との出会いへの期待が前に出ている。「本当の自己」や「自分探し」など、自己への関心の高まりが背景にあると考えられる。

巻末には四行広告と、写真などが付いた大きめの広告がある。ここでは、前者を紹介する。次のような見出しに分かれている。四四件の広告のうち、「気持ちのいい体になろう」一四（以下「体」と略す）、「アートで自分探し」二、「心の内側を見つめよう」一一（以下「心」）、「専門的に学びたい」三、「スピリチュアルな扉を開こう」一二（以下「スピリチュアル」）、「おためし講座＆説明会」二という内訳である。「体」「心」「スピリチュアル」が全体の八割を超える。

この見出しとは別に「種類」が各広告の冒頭にある。「セラピー」二五件、「ボディワーク」八件、「瞑想」二件、「気」一件、「呼吸法」一件、「カウンセリング」一件、「エネルギーワーク」一件、「その他」五件である。ボディワークは当然「体」の見出しになる。セラピーは「心」と「スピリチュアル」の両方で多い。この中から、一〇件の典型的と思われる広告を多様性に配慮しながら抜き出そう（「体」四、「心」三、「スピリチュアル」三とする)。

「体」

1　アレクサンダー・テクニーク、三万九千円(宿泊食費は別)

2　クラニオセイクラル・バランシング、九〇分で一万円(立川)、一万二千円(渋谷)

3　ヒーリングアロママッサージ、一回一万円

4　レイキヒーリング、Ⅰ、Ⅱセットで六万円、Ⅲ八万円、Ⅳ一三万円

「心」

5　ヒプノ・セラピー、NLP個人セッション、初回一五〇分で一万六千円、二回目からは九〇分で一万三千円

6　オーラソーマリーディング&ヒーリング、九〇分で一万円、一二〇分で一万二千円

7　日本人の自然の気を利用する癒しを超えた気の療法、トラウマ、憑依的現象、カウンセリング三〇分で六千円

「スピリチュアル」

8　バーバラ・ブレナン・ヒーリング・スクール認定ヒーラー(チャクラのエネルギーのチャージ、バランス、クリアリング、グランディング)、初回九〇~一二〇分で一万円、二回目から七五分前後で八千円

9　オープンハウス瞑想の会、一時間半で無料

10　前世療法、初回一二〇分で二万円、二回目から九〇分で一万五千円

『F・i・L・i』の広告は『たま』に比べると、時間と価格を記載しているものが多く、四四件中一八、つまり約四割にのぼる。もっとも多いのは「セラピー」カテゴリーで二五件中一三である。「ボディワーク」は八件中二と少ないが、すべての広告に価格が記載されている。価格の表示は三九件で、約九割に上る。

時間・価格セットの記載を集め、価格／時（一時間あたりの価格、以下も同じ）を順に並べたのが表1である。平均は六七〇七円／時となった。太枠で集中している価格帯／時間を示した。時間と価格の間には有意な高い正の相関がある（表中の「＊＊」は一パーセント水準で有意、「＊」は五パーセント水準で有意、以降も同じ）。つまり、時間が長いと料金も高くなるということで、時間を基準とした相場があることを示す。しかし、価格／時と時間との間には、有意な中程度の「負」の相関がある。つまり、時間が長くなると、価格／時が下がる。長時間だからといって高い料金を取ることにはセーブがかかっていると言える。

前記の9のように無料の瞑想会などもある。筆者はこの会を訪問したことがあるが、外国の指導者を崇拝し、茶菓子を持ち寄り、寄付を求めるなど、小さな宗教組織の雰囲気である。しかし『たま』広告の瞑想会と違って、時間は一時間半と区切られている。

一九九二年の『たま』広告と二〇〇一年の『F・i・L・i』広告との間には、一九九五年のオウム真理教関連の事件がある。『たま』には瞑想を扱う広告が多く、意識変容を目指して指導者から学ぶ形態は、オウム真理教に通じる。しかし、事件後、宗教やスピリチュアリティに関心のある日本人は意識変容よりも「癒し」に関心を寄せた（堀江、二〇一九、第二章）。『F・i・L・i』広告においても、癒しへの転換は顕著に見られる。また、時間と価格を明示したサービスは、サービス供給者との関わりを抑制する「安全装置」と言える（後述の橋迫、二〇〇八を参照）。『F・i・L・i』広告では、指導者のもとでの能動的な修行ではなく、セラピスト

表1　雑誌『F・i・L・i』（二〇〇一）の広告における時間あたりの価格（円）

	時間(分)	価格	1時間の価格
	120	2500	1250
	2700	63000	1400
	90	7000	4667
	120	10000	5000
	360	30000	5000
	105	10000	5714
	120	12000	6000
	75	8000	6400
	75	8000	6400
	150	16000	6400
	150	16000	6400
	90	10000	6667
	90	10000	6667
	120	15000	7500
	90	12000	8000
	90	13000	8667
	60	10000	10000
	90	15000	10000
	120	20000	10000
	30	6000	12000
平均＝	243	14675	6707
時間との相関係数＝		0.93**	-0.50*

やヒーラーに限られた時間、事前に示された価格で、受動的にセラピーやヒーリングを施してもらうという形態が目立つ。サービスが施されるのは神仏ではなく、癒されるべき自己である。また、九〇分あたり一万円という相場が見られた。

もう一つの重要な特徴は、クレデンシャリズム credentialism である（Wood 2007）。この用語は教育社会学では「学歴主義」と訳されるが、スピリチュアリティ領域では民間資格に信頼を置く「資格志向」と訳せるだろう。４の「レイキ」がその好例である（以下、平野、二〇一〇参照）。レイキ（あるいは霊気）などのヒーリング（癒し）は、宇宙や地球や自然のエネルギーつまりレイキを、受け手の背中などに置かれた手の平を通して伝える。この手技を実践するためには、アチューンメント attunement

が必要となる。それは英語で調律・調和を意味し、自然のエネルギーと波長を合わせるイメージを喚起するが、日本語では「伝授」と呼ばれる。手技の方法だけでなく、秘密のシンボル（印）やマントラ（呪文）が伝授され、自らの身体を通してレイキを伝えることが可能になる。三段階のディグリー（あるいは段位）と、他の人にレイキを伝授できるティーチャー（マスター、師範）の資格が設定されている。4の場合、全段階の修了には、二七万円の費用がかかる。

このように段階別に料金がかかるシステムは自己啓発セミナーと類似している（小池、二〇〇七）。しかし、自己啓発セミナーが組織への勧誘を最終目的とするのに対し、レイキの場合は修了後に組織から独立できる。ヒーラーが独立した場合、レイキという技法は広まるが、元の組織は拡大しない。それは組織への拘束を嫌う人々をひきつける。

このシステムは価格下落を引き起こす。広告4は一段階目と二段階目が六万円、三段階目は八万円である。わずか数時間のヒーリングにしては高額だが、それが成立するのは稀少性と神秘性があるからだ。加えて、指導者になれば自分も報酬を受ける側になるという投資効果も期待できる。しかし、実践者が増えると競争が強まり、需要より供給が増え、必然的に価格は下落する。さらに、インターネットの普及によって、秘密であるはずのシンボルやマントラが流出し、神秘性が薄れた。また、技法をアレンジし、レイキとは別の名前をつける形で、異なるヒーリングの技法が開発され、乱立し、ヒーリングの新奇性や稀少性は失われた。

筆者の記憶によれば、市場ではしばらくの間、一段階が五万円程度で合計二〇万円程度という水準を保っていた。だが、一部では一段階が三万円で提供されたり、さらには全部セットで五万円などと低い価格で提供される事例も見かけるようになった。

二〇一〇年代の雑誌『スターピープル』から

次に取り上げるのは、雑誌『スターピープル』の二〇一一年冬号である。二〇〇〇年代には多くのスピリチュアル雑誌が刊行されたが、この雑誌は「五次元意識をひらくスピリチュアル・マガジン」とうたっている。巻末には読者からの広告がまとまった数で掲載されている。『F·i·L·i』と異なり、連絡先にサイトのURLが加わった。一頁全部を使った広告が三件（そのうち一件は雑誌の出版元の会社が提供するもの）、半頁分の広告が六件、残りは八頁にわたる膨大な三行広告である。三行はさすがに情報量が少ない。サービスの時間と価格が明示されている広告は、もっぱらそれより大きめの広告である。

表2はそれらを三カテゴリーにまとめたものである。第一は「ヒーリング」と銘打たれているもので、ヒプノセラピー（催眠療法）、前世療法を含む。第二は、「リーディング」で、来談者の状態を霊的能力で言い当てるもので、従来の「霊視」に近いニュアンスが込められる。この言葉は、輪廻転生の記録や今後の魂の計画などを「読み取る」という意味に由来する。類似した言葉として、スピリチュアル・カウンセリング、透視、サイキック（霊能者を指す）という表現もこのカテゴリーに含めた。第三は長時間にわたる「セミナー」でクラス、ワークショップなどの表現も含めた。

全体の集計を見ると、『F·i·L·i』同様、時間と価格に有意な高い正の相関があり、相場感がありそうだ。時間と価格／時との間には有意な負の相関があり、長時間になるほど価格／時が下がるのも共通である。相場は、一万三千円／時で『F·i·L·i』の二倍になる。しかし、カテゴリー別で見ると、「セミナー」の価格／時の平均は六八〇〇円で『F·i·L·i』とほぼ一致する。このカテゴリーでは、時間と価格の間に有意な

ヒーリング

時間(分)	価格	1時間の価格
240	15000	3750
120	15000	7500
60	9000	9000
120	18000	9000
150	24000	9600
25	4200	10080
120	24000	12000
60	15000	15000
120	30000	15000
120	30000	15000
120	30000	15000
30	10000	20000
50	20000	24000
60	28000	28000
平均＝ 100	19443	13781
時間との相関係数＝	0.36	-0.59*

(ただし太枠のみでは、0.86**、0.16)

リーディング

時間(分)	価格	1時間の価格
90	12000	8000
60	9000	9000
30	5000	10000
120	20000	10000
120	20000	10000
25	4200	10080
60	10500	10500
120	22000	11000
40	12000	18000
40	20000	30000
60	30000	30000
60	33000	33000
60	46200	46200
平均＝ 68	18762	18137
時間との相関係数＝	0.24	-0.28

(ただし太枠のみでは、0.94**、-0.28)

セミナー

時間	価格	1時間の価格
3	3000	1000
7	20000	2857
7	20000	2857
32	140000	4375
57	250000	4386
13	60000	4615
14	73500	5250
5.5	36000	6545
8	55000	6875
28	250000	8929
8	135000	16875
8	140000	17500
平均＝ 16	98542	6839
時間との相関係数＝	0.81**	-0.13

全カテゴリーの平均

時間(分)	価格	1時間の価格
351	43554	13097
時間との相関係数＝	0.87**	-0.33*

表2　雑誌『スターピープル』の広告における時間あたりの価格（円）

相関がある。だが、他の「ヒーリング」と「リーディング」内では、こうした相関が見られない。つまり、「セミナー」には一〇年前の『Ｆ・ｉ・Ｌ・ｉ』広告と同じ相場が存在するが、他の「ヒーリング」「リーディング」では相場が混乱しており、全体の価格／時の平均を二倍に押し上げている。

細かく見ると、「ヒーリング」でも九千円／時から一万五千円／時にまとまりがあり（太枠）、時間と価格には有意な高い正の相関がある。また「リーディング」では、三万円／時以上が飛び抜けて高く、それを除くと八千円／時から一万八千円／時のまとまり（太枠）で、時間と価格に有意な高い正の相関が見られる。価格／時が高い二つは、外国人による個人セッションで通訳が付いている（次にあげた事例9）。つまり、「セミナー」に見られる一〇年前の相場に、その二倍ほどの相場の「ヒーリング」と「リーディング」が被さるが、統一の相場の形成には至らず、とくに「リーディング」では高額の価格設定がなされることがある。

このような相場の不統一は、広告の内容を質的に見ると、個別の業者のなかでサービスの種類やランクが複数に分けて細かく設定されているためだと分かる。具体的に見てゆこう。

カウンセリングルームA

1　ヒーリング。オーラとチャクラの浄化と調整。対面四〇～六〇分で二万円。遠隔の場合三〇分で一万円。六〇分で二万円

2　オーラ透視リーディング。四〇分で二万円。六〇分で三万円

3　エネルギー伝授。レベル一～六。それぞれ六～八時間のグループワークショップ。各二万円

4　ヒーラー、透視リーダー養成クラス。超初級三時間で三千円。初級一二～一四時間で六万円。中級三〇

〜三三時間で一四万円。上級五四〜六〇時間で二五万円。

M（個人名）のセミナー&セッション

5 香りのヒーリング、二五分で四二〇〇円。レインボーセラピー（香り、フラワー、ストーン、クリスタルボウル、音叉、太鼓を総合的に用いる癒し）。六〇分で二万八千円。九〇分で三万八千円

6 透視カウンセリング。二五分で四二〇〇円。六〇分で一〇万五〇〇〇円

7 Mメソッド・ティーチャーズスクール集中四日間。各日一〇時から一七時までで二五万円

B&C・S（外国人名のカップル）セドナのサイキック

8 サウンド・ヒーリング・コンサート、所要時間不明で六三〇〇円

9 Bの個人セッション［リーディング系］。六〇分で四万六二〇〇円（通訳あり）、四万二千円（通訳なし）。Cの個人セッション。六〇分で三万三千円（通訳あり）、二万八千円（通訳なし）

10 二日間ワークショップ。各日一〇〜一七時。両日で四万六二〇〇円、一日のみで三万六七五〇円

『たま』『F・i・L・i』広告と異なり、組織より個人の名前が前に出ていることが分かる。その個人が「ヒーリング」「リーディング」「セミナー」の各カテゴリーのサービスを提供する。これと対照的なのが、ヒーリングに特化した団体のなかで、ヒーリングのみを匿名のメンバーが提供するという形で、三行広告では見られる。

また、5のように、ヒーリングに音や香りの要素を足したり、複数のサービスを組み合わせたりして、個性化と差別化が図られている。しかし、ヒーリング、リーディング、セミナーの各サービス内容は標準化し

ており、消費者側は内容を予想できる。

執筆時点の二〇二〇年では雑誌『スターピープル』は印刷媒体としては休刊し、ウェブサイトに移行している。他のスピリチュアル雑誌でも、広告欄の比重は低い。これはユーザーがインターネットで直接情報を収集するようになったためだろう。サービス提供者も、ソーシャル・メディアの個人アカウントから自分で直接宣伝できるようになった。サービス提供者と消費者の関係は、組織対個人から個人対個人に移行する傾向が強まった。実践者個人の情報や見解だけでなく、日常的報告（食事や旅行など）を含む情報が、そのキャラクターとともに消費され、いわば実践者個人が商品化された形である。

見本市の登場——すぴこんをめぐる論争

二〇〇〇年代初頭と二〇一〇年代初頭の広告の比較から、二〇〇〇年代に、スピリチュアリティの商品化と消費が加速し、実践者が組織から自立し、個人名を前に出し、能力やキャラクターの商品化に至った様子が確認された。その背景としては、江原啓之が牽引したスピリチュアル・ブームもあるが、それだけでは説明できない。彼は能力者側が相談者に翻弄され、生活を拘束されることに疑問を感じていた。大きな教団組織が信奉者個人を搾取するのではなく、組織の後ろ盾のない個人としてのスピリチュアリティの提供者が、大勢の消費者から搾取されることの問題視である。結局、彼はマスメディアやポップ・カルチャーを後ろ盾として、執筆、出演、講演開催で収益を出すスタイルを打ち出した。

江原より注目すべきは、見本市の役割である。二〇〇〇年代には「すぴこん」（二〇〇二～二〇〇八年）、「癒しフェア」（二〇〇五年～）といったスピリチュアリティ関連の見本市の台頭があった。ここで言う見本市とは、あらかじめ割り当てられたブースにおいて、出展者が自らの商品やサービスを展示・説明し、それを通常より安価かつ短い時間で提供するものである。出展者はブース面積に応じた出展料を支払う。開催期間中に、収益がそれを超えなければ赤字だが、それを超えれば黒字となる。比較的小規模の商用スペースや会議場で開催される「すぴこん」の場合、橋迫（二〇〇八、二七頁）によれば「三万円以上」とのことだが、広大な東京ビッグサイトを会場とする「癒しフェア東京」の場合、二〇一二年の出展料金（二日間の場合）が三メートル四方で三〇万円、三×二メートルで二〇万円、二×一・五メートルで一〇万円とかなり高い（「癒しフェア出展料金（税込）二〇一二 in 東京」、https://www.a-advice.com/tokyo/pdf/boothplan.pdf〔二〇二〇年八月八日アクセス〕）。すぴこんは個人のスピリチュアル実践者でも気軽に出展できる額であると言えるが、癒しフェアは、企業（健康や美容に関する商品を出す大手企業も見られる）やセミナー会社や占い師斡旋業者の出展が目立つ。

どちらの場合も、二〇〇〇年代後半には、セミプロないしアマチュアの実践者が複数の仲間と仮のグループを作って、交代で店番をしながら収益を分け合う形態が見られるようになった。そのような出展者は必ずしもスピリチュアルな実践を職業にしているとは限らない。多くの場合が実名ではなく、仮名を名乗る。インターネット上のブログやSNSのハンドルネームを兼ねており、そこでつながった人が客として訪れることもある。また、出展者も、休憩時間や空き時間を利用して、他のブースを客として訪問することがある。売り手であると同時に買い手、生産者であると同時に消費者でもあるという性格を持つ。これは現代のサブカルチャーで広く見られる「プロシューマー prosumer」（生産者 producer と消費者 consumer を合成した造語）現象で、すぴこんや癒しフェアの形態も、マンガなどの同人誌の販売会の発展型であるコミケに近いと言える。

プロシューマー現象の背景には、前出のクレデンシャリズムの浸透がある。最初は客だったが、セミナーで資格を取得してサービス提供者になる。しかし、専業に至るのは難しい。そこで、見本市などに出展することはあるものの、同時に他のサービスの客として金銭を落としてゆく。

すぴこんと癒しフェアとでは、後者の方が大規模で、長く続いているが、マスコミや宗教研究者が取り上げるのは、すぴこんの方である。おそらく大手企業の美容・健康商品をも扱う癒しフェアよりも、すぴこんの方がより「宗教」「カルト」に近く見えるからだろう。実際、その論評はオウム真理教や統一教会との比較を伴うことが多い。

橋迫瑞穂は、ボランティア・スタッフとしてすぴこんに参加し、来場者と関係者から聞き取りをおこなった。その結果、彼らが金銭のやり取り自体に違和感を持っていること、オウム真理教における聖なるものへの奉献がはらむ暴力性を意識していることを明らかにした。そして、すぴこん会場が、出展者と来場者にとって、品定めと社交の場になっていると指摘した。筆者なりに言い換えると、相手が詐欺や洗脳や過度な奉献に巻き込む危険な存在ではないか、相互にチェックし、安全な存在であれば適度な距離を保ちつつ関係を持つということである。橋迫はこの品定めと社交という二つの要素が、聖なるものがはらむ暴力性――本章の文脈では奉献の暴力性――に対する安全装置になっていると論じる。それに対して、オウム真理教のような新新宗教には、このような安全装置がなく、際限なく奉献し続けることになるという。すぴこんの来場者は、日常生活を優先し、すぴこんを休日のレジャーと考え、適度な奉献＝消費に留め、等身大の恩恵のみを適度に受け取っているという（三四頁）。

それに対して、統一教会の霊感商法に関する批判的研究をおこなってきた櫻井義秀は、すぴこんを来場者として観察し、自分探しを続けてきた下層社会予備軍として出展者を特徴づけ、来場者は「必ずしも有閑マダムではないし、可処分所得の多いＯＬでもない」［特定の社会的属性をジェンダーと結びつけて揶揄する表現だが、そのまま引用する］とし、出展者は「零細経営者」だと断定する（櫻井、二〇〇九ａ、二七〇頁）。そして、スピリチュアル・ビジネスは、リスク・ゼロを求める不安の強い脆弱者（社会経済面、アイデンティティ、関係性、知性において）をターゲットとし、「問題解決の利得を得るためには損失をも厭わない心境にさせたうえで、様々な商品の購入を勧める特異な方法」（櫻井、二〇〇九ｂ、二三五〜二三六頁）だとする。しかし、この批判は当事者への調査に基づいていない。「霊感商法」への批判を適用した外在的批判である。橋迫が指摘した、来場者と出展者、そして出展者同士の緊張感や距離感は見落とされている。

もちろん、過度な奉献に至る危険なケースがないわけではない。二〇〇〇年代にすぴこんや癒しフェアで常連の出展者だったセミナー会社Ａは、全コースを受けると総額一〇〇〇万円かかる。また、のちにカルトとして問題を起こした団体が、問題を起こす前に癒しフェアに出展していた例も知っている。したがって、一部の来場者は、見本市がきっかけで、櫻井が指摘したように「利得を得るためには損失をも厭わない心境」に至り、効果不明のサービスのために高額の金銭を失う危険も実際にあると考える。しかし、そのような過度な奉献を求める出展者ばかりではないし、二〇一〇年代には姿を消しつつある。櫻井の批判は、調査に基づかず、彼が取り組んできたカルト問題の知見を応用したものだが、高額な詐欺被害と見本市での品定め的な消費とのギャップは大きい。

癒しフェア東京における価格の調査

筆者は、癒しフェア東京（以下 癒しフェア）において、二〇一六年と二〇一七年に価格調査をおこなった。これは来場者として訪問し、会場内でのサービスについて公表されている時間と価格を観察しながら、メモしたものである（それぞれ七五件と七六件）。したがって、すべてを網羅しているわけではない（なお、二〇一六年調査には一部、橋迫瑞穂氏と黒田純一郎氏に協力をいただいた。感謝申し上げたい）。

図1はサービスの時間と価格を散布図にまとめたものである。両者には正の相関があり（r＝〇・四三九、標本数一五一では一パーセント水準で有意）、価格／時に相場があることがうかがえる。平均時間は一四・六分、平均価格は一九〇四円、一〇分あたりの平均価格は一三四六円だった。

図1を見ると、ほぼすべての価格が五〇〇円の倍数に設定されている。そこで図2に価格ごとのサービスの数をまとめた。また表3に価格ごとのサービスの平均時間をまとめた。約一〇分で五〇〇円、千円というライトなサービスと、一五分で二千円、二〇分で三千円というミドルなサービスが大半を占めており、時間は短いのに価格が高いヘビーなサービスが少数だがあることが分かる。雑誌『スターピープル』では、価格／時の平均はヒーリングが一万三七八一円、リーディングが一万八一三七円だった。これを一〇分あたりに換算すると、それぞれ二二九七円、三〇二三円で、癒しフェアのミドル級に相当する。つまり、実践者が用意したサロンなどでの、より長時間の本格的なサービスが見本市のお試し価格より割高になることはないと言える。

さらに癒しフェアのサイトで同じく二〇一六年、一七年の有料ワークショップの所要時間と価格を調べた

図1

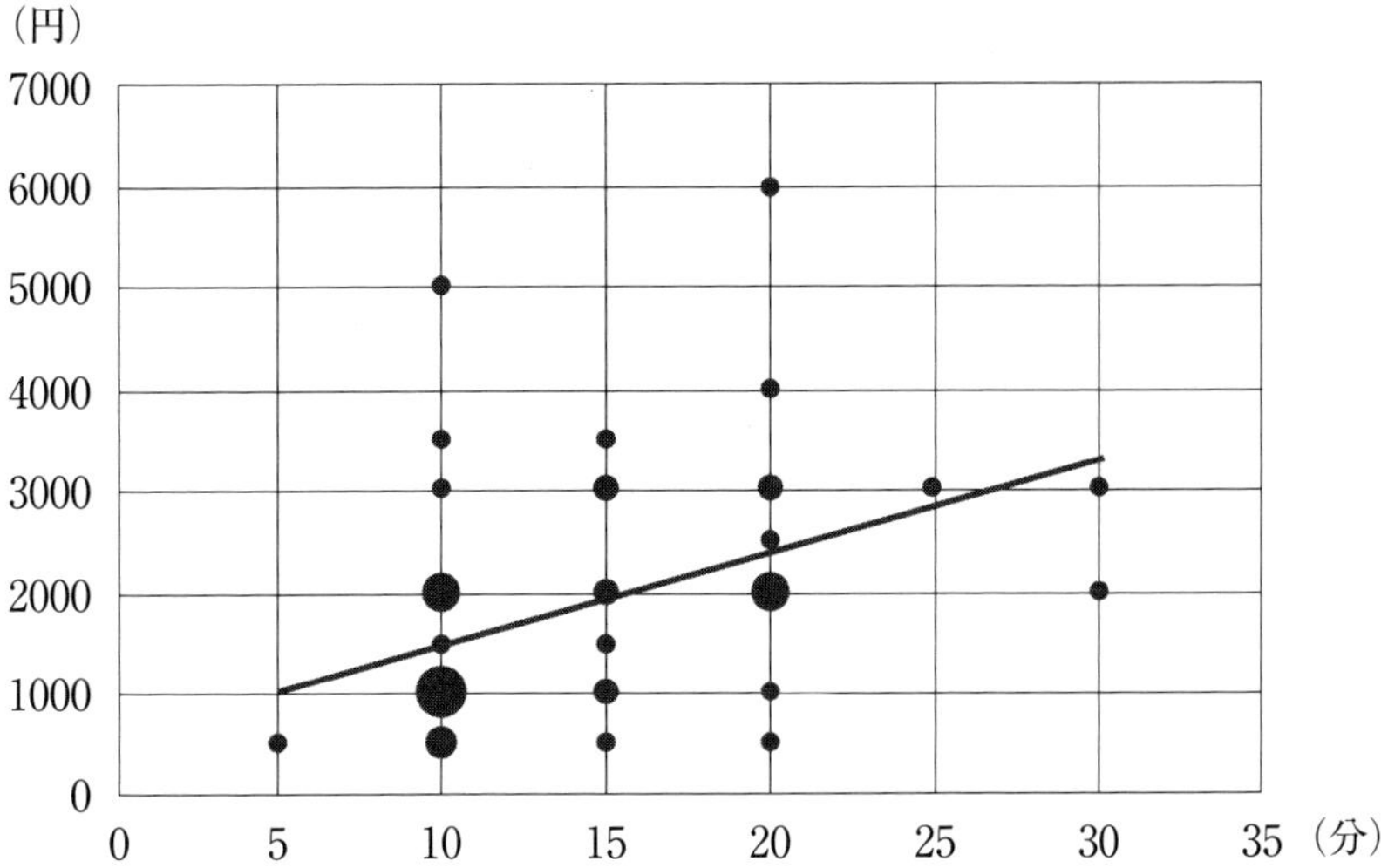

図2

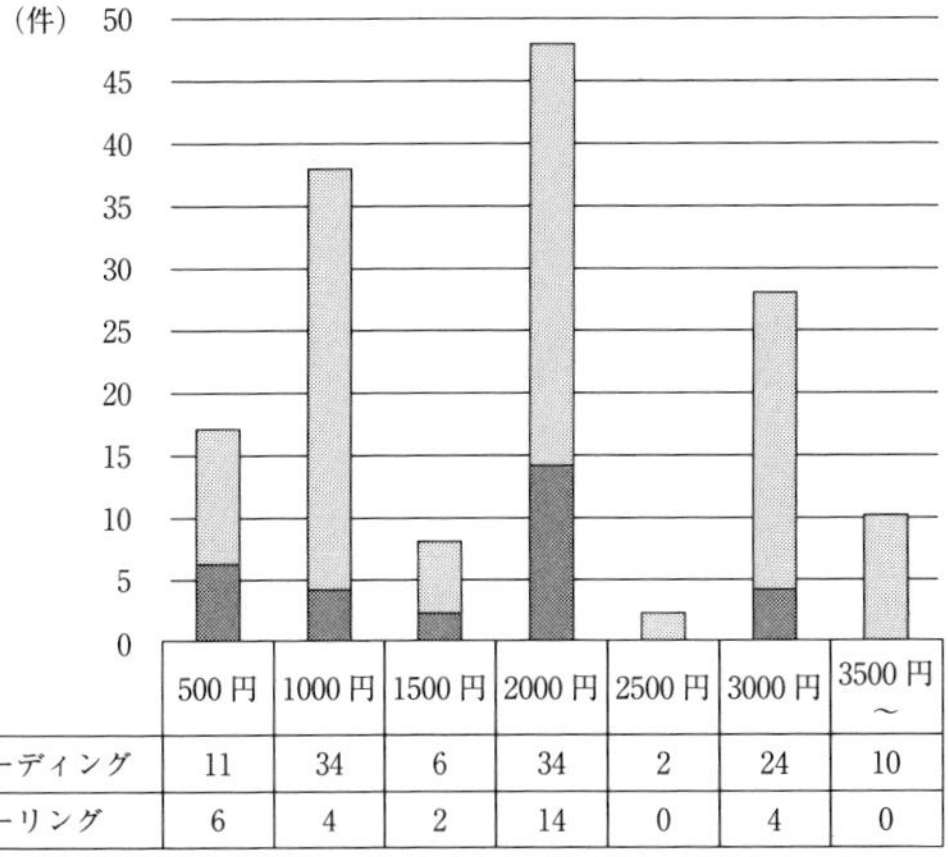

	500円	1000円	1500円	2000円	2500円	3000円	3500円～
リーディング	11	34	6	34	2	24	10
ヒーリング	6	4	2	14	0	4	0

■ヒーリング　□リーディング

表3

価格	平均時間
500円	11分
1000円	12分
1500円	13分
2000円	16分
2500円	20分
3000円	19分
3500円～	15分

図1　癒しフェアにおけるサービスの時間と価格

図2　癒しフェアにおけるサービスの価格ごとの数

表3　癒しフェアにおけるサービスの価格ごとの平均時間

（多くのワークショップは無料である）。サンプル数はそれぞれの年で三六件と四〇件である。時間は七六件中六一が九〇分で、全体の平均も九〇分である。平均価格は四〇四六円、価格／時の平均は二六九七円である。九〇分ならほぼ四千円だが、九〇分枠六一件のうち、三千円は三二件、四千円は七件、五千円は一八件で、三千円か五千円に振り分けられる傾向である。所要時間を無視すると、七六件中三千円が三五件、五千円が二一件で、大半を占める（二〇一六年は〈www.a-advice.com/tokyo_2016〉、二〇一七年は〈www.a-advice.com/tokyo_2017〉、二〇二〇年八月三〇日アクセス）。

雑誌『スターピープル』広告でのセミナーの価格／時は六八三九円、雑誌『ＦｉＬｉ』広告の全体が六七〇七円だった。九〇分に換算すると、どちらも約一万円である。見本市では九〇分で三千円か五千円の二段階設定なので割安ということになるが、見本市は時間が短いため、深く教えられないことが安さの理由となるだろうか。なお、先述の通り、ヒーリングやリーディングの相場は、見本市でも雑誌でも変わらない。

見本市で興味を持たせて、後日、高額のサービスへと導くという、櫻井などのカルト研究者が懸念するような手法は、したがって一般的とは言えない。むしろ、見本市は価格の相場を消費者に認識させる。一件五万円という前世紀末の霊能者の相場からは明らかに下落した。担い手が増え、価格競争が起きたことも大きい。

ガイタニディス（Gaitanidis 2011）は、二〇〇〇年代のスピリチュアルなセラピストを調査したが、採算が取れず、持続的職業になりにくい現状を伝えている。ヒーラーの資格を取得しても、それで生計を立てることは難しい。長引く不況とデフレ・マインドでは、価格も抑制される。デフレにもかかわらず、九〇年代中盤をピークに日本の実質賃金は下降傾向にある。人々の財布のひもも固くなっているだろう。

また橋迫によれば、見本市の関係者でさえスピリチュアルな実践で稼ぐことへの躊躇が見られるという。さらに筆者のインタビュー調査でも、スピリチュアル・ビジネスに完全否定の人が個人的スピリチュアリティ領域には多い（堀江、二〇一一）。本章ではスピリチュアルなサービスがビジネスとして成立し、市場を形成している様子を見てきた。これまでにもスピリチュアル市場（マーケット）に注目した調査、研究はあり（有元、二〇一一／山中、二〇二〇）、それこそがスピリチュアリティと見なされがちである。しかし、それは現代のスピリチュアリティのごく一部の動向でしかない。

三　結論――自己への奉献／投資

いくつもの安全装置

私有財産を否定する信仰共同体への過度な奉献には、資本主義社会での生活を困難にするという暴力性がある。橋迫は、スピリチュアルな見本市における相互チェックが、それへの安全装置になると指摘した。だが、本章では、それ以外にいくつもの安全装置があることを随所で指摘してきた。それらを改めてまとめよう。

・個人的スピリチュアリティは個人主義ゆえに、組織への奉献に否定的である。

・金銭支払いを奉献ではなくサービスへの報酬ととらえること自体が、スピリチュアルな実践者や指導者の聖性を縮減する。奉仕＝サービスの義務は信奉者ではなく、提供者の側に生じる。

・サービスの時間を区切ったので提供者との関わりが制限された。
・クレデンシャリズム（資格志向）が、実践の稀少性を減じ、価格低下を招いた。
・市場化で相場が可視化され、相互チェックに開かれた（見本市に限定した知見は橋迫を参照）。
・サービス提供者が組織から独立し、個人化し、消費者と対等になった。
・二〇一〇年代になると、提供者側はＳＮＳを通しての評価（いいね）とチェック（炎上）を考慮せざるをえず、過度な奉献の要請が難しくなった。
・日本の経済的低迷で高額の支払いが困難になっている。

自己への奉献／投資へ

こうした安全装置は、過度の奉献から個人を守る。それを備えた市場の形成は井上が指摘した「教団とカネ」に対する批判への適応とも見られる。しかし、それは結果として「自己への奉献」という回路を開く。支払った額に相応のサービス＝奉仕が自己に対してなされるべきだという通念は、奉仕の対象を聖なる権威から自己へ転じる。この自己への奉献は、資本主義や私有財産を否定せず、サービスの消費によって達成される。しかし、この自己は、物質的欲望や現世利益を求める自我ではない。自己成長や癒しなどの心理的効用あるいは「心理利益」が、少なくとも表向きはうたわれている。スピリチュアリティは、建前上は物質主義や現世利益と対立する。物質主義的な文明を生きる上で生じる穢れを浄化し、傷を癒すための実践を定期的に求める。これは、スピリチュアリティ領域のみの特徴ではない。脱産業社会においては、物質的消費から、心理的効用を主とするサービスの消費へという転換が進んだ。その結果、旅、アート、エクササイズ、リラクセーション、食など、広範囲の消費が、自己浄化と癒しのイメージを広告・宣伝によって持たされている（奇しくも新型コロナウイルス感染症によって変容が求められている分野である）。

しかし、聖なる自己への奉献は、自己を崇拝し、甘やかすものではなく、クレデンシャリズムに見られるように自己への投資の面を持つ。スピリチュアリティに関心を持つ人は、物質的欲望を満たすためのスピリチュアルな実践の利用（努力無しの現世利益、執着や名利の追求）には抵抗があるが、自己への投資という名目での消費には抵抗がない。資格取得も、スピリチュアルな実践で物質的欲望を満たすこと（資格で生計を立てること）が主目的ではない。それが現下の経済状況で困難なのは明白である。むしろ自己成長のために資格を取得するのである。

ウェーバーが理論化した世俗内禁欲は、蓄財はしても快楽充足のための消費はおこなわない。それに対して、今日の個人的スピリチュアリティでは、金銭への潔癖さが、かえって人々を消費へ駆り立てている可能性がある。それを支えているのが、カネは出せば出すほど回転し、未来へ向けて投資する人のもとにはカネが自然と集まってくるという理論である。これは金銭だけでなく愛や善行についても当てはまるとされる。見方次第では、布施によって功徳を積んだり、奉献によって浄化されたりするという、前近代の宗教の経済理論への回帰と言えなくもない。しかし、貧者救済などの格差調節の機能はなく、カネが流れる／集まる人と流れない／集まらない人を対比し、格差を暗黙裏に肯定する。自己を特権視し、目覚めていない人々を見下すことにつながる。他者を益するという本来の利他的な「利益《りやく》」にはならない。

自己への奉献／投資には、ある種の強迫性がある。共同体を背景とする聖なるものへの奉献が過剰にならないための安全装置が必要なのと同様に、自己への奉献／投資にも安全装置は必要だろう。特定教団への奉献からスピリチュアル市場への開放という転換をヒントとするなら、スピリチュアリティ追求の場を個人的な自己から、公共性に開くことが、可能な緩和策かもしれない。具体的には、職場スピリチュアリティの向上や（堀江、二〇一七）、公共性のあるスピリチュアリティの追求などがすでに考えられてきた（島薗、二〇一二）。それは今後、ポスト・コロナの経済活動の変容と連動することになるかもしれない。

参考文献

有元裕美子（二〇一一）『スピリチュアル市場の研究――データで読む急拡大マーケットの真実』東洋経済新報社
井上順孝（一九九二）『新宗教の解読』筑摩書房
NHK放送文化研究所編（二〇二〇）『現代日本人の意識構造（第九版）』NHK出版
小池靖（二〇〇七）『セラピー文化の社会学』勁草書房
櫻井義秀（二〇〇九a）「現代日本社会とスピリチュアリティ・ブーム」櫻井義秀編著『カルトとスピリチュアリティ――現代日本における「救い」と「癒し」のゆくえ』ミネルヴァ書房、二四五～二七五頁
――（二〇〇九b）『霊と金――スピリチュアル・ビジネスの構造』新潮社
島薗進（一九九六）「聖の商業化――宗教的奉仕と贈与の変容」島薗進・石井研士編『消費される〈宗教〉』春秋社
――（二〇一二）『現代宗教とスピリチュアリティ』弘文堂
橋迫瑞穂（二〇〇八）「「聖なるもの」の安全装置――「すぴこん」の事例から」『年報社会学論集』二一号、二五～三六頁
平野直子（二〇一〇）「「近代」というカテゴリにおける「普遍」と「個別」」『早稲田大学大学院文学研究科紀要』第五六輯、四七～六一頁
堀江宗正（二〇一一）『スピリチュアリティのゆくえ』岩波書店

——（二〇一六）「島田裕巳——「心の時代」からオウム真理教へ」刈谷剛彦編『ひとびとの精神史第八巻　バブル崩壊——一九九〇年代』岩波書店

——（二〇一七）「職場スピリチュアリティとは何か——その理論的展開と歴史的意義」『宗教研究』九一巻二輯、二二九〜二五四頁

——（二〇一九）『ポップ・スピリチュアリティ——メディア化された宗教性』岩波書店

山中弘編著（二〇二〇）『現代宗教とスピリチュアル・マーケット』弘文堂

Gaitanidis, Ioannis（2011）"At the Forefront of a 'Spiritual Business': Independent Professional Spiritual Therapists in Japan." *Japan Forum* 23（2）p.185–206

Wood, Matthew（2007）*Possession, Power and the New Age: Ambiguities of Authority in Neoliberal Societies.* Farnham: Ashgate.

コラム③　妊娠・出産のスピリチュアリティ

橋迫瑞穂

一　スピリチュアリティとは何か

「スピリチュアル市場」とは、前世やオーラ、パワースポット、レイキなどといった宗教的な商品や情報が、メディアやイベントでやりとりされる市場を指す。二〇〇〇年代に到来した、「スピリチュアル・ブーム」をきっかけに動向が活発になった。現在ではブームとしては下火になったものの、「スピリチュアル市場」は今もなお存続しており、深くわれわれの日常に浸透していると言えるだろう。そして、近年では「スピリチュアル市場」のなかで、妊娠・出産にまつわるものが比重を増していることが注目される。

このコラムでは、「スピリチュアル市場」を通して、現代日本社会における妊娠・出産のスピリチュアリティについて検討する。スピリチュアリティとはこの場合、島薗進による「個々人が聖なるものを経験したり、聖なるものとの関りを生きたりすること」と、その総体である新霊性運動・文化（New Spirituality Movement）のことを指す。

二　子宮系スピリチュアリティ

「スピリチュアル市場」で、妊娠・出産にまつわるどのようなやりとりが行われているのかについて、筆者が見聞きしたいくつかの事例を取り上げることから始めよう。広く浸透しているものとしては、綿素材の生理用品である「布ナプキン」が挙げられる。「布ナプキン」を取り上げた書籍や販売者は、「布ナプキン」が子宮をケアするのに向いており、女性の「母性」や「女性らしさ」を育むのに有益であるとしている。そして、「布ナプキン」を使うことで、子宮が神秘的な意味を持つと強調されていることもある。

また、子宮そのものに聖性を見出す傾向も見られる。書籍やネットを通して広まった「子宮系」と呼ばれるジャンルでは女性器である子宮をケアするために、例えば子宮にあたる身体部位を温めるとか、生活の全体を見直したり内面性を磨いたりするといったメソッドが推奨されている。さらにこうしたメソッドは、女性が妊娠・出産に向かう準備として設定されており、「母性」を育むものとして子宮に神聖な意味が与えられるのである。

母親の胎内での記憶を子どもが語るという「胎内記憶」の人気も挙げられる。胎内で「かみさま」と出会い母親を選んで産まれてきたと子どもが語る様子を撮影した映画、『かみさまとのやくそく』は、自主上映会が各地で開催されてロングランを記録した。映画には、「胎内記憶」を強調する産婦人科医や助産師、大学教員も登場している。このように、子宮を神聖視することと、妊娠・出産の神聖視とは連続しているのである。

「スピリチュアル市場」は流動的な事象のため、流行り廃りがある。しかし、妊娠・出産への関心は「スピリチュアル市場」で確固とした一角をなしており、ただちに衰退するようには見えない。

その理由として、妊娠、出産そして月経は女性に特有の生理であると共に、社会における生き方そのものに大きく影響を与えることが挙げられる。現代社会において、女性たちの身体性のあり方は十分に顧みられてきたわけではない。むしろ、ライフコースにおいて、いつ妊娠・出産を迎えるかの決断を迫り、これを一任するなど、女性に一方的な負担を課してきた。このような現代社会にあって、妊娠・出産する身体を肯定するスピリチュアルな商品や情報を供給するようになったのが、支持される理由として考えられる。

さらに、伝統宗教においては、月経や妊娠・出産は必ずしも祝われるものではなく、むしろ「ケガレ」として共同体から遠ざけられてきた。月経の時に隔離される月経小屋や、産婦を遠ざける「産の忌」などの例が挙げられる。「スピリチュアル市場」においては逆に、月経や妊娠・出産が積極的に肯定されていることも、考慮する必要があるだろう。

三　産科医療とスピリチュアリティ

特に看過できないのが、本来なら科学的知見を基盤とするはずの産婦人科医療が、「スピリチュアル市場」で一定の影響力をもっている点である。先述した事例でいえば、「胎内記憶」が挙げられる。また他にも、産婦人科医や助産師が「スピリチュアル市場」において、情報や商品のいわば供給側として登場している事例が見られる。つまり妊娠・出産のスピリチュアリティを育む存在として、産婦人科を中心とする医療が確かな位置にあると言える。

その例として、医学書院から一九五〇年に創刊されて以来、今日まで発行され続けている『助産雑誌』（旧『助産婦雑誌』）が挙げられる。『助産雑誌』は、妊娠出産にまつわる最新の医療技術から、分娩の事例や助産師の育成制度に至るまで多岐にわたる専門的情報を掲載してきた。さらに、医師や助産師などのエッセイや対談が掲載されることで、妊娠・出産についての考えや価値観を共有する媒体となってきた。

その『助産雑誌』では、一九七〇年代より「自然」という言葉が盛んに取り上げられるようになる。例えば、医師や助産師らの対談からは、痛みを我慢し乗り越えるお産が「自然」な出産であり、それが「母性」を育む体験と主張されている。さらに、「自然」なお産が神聖な行為だと価値づける記述も多く見られる。

痛みを我慢する分娩が推奨されたのは、アメリカで盛んになった、麻酔によって分娩時の痛みを緩和する無痛分娩への批判が背景にある。アメリカには助産師制度がなく、また第二次世界大戦後に日本の助産師を廃止しようと試みたことから、『助産雑誌』ではアメリカに対する批判意識が強く見られる。そのせいか、「自然」な出産に関する言説には、同時に「日本」らしい出産というナショナリズムも強調されていることもうかがわれる。他方で、七〇年代から盛んになったフェミニズムの観点から、医療に頼り切るのではなく、女性を主体とする出産を重視する論調も『助産婦雑誌』に見られる。しかし、広く展開されるには至らなかった。

八〇年代になると、欧米におけるニューエイジ運動の影響を受けて、例えばパートナーとともに水中で行う水中出産や、イルカといっしょに泳いでリラックスしながら分娩に挑む方法などが、「自然」な出産の新しい方法として紹介されるようになった。同時に、出産自体が神秘的な体験として、医療従事者のあいだで積極的に意味づけられるようになる。それがさらに、書籍などを通して一般に広く紹介されるに至った。

ただし、ニューエイジ運動に付随するフェミニズムの観点はここでも排除されている。同時に、ナショナリズムの強調は引き続き見いだされるのである。そして、「自然」なお産を神秘的な体験と位置づけ、女性の身体性や、「母性」をことさら神聖視するという特徴は、九〇年代を経てさらに加速していく。同時に、伝統的宗教も見直しが進むようになる。例えば、産婦人科の病院や、不妊治療のクリニックの案内とともに、子授け神社の案内を掲載しているガイドブックの例が挙げられる。こうした動向も、妊娠・出産とスピリチュアリティの結びつきを強調するものだと言えるだろう。

二〇〇〇年代の「スピリチュアル市場」で妊娠・出産に関わる情報や商品が目立つようになったのは、戦後の産科医療の歴史のなかで培われてきた「自然」なお産への価値観が、女性自身の身体観に求めるものと結びついた結果であると考えられる。そして、このような動向について留意しておきたいのは、それが妊娠・出産をとりまく社会的状況を改革するのではなく、むしろ保守的というべき身体観に女性たちを閉じ込める傾向にあることである。「スピリチュアル市場」における妊娠・出産をめぐる動向がフェミニズムの影響を忌避する反面、ナショナリズムとゆるやかにむすびついているのはそのことを如実に示すものに他ならない。

以上の点から、「スピリチュアル市場」での妊娠・出産にまつわる動向を単なる流行ととらえるのではなく、妊娠・出産のスピリチュアリティそのものへの問いとして位置づけ、引き続き検討する必要がある。

第五章　ポスト世俗主義時代の技術と資本主義、そしてアニメの潜在性

川村覚文

一　はじめに

グローバル化と資本主義リアリズム

グローバル化とは、資本主義の高度な発展によって、全世界が市場原理によって統合されていくという現象である。言い換えれば、あらゆる領域が市場化の対象として飲み込まれていく状況を指しているということだ。このような事態は、東西の冷戦が終了することによって、一挙に広がっていった。冷戦の終了は、資本主義とは異なった政治的・経済的な価値観を持つ世界が存在しているということが、それまでは一定のリアリティを持っていたことの終了をも意味していた。いまや、このグローバル化が進む世界において、資本主義以外の政治経済的システムの可能性を構想すること自体、まったくのリアリティのないものとなってしまったのだ。文化批評家であるマーク・フィッシャーは、このような状況を「資本主義リアリズム」と名付け、次のように分析している。

「資本主義とは、さまざまな信仰が儀礼的・象徴的な次元において崩壊した後に残るものであり、そこにはもう、その廃墟と残骸の間を彷徨う消費者＝鑑賞者しかいない。

しかし、信仰から美学へ、そして参与から鑑賞へのこの転換は、資本主義リアリズムの美徳の一つとされている。……資本主義リアリズムは、「信じる」ということ自体の危険性から私たちを守る「盾」のように振舞おうとする。ポストモダン資本主義に固有のアイロニカルな距離感は、私たちに原理主義の誘惑に対する免疫力をつけてくれるものだと言う。期待値を下げることくらい、テロや全体主義から身を守るために、さほど大きくない代償だろうと、私たちは言い聞かされている。」

（フィッシャー、二〇一八、一七頁）

フィッシャーによれば、今日の世界では「資本主義が唯一の存続可能な政治・経済制度である」（フィッシャー、二〇一八、一〇頁）とする意識が蔓延している。資本主義に大きな問題がある――格差の拡大、労働者の搾取、環境破壊と資源の枯渇、植民地主義と戦争など――ことは理解しつつも、もはや資本主義以外を構想することは不可能であると了解してしまう「再帰的無能感」に、人々は取り憑かれてしまっているという。

ここで注目すべきは、資本主義とは様々な「信仰」が崩壊した後に残るものである、という指摘だ。この場合の信仰とは、何も宗教的な信仰だけを指すのではない。それはイマヌエル・カント以降、神に代わって世界の中心に置かれていた「人間」への信仰も含んでいる。そもそも、資本主義世界の中心的なイデオロギーとしての自由主義は、理性的な主体としての人間への信仰によって成り立っていた。全ての人間は普遍的な認識を可能にする知性を持ち、その意味で平等であり、それぞれが自律的（＝自由）に思考でき、だからこそお互いが話し合うことで理解し合うことができる。これが「世俗主義」と名付けられている、自由主義における人間への信仰であり、資本主義はこのような「世俗的人間」によって構成されていることが大前提であったのだ。しかし、「ポスト世俗主義」の時代と呼ばれるように、今日、このような「人間」への信仰すらも価値の相対化により崩壊しつつある。しかも、それにもかかわらず、資本主義はますます加速し続けており、むしろ相対化の浸透と信仰の崩壊によってその加速は強まっているのだ。資本主義は、そのシステムの内部において商品として見出された対象同士の関係性に基づいて、さまざまな価値が決定されるシステムである。それはシステムに内在的な原理によって、価値が決定されるということである。だからこそ、神や理性といった超越的な原理によって支えられた信仰が失われた後でも、唯一機能しうる原理であり、また、そういった超越的な原理すらも、商品として相対化してしまう原理なのである。これこそが、「資本主義リアリズム」に基づく「再帰的無能感」の正体なのだ。

中華未来主義といつか来た道

このような「ポスト世俗主義」時代においては、冷戦以前においては想像すらもしえなかった状況が出現している。それは、「中華未来主義」(Sinofuturism)の台頭といったものだ。資本主義を徹底的に加速させることでその外部へと至ることを主張する、「加速主義」(Accelerationism)という思想潮流が近年注目されつつあるが、その最重要人物である哲学者ニック・ランドが提起した「ネオ中国」(neo-China)概念の影響などによって、この「中華未来主義」は形成された。「中華未来主義」は、中国こそが来るべき未来の資本主義のモデルであるとみなす概念である。共産主義国家であるはずの中国が資本主義の未来とは、いささか困惑する主張のように聞こえる。もちろん、カール・マルクスに従えば、資本主義が弁証法的に揚棄されることで、共産主義は出来することになっているが、ここではそういう意味で捉えるべきではない。むしろ、これは資本主義リアリズムの極致を表現しているものであると、理解されるべきである。共産主義というイデオロギーの内実がどうであろうと、資本主義のシステムを上手く発展させる限りにおいて、統治体としての中国共産党は自らの正当性を担保し続けることができる。つまり、その正当性は共産主義という超越的なイデオロギーへの人々の信仰によって保証されているのではなく、資本主義との関係において保証されているのだ。そして、共産党に統治された中国は、今日、最も資本主義の恩恵を受けている国へと実際にのし上がっている。もはや自由主義（への信仰）と資本主義の結びつきが崩壊している以上、資本主義が共産主義（への信仰を）を掲げる権威主義的統治体と結びつこうと不思議ではない。あらゆる信仰を相対化しつつ、機能するのが資本主義なのだから。資本主義の外部であったはずの共産主義もまた、資本主義に取り込まれてしまっているというわけだ。

だが、このような「未来主義」は何か聞いたことのあるような話でもある。我々はこれと似たような議論を、どこかですでに経験したことがあるのではなかろうか。そう、それは高度経済成長を経て、その繁栄のピークを一九八〇年代に迎える日本をめぐっての言説である。実際、日本は中国に先駆けて資本主義との関係性によってその統治性を正当化することに成功し、しかもそのような日本の姿に対して、国際社会は侮蔑と恐怖がないまぜになった形で、未来社会のあり方を投影したのであった。『ブレードランナー』、『エイリアン2』、『バック・トゥ・ザ・フューチャー2』などといった、八〇年代にハリウッドで製作されたSci-Fi映画には、未来は日本によって支配されているのではないかという不安が如実に反映されている。そこでは、西洋の技術を掠め取ることで繁栄に成功し、莫大な資本をバックに世界の覇権を握らんとする不気味な存在として、日本のイメージが描かれていた。

本章の目的は、今日のグローバル化と資本主義リアリズムが浸透する世界を批判的に理解するために、日本をとりまく言説状況を分析することがいかに有効であるかを、提示することである。具体的には、次の三つを目指す。一つ目は、今日の「中華未来主義」のような議論の先駆として、一九八〇年代から九〇年代の日本の外部における日本をめぐる言説を考察することである。この両者には、資本主義、近代、そして技術をめぐる言説として通底するものが存在する。それは、西洋近代の外部としてアジアを捉えた上で、そのような外部によって近代が横領されるもしくは逸脱させられるとみなす視座である。このような視座を通じて、いわば「世俗主義」への信仰を揺るがす存在として、アジアは見なされているのである。八〇年代から九〇年代における日本をめぐる言説の批判的分析を通じて、このような視座が具体的にどういったものなのか、明らかにしたい。二つ目の目標は、このような外部からの言説に対する日本「内部」からの反応を、批判的に検討することである。このような反応において見られるのは、西洋由来の人間中心主義的な精神とそれに基づく技術主義的な志向——すなわち「世俗主義」への信仰——を批判し、アジアにはそういったものを超える精神性＝宗教性が存在するといった主張である。これは、一九三〇年代から四〇年代における、京都学派による「近代の超克」という論争的な議論においてすでに見られるものであるが、その反復ともいうべきものが日本人論への反応として見られることを明らかにしたい。そして、三つ目の目標は、技術がどのように日本のアニメにおいて表象されているのか、ということを分析することである。アニメにおいて、技術は破壊のカタストロフをもたらすものとして表象される傾向にある。それは、アニメによる技術批判の可能性を示しており、そこでは技術と資本主義の関係性が批評の対象となっている。そして、多くの作品が人間原理による技術の制御を問題にしている中で、むしろ技術を人間のあり方の変容を促すものとして、表象するようなアニメ作品も存在する。このような作品において描かれている、人間の変容を促す技術という捉え方は、一つ目と二つ目の考察を通じて検討された資本主義と技術の問題を、克服する可能性についてのイメージを与えてくれるものであるのだ。

ポストヒューマン

本章が注目するのは、今日のポストヒューマン的条件である。それは、技術と資本主義、そして近代の問題を超克するために——それが世俗主義的なものであれ、宗教的なものであれ——超越性の復権を唱えることが、無効になってしまうような条件である。それでは、どういった形で超克できるのか。哲学者ロージ・ブライドッティはポストヒューマンについて次のように述べる。

「グローバル経済は、市場の要請のもと全ての種を究極的にはひとつにしようとし、それが行きすぎているがゆえにこの惑星全体の持続可能性を脅かしてしまうという点において、ポスト人間中心主義的である……わたしが注目するのはポストヒューマン的窮状の生産的な側面であり、すなわち、このポストヒューマン的窮状が切り開く視座のなかで、主体性の諸構造と理論や知識の生産の双方がどれだけアファーマティヴな形で変容しうるかである。わたしは……これらの過程を「動物への生成変化、地球への生成変化、機械への生成変化」と呼んできた」(ブライドッティ、二〇一九、一〇〇～一〇五頁)。

ポスト世俗主義的な時代状況において、世界における人間の中心性は揺らぎつつある。もはや人間は、世界を自らの意志によって作り変えていくような主体ではないのだ。このような事態は資本主義の高度化と、科学技術——とりわけ生命を対象とするバイオテクノロジーと情報コミュニケーション技術——の発展によってもたらされたものだ。バイオテクノロジーは、人間と他の生物の生命を同じ地平で機械的に扱い、生命の持っていた神秘性を剥ぎ取ってしまった。そこでは、あらゆる生物・生命はあくまで科学的・機械的操作の「対象」——すなわち、主体＝subjectではなく客体＝対象＝object——に過ぎないのである。また、情報コミュニケーション技術においても、それぞれの個人は属性としてのデータの集積へと還元され、統計的手法を通じた操作の「対象」へと転落してしまっている。われわれは、GAFA（Google, Amazon, Facebook, Apple）などの企業によってデータとして分析され、そしてその分析結果に従って「オススメ」されたものに無反省に従う存在となりつつあるのだ。そして、こういった人間の「対象」化をつうじて情報プラットフォーム企業やバイオテクノロジー企業は利益を生み出し、それによって資本主義におけるグローバルな利潤拡大の運動は支えられているのである。これこそが、ブライドッティが指摘する「ポストヒューマン的窮状」である。

しかし、ブライドッティが主張するように、ポストヒューマン的窮状は我々にとって危機的な条件であるだけではない。むしろ、それは「アファーマティヴ」、つまり肯定的な条件である可能性もあるのだ。なぜなら、ポストヒューマン的窮状とは、非人間的な存在へと、我々が技術を介して生成変化していくことでもあるからだ。それは、白人中心主義的で男性中心主義的な「人間」概念のもつ、抑圧性や権力性を超えていく可能性があることを意味する。このように、技術によってもたらされた「対象」化を自ら引き受けることを通じて、「人間」以外の存在への生成変化の可能性を高め、資本主義による「対象」把握が追いつかなくなるようにすること。これが、今日の危機を乗り越えるポストヒューマン的方法であり、超越ではなく内在へと向かう戦略である。このようなポストヒューマン的な可能性とは別に、資本主義への批判と抵抗を「超越」的な「拒絶」を通じて指向する方法も存在する。それは、ポスト世俗主義時代の特徴としてしばしば語られる、宗教的あるいは非西洋的精神主義的な原理主義――たとえばイスラム原理主義など――への回帰である。しかし、それは自身の信仰以外の存在を許さない、あまりにも抑圧的なやり方である。

日本の文脈に即して考えれば、八〇年代から九〇年代の西洋「世俗主義」批判は、日本の宗教的精神性をノスタルジックに称揚せんとする反動的なものであるが、それは原理主義ほどの強度はなく、資本主義に容易に取り込まれるもの以外の何物でもなかった。それとは反対に、日本のアニメの中には、まさに生成変化の可能性を志向しようとする、ポストヒューマン的可能性を持つものが存在したのである。以下、本章においてこのことを明らかにしていきたい。

二　ディストピア的未来としての日本

資本主義と統治性

日本が、中国に先駆けて自らの統治性を資本主義との関係性において正統化したという事実は、一九六〇年代に遡る。その端緒は、六〇年安保闘争直後の池田勇人内閣による、「所得倍増計画」という政策によって開かれた。この政策は、直前の全国民的な運動を通じた政治闘争によって揺らいでいた政府与党の正当性を、経済政策の重点化を唱えることを通じて再強化することを目論んだものであった。ここでは、人々がもつ政治的不満を逸らすべく、より良き経済生活の実現という目標が提示され、その実現は資本主義の発展を目指す現政権与党によってのみ達成可能であると主張されていたのであった。思想史研究者の飯田由美子(Iida 2002, p. 117)が指摘したように、この政策の最も主要な関心事は、左派的イデオロギーから邪魔されることなく、市場が思いのままに機能することができる雰囲気や社会的な基盤を構築することであった。それと同時に、市場によって駆動された発展がもたらすかもしれない悪い影響を、政府が軽減せねばならないという責任を、できるだけ最小化しようというものでもあった。すなわち、市場が発展し続ける限りにおいて政府の統治性は正当化されると同時に、左派がもたらすイデオロギー的政治は、その発展を阻害する敵としてみなされることになる構造を作り出したのである。さらに、この構造は、市場の発展によって悪影響がもたらされたとしても、それは市場の問題であって政府の直接の責任ではないとされ、その統治性には影響が出ないようにするものであったのだった。

ところで、ここで言及している統治性とは、ミシェル・フーコー的な意味において理解されねばならない。フーコーは近代国家の権力原理として、主権性と統治性を分け、主権性をその権力をもつもの（＝主権者）に由来する権力としたのに対し、統治性を統治の対象（すなわち被統治者である国民＝市民）に内在的な権力原理として捉えた。言い換えれば、それは統治対象にとっての利益や福祉が最大化される均衡点を計算しつつ、そういった最大化を達成できる政策を実施することで、人々からの支持を得る、といった権力である。そして、こういった統治性原理にもっとも適合したものこそが、市場主義なのであった。フーコーは、「市場は、それが交換を通じて生産、必要、供給、需要、価値、価格などを結びつける限りにおいて、真理陳述の場所を構成する」（フーコー、二〇〇八、四〇頁）と主張する。つまり、市場はそれを通じて合理的な均衡点が計算される場であり、そして、その合理性を高める統治体こそが最も正当な統治性を持つことができる、との立証がなされる場でもあるのだ。池田内閣の論理は、まさにこのように自らの統治性を正当化している。そしてそれは日米安保という形で、常に主権を米国によって干渉されている戦後日本がとり得た、統治体の正当化論理でもあったといえよう。

情報社会の出現

所得倍増計画が成功を収め、そして一九六八年の安保闘争を経てイデオロギー闘争が鳴りを潜めていくうちに、統治の正当性はほぼ完全に経済原理によって担保されるものとなっていく。そういった中で迎えたのが、一九八〇年代の日本経済の絶頂期であり、それを支えたのが日本社会の「情報化」であった。日本思想史研究者であるテッサ・モリス＝スズキ（Morris-Suzuki 1988, pp. 42-85）によれば、一九七〇年代に日本経済の成長は翳りを見せ始めたが、それに対する処方箋として一九八〇年代に前景化され始めた議論が、「情報社会論」であるという。ここで興味深いのは、今日、情報ネットワーク技術の普及によって世界規模で議論されている「情報社会」（information society）なる概念が、すでに八〇年代の日本において提出されていたということである。モリス＝スズキが指摘するように、八〇年代の情報社会論は、それまでの産業資本主義からの脱却をはかり、情報資本主義への転換をはかるものであった。それまで、戦後日本の産業資本主義は安くて品質の良いものを他国へ輸出するという形で、支えられていた。しかし、そういった構造を支えていた労働力や労働条件の維持がもはや難しくなり、それと同時に新興国の産業資本主義への参入に伴う競争の激化が懸念されていた。そういった中にあって、日本の経済発展をいかにして維持すべきかということへの、解決策として情報社会論は構想されたものだったのである。

情報という新しい経済活動領域への進出は、他の競合国に対して一歩先を行くことを可能にしてくれる。また、情報知識産業は伝統的な重工業よりもより少ない資源を費やすことで済み、新しい情報技術は既存の産業に対してもエネルギー効率を高めてくれる。言い換えれば、情報技術の進歩によりコンピューター化とロボット化といったオートメーション化が進むことで、全体的な「省エネルギー化、省力化」(Ibid., p. 65)が達成され、生産性も向上することで、日本の経済力をより競争力のあるものとしてくれる、というわけなのだ。よりプリミティヴな形ではあるが、現在のAI(人工知能)の浸透とそれに伴うオートメーション化が引き起こす産業構造の再編の議論と似た形で、情報社会をめぐる議論がなされていたことが、ここで確認できるであろう。そして、日本の政府はこのような情報資本主義社会の実現、あるいは情報化を進めるということを旗印に、みずからの統治性を正当化していたのである。このように、八〇年代の日本の繁栄は、情報社会の到来をすでに予見し、それを実際の産業構造と労働環境の情報化を進めるという形で他国に先駆けて実現することを通じて、支えられていたものであったといえよう。

ジャパン・パニックとテクノ・オリエンタリズム

八〇年代における情報社会としての日本社会は、欧米社会に脅威として見られ、恐怖の対象であった。そして、こう言った感情を基に、「ジャパン・パニック」とも呼ばれるような現象が生じた。メディア研究者であるデイヴィッド・モーレーと地理学者のケヴィン・ロビンズ(Morley and Robins 1995, pp. 147-173)によれば、そういった「ジャパン・パニック」は日本に対する「テクノ・オリエンタリズム」的な視座によって規定されていたという。

そもそも、この「ジャパン・パニック」は日本の経済的発展もさることながら、八〇年代から九〇年代における日本と欧米との間における、シンボリックな行為を通じて醸成されたものであった。とりわけ米国においては、当時相次いだハリウッドの映画スタジオの買収が、米国の文化的・精神的な象徴に対する日本の侵略としてみなされ、日本の投資家たちは「アメリカの魂を買収しようとしている」(Ibid., p. 151) との強烈な恐怖感と反発を米国社会に呼び起こすことになったのであった。この恐怖感と反発は、日本人は無感情で無個性で集団的であるという偏見に基づいた、次のような認識に支えられていた。日本人は、ハリウッドやディズニーの作品を支えている作品への個人主義的で強烈なパッションを持ち合わせていないにもかかわらず、儲ける為だけにそれらを支配しようとしている、と。日本は欧米、とりわけ米国、のような個人主義的で人間主義的——すなわち、世俗主義的——な文化とは、異なった精神文化を持つ敵＝「エイリアン」として見なされることとなり、それによって「ジャパン・パニック」とそれに基づく日本叩き、いわゆる「ジャパン・バッシング」が生じることとなったのである。

このような日本と欧米を異質なものとしてみなすという視座は、欧米の側からその他者へと歴史的に投げかけられてきた視座と同じものであったことに、注意する必要があろう。これこそが、オリエンタリズムである。オリエンタリズムはエドワード・サイード (サイード、一九九三) によって提起された概念であり、西洋が優越者としての自らのアイデンティティを支えるために、劣った他者としての東洋を必要とするといった構造のことを指している。すなわち、欧米列強によるアジアやアラビア圏への帝国主義・植民地主義においてその支配を正当化するために、優れた西洋が劣った東洋を征服するという論理が構築され、そのような論理に規定された視座をオリエンタリズムと呼ぶのである。このようなオリエンタリズム的眼差しは、八〇年代の日本に対しても向けられていた。しかし、これはかなり捻れた形でのものであった。なぜならそれは、日本は西洋より劣っているはずにもかかわらず、日本は近代化を成し遂げ、それが今や西洋をも追い抜こうとしており、だからこそより脅威に感じる、というものであったからだ。つまり、ここには矛盾した論理が見て取れるのである。八〇年代から九〇年代の日本に対するオリエンタリズムは次のようなものだ。日本人は、日本人にしか適合しない独特の全体主義的・独裁主義的文化を持ち、均質で、集合的で、無感情で、操作されやすい、という文化的特質をもっている。これは、西洋的な普遍主義的文化、つまり個々人を人間として大切にする文化とは、まったく異質である。しかし、日本人はこの文化的特質のおかげで、より効率的な産業社会を組み立て、近代化を達成することが出来たのだ、と。

このような矛盾した視座は、八〇年代に日本が達成した、欧米に対する技術的・機械的優位性によってさらに強化されることになった。それこそが、「テクノ・オリエンタリズム」である。これは、すでに確認した、情報社会の確立を通じて技術的に他国よりも先んじると言った、日本自身が提示した自己イメージに沿うものでもあった。このような自己イメージがいかにインパクトのあるものとして欧米において受け止められていたかは、八〇年代に発表された、近未来を主題にした小説『ニューロマンサー』や映画『ブレードランナー』などを確認すればよい。これらの作品において、日本は時代遅れな封建主義的なものと、高度に情報科学技術が発展した未来主義的なものとが混ぜ合わさった、奇妙なイメージによって表象されていたのであった。そして、そういった情報社会に住まう日本人は、無機質な機械こそが掛け値なしの友達であり、ヴァーチャルなものと現実社会との境界線を持たない人種であると理解されていた。つまり、テクノ・オリエンタリズム的視座からは、物理的な接触を軽蔑し、メディアや技術に支えられたコミュニケーションを偏愛し、コンピューターによって構築された世界に耽溺して、シミュレーションの世界に生きているレプリカント（サイボーグ）的存在として、日本人は捉えられていたのである。言い換えれば、ハイパーリアルに生きているサイバネティックなオタクこそが、日本人の典型であるというわけだ。

このような情報社会としての日本というイメージは、それこそがディストピア的な未来世界を体現しているのではないか、という恐怖を呼び起こすものであった。なぜなら、未来は科学技術に支えられたサイバネティックなものであるとしたら、日本はすでに高度に技術的でサイバネティックな社会であるのだから、日本こそが来るべき未来を実現していることになる、と受け止められたからである。このように、テクノ・オリエンタリズムには、世界が日本化されてしまうのではないか、という欧米人による恐怖が常につきまとっていた。それは言い換えれば、ポストモダンの社会においては、日本人のみがうまくサヴァイヴし、支配者として君臨するのではないか、という恐怖であったのである。このように、「日本人はエイリアン的で野蛮であると認識されると同時に、彼らは西洋それ自身よりも特定のあり方において、より近代的で発展している」(Ibid., p. 172) という矛盾した認識に支えられていたものが、テクノ・オリエンタリズムであったのだ。

以上のようなテクノ・オリエンタリズムの議論に見られる特徴は、日本を逸脱した近代、もしくは鬼胎としての近代として捉えるということだ。それは、本来従うべきであった近代の発展に従わず、異常な発育をしてしまった近代として、日本が捉えられていたということである。望ましくはまったくないが、到来するであろうポストモダン的未来の姿としての日本。それは、政治的なイデオロギーや文化的な価値観などとは関係なく、技術と資本主義によって駆動された統治体の支配――実際、六〇年代以降の日本の統治性はこうして正当化されていた――のみが存在するディストピアである。これこそまさに、今日の中華未来主義の先駆であったといえよう。

三　反動としての日本思想論、または反復される近代の超克

京都学派の再来?

八〇年代から九〇年代における欧米での日本社会をめぐる言説は、その異質性を強調するテクノ・オリエンタリズム的なものであった。一方、そういった言説を逆手にとり、その異質性を日本文化の欧米文化に対する優越性の基盤として語る、多くの日本の知識人が登場し始めた。いわゆる「日本人論」の登場である。その代表的な人物としてあげられるのが、梅原猛である。梅原は京都大学の哲学科を卒業後、その独特な日本研究・日本文化論を展開したことで知られた人物であり、八〇年代の日本の経済的なピークを背景にした、日本的アイデンティティの国際社会へのアピール——あるいはナルシシティックな文化ナショナリズムに基づいた国威発揚——を担う、最右翼の人物であるとみなされていた。それは、一九三〇年代から四〇年代に京都学派の哲学者によって行われた、日本文化の独自性を哲学的に宣揚し、それによって西洋「近代の超克」を唱えるという役割を、再び担う存在としても見なされていたということを意味していた。

京都学派とは、西田幾多郎を頂点として、その薫陶を受けた京都帝国大学出身の哲学者たちを主要なメンバーとした一群を指す言葉である。そして、彼らはアジア太平洋戦争——当時の日本政府が使用した言葉としては「大東亜戦争」——と、それを通じた大東亜共栄圏の確立の正当化を目標とした言説に関わっていた。これがいわゆる「近代の超克」問題である。「近代の超克」は、そもそも文芸誌『文學界』の企画によって

一九四二年に開催された座談会の名前であり、この座談会を通じて京都学派は「近代の超克」を哲学的に論じ、少なからぬ影響を与えたのだった。京都学派による「近代の超克」の議論の特徴は、西洋的な個人主義的で人間中心主義的な近代性を、日本の伝統的な宗教的精神性で批判し超克する、という論理である。例えば、「『近代の超克』私論」を発表した西谷啓治（西谷、一九七九）は、日本の伝統的な精神性である東洋的な宗教性によって、「主体的無」の原理を立ち上げ、それによって近代西洋の人間中心主義・理性中心主義を超克し、真の普遍性を達成せねばならない、と主張していたのであった。

こういった京都学派的な近代の超克の論理が描く図式は、テクノ・オリエンタリズム的な日本批判において見られる図式と見事な対称性をなすことに注目すべきであろう。西洋近代の文化と、それとは異質なものとして措定された、東洋的日本的な文化の対立。人間中心主義的な世俗主義と、非人間中心主義的な宗教主義の対立。近代の超克とテクノ・オリエンタリズムの、いずれもが同じ二項対立的な図式に乗った上で、自らの方が普遍的な原理に立脚している、という結論をそれぞれが引き出しているのである。そして、梅原もまたこのような図式を踏襲し、京都学派的に西洋近代を批判していたと考えることができよう。また、それは結局、オリエンタリズム的な視点を梅原が内面化してしまっていることをも、意味しているだろう。

この問題について、ここでは、梅原が参加した日本の精神性についての一九九五年の討議を参照することで、具体的に検討したい。この討議において、もう一人の参加者である宗教学者の中沢新一が、梅原と京都学派との連続性を論じている。それによると両者は「生命」や「生命力」あるいは「生命主義」ということを重視しているという点において、通底しているという（吉本・梅原・中沢、一九九五、二一六頁）。それは、ある種の「過剰」であり、見えるものの秩序を打ち破っていく大きな力となるものであり、それこそが「近代の超克」を唱えた京都学派の哲学者たちに通底しているテーマである、というのだ。そして、こう言った「過剰」があるからこそ、三〇年代から四〇年代の軍事力の高まりや、八〇年代から九〇年代の経済力の高まりといった、日本社会の構造の変化や発展が生じており、そういった過剰なものをどうやって「表現の秩序」の中に取り込んでいくのか、というのが近代の知性の試みであったのではないか、と主張する。つまり、すでに見たような西谷などによる東洋的宗教原理の称揚なども、人間の理性によっては捉えきれない「生命力」ないし「過剰」を包摂するためのものなのではないのか、というわけだ。しかし、あらかじめ述べておくと、ここで論じられているような、中沢による「生命」もしくは「過剰」なものの評価と、梅原によるそれらへの評価は食い違っている。この点はのちに確認するとして、まず梅原の議論を見てみよう。

「縄文文化」論と自然中心主義

中沢が指摘するように、梅原は自然に備わっている生命力を重視し、それを支配の対象とだけみなす西洋近代的な発想に対して強い批判を表明している。梅原によれば、西洋近代的な発想の根元には人間中心主義的な原理があり、それはデカルトのコギトの哲学に強く現れているという。コギトの哲学とは、私の意識＝コギトを疑い得ない唯一の根拠として認めた上で、そのコギトによって理性的に理解された世界こそが、世界の真のあり方であると主張する哲学である。梅原にとってこのような哲学は「大変否定的」（同書、一五頁）なものとして理解されているが、その理由は、このようなコギト中心主義あるいは理性＝人間中心主義は、自然界のコスモス＝秩序を破壊するものであるからだ、という。すなわち、理性を持つ唯一の存在であるとされた人間は、自らの認識のみが正しいと錯覚し、自然界から超越しそれに対立する形で、人間にとって都合の良い世界を構築していこうとする。それは同時に、自然界内部の秩序が破壊され、それによって自然界の生命力が奪われていくということを引き起こす。このように、深刻な自然破壊をもたらす原理を根底に持っているのが、近代ヨーロッパ文明であると梅原は主張するのである。

このような反コスモス的で自然破壊的な近代ヨーロッパ的原理に対して、梅原が高く評価するのが、日本文化の根底にある「縄文文化」である。梅原によれば、この「縄文文化」はアイヌと沖縄の文化に色濃く残っており、例えばアイヌ文化は「森の中で人間が宇宙の精霊と、魂たちと共存して生きて、その魂の力で自分たちの生活を守り、そして死んでいき、あの世へ行ってまた魂がこの世へ帰ってくる」（同書、二八頁）という信仰を持つものであるという。つまり「縄文文化」とは、自然が秩序的なものであることを前提とした上で、自然の恩恵を受けつつもそれを破壊して生きざるを得ない人間が、その自然への罪の意識を持つことで、自然的秩序との調和の重要性を認識しつつ自然に感謝するような宗教的文化として、捉えられているといえよう。こういった「縄文文化」を梅原は「循環思想」（同書、五一頁）と呼んでおり、それは日本仏教における「山川草木悉皆成仏」（同書、七二頁）という思想に表現されているものであるという。ここで興味深いのは、仏教はもともと人間中心主義的なものであったにもかかわらず、大乗仏教へと発展する過程においてより宇宙規模のコスモロジーへと転換し、それが日本において縄文的な文化と結びついて、自然中心主義的で循環主義的な仏教として花開いたと梅原が主張していることだ。梅原にとっては、人間中心主義的な近代西洋の原理や初期仏教よりも、より普遍的な原理として縄文文化は捉えられている。それは「国家という枠を超えた、むしろ普遍的な」（同書、二二三頁）ものとして、アボリジニーやアメリカン・インディアン、あるいはシベリアの狩猟採集民族やケルトなどによっても共有されている原理であるというのだ。言い換えれば、人間中心主義があくまで近代西洋やインドといった特定の地域の原理であるのに対して、循環的自然中心主義は地域をこえた普遍性を持っている原理である、と梅原は主張しているのである。

梅原と技術の問題

ここから、梅原は技術に対する大変ナイーブな見解を披露する。それは、「人間の自然征服というような概念から解放し自然との共存をはかる」（同書、四三頁）技術概念の発明の必要性、というものだ。つまり、縄文文化あるいは日本文化の精神性を生かした、循環思想型で自然中心主義的な技術概念を提起することの必要性を、主張しているのである。そして、それこそが西洋近代型の人間中心主義的で征服主義的な技術を、超克するものであるというわけなのだ。しかし、このような縄文文化的＝日本文化的な技術概念は、じつは西洋近代的な技術概念とさほど変わらないものだ。なぜなら、ここで争われているのは、どちらの方がより自然をよく理解しているのか、ということをめぐる問いであるからだ。言い換えれば、自然を根源的には可知的なものとして捉えていることにおいては、梅原も近代主義も変わりがないのである。このため、実は梅原の議論は彼が批判するところの人間中心主義と表裏をなしており、その意味では近代を逆立ちさせたものであるといえよう。また、さらに皮肉な言い方をすれば、梅原の議論はテクノ・オリエンタリズムの議論と共鳴しあうものと理解できる。なぜなら、テクノ・オリエンタリズムの言説において主張されていたように、日本文化の宗教的精神性こそが、近代西洋を超えたより高次の技術を達成することができる、と梅原は主張していることになるからだ。もちろん、その精神性への評価は異なるが、梅原の議論とテクノ・オリエンタリズムは、日本文化に支えられたより高度なレベルの技術の達成可能性を説いているという点において、対称的でかつ相補的な議論であるといえよう。

これに対し、中沢が提起している「生命」や「過剰」の問題は、実は梅原的な議論への批判という可能性を持ちうるものであった。なぜなら、中沢がイメージしている「生命」や「過剰」なるものは、「ディオニュソス」的なものであり、それは「遊戯者であったり凶暴な破壊者であったりする、もう一つの自然……秩序としての自然でもなく、反自然でもない、別の自然」（同書、四一頁）であると主張しているからだ。言い換えれば、ここで中沢はあらかじめ知ることはできない潜在的で生成的な力として、自然の「生命」や「過剰」を捉えようとしているのだ。しかも、中沢は技術を古代ギリシア的な概念としての「テクネー」に引きつけて考えており、「生命」や「過剰」の可能性を最大限引き出すものとして捉えている。このような発想は梅原の議論と背馳するはずのものであり、むしろポストヒューマン的立場に近づくものであるだろう。しかし、奇妙にも本討議においてはこの点がまったく深められず、うやむやにされたまま、あたかも議論がかみ合っているかのように進められてしまっている。結果、中沢の議論はいかようにも解釈できるような、玉虫色のものとなってしまっている。

テクノ・オリエンタリズムは、科学技術の発展とそれに支えられた資本主義の拡大が、自分たちの制御や理解を超えてしまうことへの恐怖の表明として理解できたが、じつは梅原のような日本人論も、同様のものであると理解できよう。梅原もまた、破壊的であると彼の眼に映る科学技術をいかに馴致するかという問題に対し、自身が想像——あるいは妄想——する調和的で秩序的な自然観を持ち出すことで、その発展を制御せんとする意図を表明していたのである。これらは、自分たちが中心にあると考えている——または信仰している——原理を持ち出し、その枠内に押し込むことで危機を解決せんとする欲望を抱いているという意味でも、同じものであった。しかしその一方で、これらはそれぞれが想定している危機の原因と内容に関しては、まったく異なっていた。テクノ・オリエンタリズムにとって危機の原因はほかでもなく日本であり、その内容は日本による世界経済の支配であったのに対して、梅原にとって危機の原因は近代西洋であり、その内容は自然環境破壊なのであった。しかも、梅原が提起する危機への対処法は、裏返しの近代にすぎなかった。つまり梅原は、技術と資本主義の問題をあくまでも近代主義＝世俗主義の問題として捉え、だからこそ、それを裏返すことでその暴走を抑えることができると主張していたのである。だがそれは結局、技術と資本主義を制御できると思い込んでいる点で、あらゆる信仰を相対化してしまう資本主義の力を過小評価しており、結局はそれに飲み込まれるということへの抵抗たり得ないと言わざるを得ないだろう。

四　アニメの潜在性

批評としてのアニメと、技術への問い

テクノ・オリエンタリズムが望む、世俗主義的な原理の復権がもはや叶わないとしても、その代わりとなるのは、梅原が望むような日本的で循環主義的な自然中心主義原理ではないことも、すでに確認した。はじめに述べたように、ポスト世俗主義の時代にグローバルに駆動する技術と資本主義に対抗するためには、生命力や自然の過剰な潜在性が様々な方向へと生成変化する、ポストヒューマン的な条件を考察する必要がある。興味深いことに、日本のアニメの中には、早くからこのことに気づき、その考察をイメージ化すること

に成功していたものがあった。

そもそも、日本のアニメは技術と資本主義の関係に対する、優れて批評的な言説を展開していた。例えば、メディア研究者のトマス・ラマールによれば、『AKIRA』は核爆発を思い起こさせるトラウマ的破壊とその後の再建・発展という物語を批判的に描くことで、「この破壊と再建の循環を終わらせる方法はあるのか」（ラマール、二〇〇七、三四頁）ということを問うているという。トラウマ的破壊の後には、それを乗り越えたより輝かしい未来が待っており、それを保証するのは科学技術の発展と資本主義の拡大である。これが我々の社会を支えるリアリティとして受け止められているが、ここには一つの大きな矛盾が隠蔽されている。それは、トラウマ的破壊そのものが、科学技術と資本主義によってもたらされたものだ、という事実である。つまり、「破壊と再建」の循環は、そもそも技術と資本主義による自己拡大の運動なのだ。美術評論家の椹木野衣（二〇〇五、二〇三頁）が指摘するように、核のイメージを進んで表象している多くのアニメは、再建の物語の「フィクション性」を暴露するものである。この場合の「フィクション性」とは、破壊がいかにもたらされたのかということを隠蔽しつつ、輝かしい未来だけを謳うという行為の性質を指しているのだ。

多くのアニメでは、こういった技術と資本主義による自己拡大運動への批評として、技術をいかに制御できるかということを問うてきた。例えば、一九八四年に公開された『風の谷のナウシカ』では、世界に破滅をもたらした「巨神兵」が放つプロトンビームは明らかに核の閃光のメタファーであった。また、一九八八年という『AKIRA』と同時期に公開された『機動戦士ガンダム　逆襲のシャア』もまた、核爆発のメタファーとしてのコロニー落としを描いていた。これらの作品は、科学技術の進歩によってもたらされる破壊と、しかしその破壊以後も科学技術に支えられて、人類の生活はひき続き拡大し続けるということを批評対象としていたのである。そして、この両作品は、こういった破壊と再生をもたらす技術を制御する方法を模索し、その結果、人間的原理の提示を試みていたのであった。『ナウシカ』においては、その提示は極めて反技術的であった。主人公の少女ナウシカは、技術に頼ることの愚を説き、生きとし生けるものの生命力の信頼へと向かう。それに対し、『逆襲のシャア』においては、技術による人間の精神力の拡大の可能性を描く。サイコフレームなる技術を媒介にして、共振しあった人々の精神力が、コロニー落としを阻止する、という形で物語の結末を迎えるのである。

このような、人間原理による技術の制御というテーマがアニメにおける技術と資本主義への批評の一つの類型であるとすれば、むしろ技術の発展を引き受けることによって、資本主義への抵抗を試みるという形で、批評を試みる作品も存在する。それは、人間の中心性を崩壊させることこそが、資本主義への抵抗たりうるということを描くという点において、極めてポストヒューマン的な指向性をもっている。そして、そのような作品こそ、『Ghost in the Shell／攻殻機動隊』である。

ポストヒューマンの理念型としての『攻殻機動隊』

『Ghost in the Shell／攻殻機動隊』は一九九五年に公開された。この作品の世界観は、核戦争であった第三次世界大戦を経て、第四次世界大戦ののちの日本を舞台としているという形で、破壊と再生の物語となっている。核による戦争を経ても、日本社会はいまだ資本主義社会として発展を続けている。興味深いのは、この日本社会の描写が明らかに香港などの中華系の都市をモチーフに描かれていることであり、この意味で中華未来主義的な要素をも本作品は含んでいる。そして、この作品を最も特徴づけているのは、人々は電脳化という、コンピューター・ネットワークに直接脳幹を接続する技術を施し、高度に情報化した社会に生きているという描写である。このような、脳幹とネットワークの接続に止まらず、人体のパーツを人工的なものへと換装していく義体化なる技術が広範囲に浸透し、人々はサイボーグとして生きることが普通のものとなっている社会が描かれている。その結果として、精神も肉体も、ともに技術によって拡張されることを通じて、生命と機械、情報と意識の差異が曖昧となるような世界が、本作品では提示されている。そのため、『攻殻機動隊』に登場する人々は、自身が本当に人間なのかそれとも誰か他の人の情報を移植されたサイボーグなのかわからないという不安を抱えており、「ゴースト」なるものを通じてかろうじて本当の個人かどうかを判定する、ということが行われている。しかし、この「ゴースト」もまた、その存在が本当に信頼できるものかどうかわからないことが、作中ではほのめかされている。このような形で描かれている世界は、程度の差こそはあれ、今日の我々の社会と本質的に変わらないものであろう。我々自身、主体というよりもむしろ対象として、ネットワーク上のコミュニケーションを通じて生成する情報に左右され、自分たちの行為を決定している。行為の決定もまた、意図的に行うどころか、意識や意図に上る前に情動的に情報に反応し、スマホをタップしてしまっていることもしばしばであろう。このように、我々はすでに生命と機械、情報と意識の差異が曖昧になりつつあるポストヒューマン的世界を生きつつあるのである。

『攻殻機動隊』のクライマックスは、コンピューター・ネットワーク上で生まれた＝生成した情報生命体である「人形使い」と、主人公である草薙素子の遭遇である。人形使いは、自己が生命体であることを主張する際に、次のように述べる。

「生命とは情報の流れの中に生まれた結節点のようなものだ。種として生命は遺伝子としての記憶システムを持ち、人はただ記憶によって個人たる。たとえ記憶が幻の同義語であったとしても、人は記憶によって生きるものだ。」

我々個人や生命が情報の結節点であるということは、様々なレベルで認められることであろう。我々は、遺伝情報という情報の集まりという意味でもそうであるし、コミュニケーションにおいて情報と情報を結びつけて発信するという行為を通じて、個人あるいは主体として認められるというレベルにおいてもそうである。とはいえ、情報と情報の結びつきが生命を生じさせるということは、荒唐無稽なことのように聞こえる。しかし、ここでむしろ注目すべきことは、情報という観点から見れば、我々生命体と非生命体の境界線は曖昧であるということだ。そして、このような生命と非生命との境界線は、今日、バイオテクノロジーや情報コミュニケーション技術の進展によってますます不明瞭となりつつあり、それにより生命体の頂点にいるとされてきた人間の中心性も揺らぎつつある。『攻殻機動隊』に登場する人形使いはこういったポストヒューマン的＝ポスト世俗主義的条件の到来を予見しつつ、その条件をいかに乗り越えていくかという可能性について示唆するものなのだ。そしてそれは、主人公の草薙が最終的に人形使いと一体になるということ、すなわち、技術と生命の融合ということが描かれることによってなされる。ここでは、技術を通じて、生命体である我々人間がその限界を超え、予測不可能な過剰なるものへと変容する可能性が生じるということが描かれているのだ。この結果、彼女はネットにおいて様々な存在へと生成変化する力を得ることになるのである。「さてどこに行こうかしら。ネットは広大だわ」という言葉を残し、草薙は何処ともなく消えるが、彼女はもはや把捉不可能な存在であろう。ネットワーク上でのコミュニケーションを常に監視し、あらゆるデータを集めようとするのがプラットフォームであるとすれば、そのようなプラットフォームによるデータ化＝対象化によっては把握しきれない常に過剰な存在へと、草薙＝人形使いは生成するのである。つまり、資本主義によって対象化され得ない存在へと生成したというわけだ。これこそ、ポストヒューマン的な主体の理念型である。このように、『攻殻機動隊』は九〇年代にして、すでにポストヒューマンの潜在的な力を提示したアニメであったのだといえよう。

グローバル化が進み資本主義リアリズムが浸透する、ポスト世俗主義的な今日の社会に至るまで、資本主義を制御しようという試みは常に失敗に終わってきた。重要なことは、資本主義の制御ではなく、資本主義への抵抗なのである。そして、そのような抵抗は、『Ghost in the Shell／攻殻機動隊』が描くように、技術を媒介にした過剰なる生成という、ポストヒューマン的な形でなされるべきであろう。これは、人間中心的ないわゆる「西洋的」「世俗主義的」原理でもなく、自然調和的・循環的ないわゆる「東洋的」「宗教的」原理でもない。あるいは、「生命」の過剰のみを認める、生命主義でもない。むしろ、それは生命以外の存在にも過剰を認める、徹底的・絶対的な思弁的・精神的態度なのだ。これが本章の一応の結論である。

参考文献

エドワード・サイード（一九九三）『オリエンタリズム』今沢紀子訳、板垣雄三・杉田英明監修、平凡社

椹木野衣（二〇〇五）「スーパーフラットという戦場で―戦後日本のサブカルチャーと美術―」『リトルボーイ――爆発する日本のサブカルチャー・アート』イェール大学出版

トマス・ラマール（二〇〇七）「トラウマから生まれて――『AKIRA』と資本主義的な破壊様式」『新現実』vol. 4

西谷啓治（一九七九）「『近代の超克』私論」『近代の超克』冨山房

マーク・フィッシャー（二〇一八）『資本主義リアリズム』セバスチャン・ブロイ・河南瑠莉訳、堀之内出版
ミシェル・フーコー（二〇〇八）『生政治の誕生』慎改康之訳、筑摩書房
吉本隆明・梅原猛・中沢新一（一九九五）『日本人は思想したか』新潮社
ロージ・ブライドッティ（二〇一九）『ポストヒューマン——新しい人文学に向けて』門林岳史監訳、大貫菜穂ほか共訳、フィルムアート社
Iida, Yumiko (2002) *Rethinking Identity in Modern Japan: Nationalism as Aesthetics*, London: Routledge.
Morris-Suzuki, Tessa (1988) *Beyond Computopia: Information, Automation and Democracy in Japan*, London: Kegan Paul International.
Morley, David and Kevin Robins (1995) *Spaces of Identity: Global Media, Electronic Landscapes and Cultural Boundaries*, London: Routledge.

コラム④　人文学の死――震災と学問

磯前順一

一　死者のための学問

過日、東日本大震災の被災地でもある宮城県仙台市で『黒い海の記憶』の著者である山形孝夫氏（宮城学院女子大学名誉教授）に会った。「死者を中心に据えた学問が今求められている」と、彼は何度も語った。「例えば能楽ですよ。死者が主役になって物語が展開する。その声を聞き取る役が僧侶なんです」。一方、現代の学問は生者が自分達だけのために学び語っているのではないか。そこに理性のみに根ざした近代啓蒙主義の限界があるように思えるのだ。その意味で、東日本大震災は学問の転換点をなす出来事でもあった。理性というものが感情や無意識という土台に支えられた、不安定で局所的なものであるのかを知らしめた出来事であった。理性だけではない。私達の生自体が頼り気のない脆弱なことを感じざるを得なくなったのである。

二　不安と「大文字の他者」

周知のように、国際化の推進はグローバル資本主義と不即不離の関係にある。資本主義がグローバル化していく中で、国境を越えた競争を強いられる人々は不安にさらされる。社会福祉を切り捨てた新自由主義の政府や、解体されていく地域共同体ではもはやこうした個人の抱える不安に対処することができない。若い世代に圧倒的な人気を誇る漫画、諫山創『進撃の巨人』（二〇〇九年～二〇二一年）やライト・ノベル、谷川流「涼宮《すずみや》ハルヒ」シリーズ（二〇〇三年〜）は、そうした不安を端的に体現した作品である。セカイ系と呼ばれるこれらの作品は自分が見えない世界と戦っている、いや、戦うというよりも、見えない世界が自己の内部に侵入してくる恐怖が的確に描き出されている。

『進撃の巨人』が示すように、この世界は人間を食い尽くす謎の巨人たちで満ちており、彼らの侵入を防ぐ城壁もすでに破壊されている。そうした悲痛な恐怖感、それが今日の日本社会を生きる多くの人々の、偽らざる心象風景なのではないだろうか。自己と世界の境界線の崩壊。正体不明な他者の侵略。自分が自分であることの実感が喪失される。拠りどころを失った人々は、天皇制やパワー・スポットなど、「大文字の他者」（ジャック・ラカン）へと自ら進んで同化されていく。明確なアイデンティティの確立していない者にとっては、たとえそれが安直な既成の権威であり、他者を侵害するものであっても、自分を包摂してくれる存在であれば、喜んで身を委ねることになる。自分を取り巻く世界そのものが不分明である以上、少しでも自分を包み込んでくれる他者との一体化を望むのは当然の心情であろう。

そして、共同体の内部では調和が破られることをひたすら恐れ、たとえ眼前で不正がおこなわれても何事も起きていないように黙殺する。内部が上手くいきさえすれば、自分の属していない他の共同体で何が起ころうが関知しない。会議の場では自由な発言を促しておきながら、実際には異論を唱える発言が閉会後に注意されることも稀ではない。その結果、本会議では表面的には自発的な「全員合意」がなされたという体裁が保たれる。しかも事態を厄介にさせるのは、こうした自由な発言への制約が誰の意向によるものなのか、責任の主体が曖昧なことである。そのため意見を公表できなくなった者たちには黙認を続けるか、内部告発という病んだかたちでしか自分の声を発する可能性は残されていない。学問の世界も、理化学研究所のＳＴＡＰ細胞騒動がその一端を示したごとく、日本の社会一般とさほど変わることはない。社会や共同体にはその成立当初から不正が隠蔽されていると考えるべきなのだろう。

さらに問題が根深いのは、こうした沈黙を意図する当事者、あるいはそれに従う黙認者達には不正の感覚が著しく欠如していることである。たしかに、無意識裡には自分達が不正に関与していることに疚しさは感じている。だからこそ、意識の上では何も起きていなかったかのように、自分自身の不安さえ否認してしまう。多くの場合、自分は無力だから生き延びるためには仕方ないと諦念する。そこに陳腐で感傷的な「凡庸なる悪」(ハンナ・アレント)が生まれる契機が潜んでいる。

ここには震災以降に顕わになってきた社会状況が端的に現れている。福島第一原発から漏れ出した放射能や汚染水がどれだけの悪影響を与えているのか、それは何十年もの時間が経過していく中でしか知ることのできない不可知の出来事なのだ。だからこそ、この覆い隠された記憶の底に沈んだ原光景に光を当てて言葉に変えていく作業が必要になる。津波が襲ったあの時に目の当たりにした光景、聞こえてきた叫び声は、今、誰が聞き届けているのだろうか。受け止める者がいなければ、その光景や声は断片化されて記憶の底に深く沈み込む。しかし、生者の社会にこびり付いて離れない罪責感は決して拭い去れるものではない。私たちが生き延びた際に、代わりに誰かを見殺しにしてきたのではないか。そうした内なる不安は亡霊のように回帰し、生者に付きまとって離れることはないだろう。

いとうせいこうの小説『想像ラジオ』(二〇一三)が物語るように、震災で亡くなった死者たちの声なき声にどのように耳を傾けるのか、彼らの魂をいかにして鎮めるのか。死者は死者だけでは救われることはない。祈りを捧げる生者のまなざしによって救われる。子孫が訪れなくなった墓地が無縁仏として朽ちていくように、死者の記憶を担う人間に支えられて死者は救われる。家族を失った被災者の苦しみを考えれば、生者にとっても共に寄り添う者のまなざしが不可欠なのだ。しかし、そうした人々に救いを与えるメカニズムの典型が靖国神社であったように、近代日本の死者祭祀が主に国家にゆだねられてきたことは不幸な歴史だったといわねばならない。

三　主体の再構築

死者のみならず、被災地の人たちがみな今も苦しみあえいでいること。それは、国内の原発施設や米軍基地、さらにはアジアの戦争など、周辺地域の犠牲の上に社会の経済的繁栄があったという、戦後の日本社会の構造そのものを反映したものに他ならない。だとすれば、高度成長という資本主義の自己増殖の運動体からどのように離脱することができるのか。震災をめぐる議論は被災者が可哀想だという感情論に留まることなく、確固たる思想へと練り上げられていく過程の最中にある。主体とは過酷な現実を否認することではなく、それを挫折や犠牲と共に引き受けたときに、その痛みと共に立ち上がるものであろう。被災地に赴いた宗教学者の中には人々の痛みを目の当たりにして学問を投げ出し、一般のボランティアや擬似宗教者に転じてしまう者もいる。宗教学から「学」が抜け落ちて、成り損ないの宗教者となる。しかし、自分の無能さを前に学者として踏みとどまることなしに、学者としてはどんな価値があるというのだろうか。

過日、『死者の花嫁』の著者でもある佐藤弘夫氏（東北大学教授）に案内されて、山形県の湯殿山麓の即身仏のもとを訪れた。「江戸時代、飢餓に苦しむ多くの人たちのために自ら捨身行を課した生き神でもあった」という。それは人間の理性を過信することなく、有限な人間が無限な存在へと開いていくときに生まれる、欠損を抱えた異種混交的な主体なのだ。経済成長という大文字の他者の欲望をどのように切断し、その痛みを媒介にして新たな日本社会という主体を再構築していくのか。その苦痛を我が身に引き受けるときに、人間は他人のために生きることができる。凡俗な私には即身仏のような捨身行は到底できないものの、他人と共に生きる身の施し方を示し教わる思いであった。

見えない不安に打ちひしがれたままではいけない。何かを引き受けることで、この茫漠とした世界不安に対して形を与えていく必要がある。人間は世界の主人ではないが、奴隷でもない。世界の転移状態から目覚めるときなのだ。ほら、耳を澄ませば、死者達のざわめきが聞こえてくる……。問題はその祭祀を通して死者の魂にどのような形を与え、生者がどのような未来を夢見るかなのだ。

第六章　縮図としての沖縄

及川高

一　問題

岡本太郎『沖縄文化論』

岡本太郎の沖縄への旅は、彼の著した『沖縄文化論』により良く知られている。その本の中に彼は次の一文をしたためている。

はじめは清らかに単純だ。美しくしずまった森。神託によって定められた聖域が氏族生活の中心だ。その秘めた場所に、ひそかに超自然のエネルギーがおりてくる。それにつながり、受けとめることをぬきにして、彼らの生活の原動力を考えることはできない。

そびえたつ一本の木。それは神がえらんだ道。神の側からの媒体である。この神聖なかけ橋に対して、人間は石を置いた。それは見えない存在に呼びかける人間の意志の集中点、手がかりである。

自然木と自然石、それが神と人間の交流の初源的な回路なのだ。（岡本、一九七二、一七〇頁）

これは岡本が沖縄・久高島《くだかじま》の聖地で得た直感を書きつけたものである。久高島は沖縄本島より東の海上、六キロメートルほど先の離島である。本島との交通は現在、高速船を主としており、南城市の安座間《あざま》港から片道二〇分ほどの往復便が出ている。琉球国の神話はこの久高島を、琉球の島々を創造した二柱の神であるアマミキヨ・シネリキヨが天から降った場所と伝えている。このため近世まで久高は琉球最大の聖地に位置づけられ、王府の崇敬を受けていた。その琉球国の宗教である「ノロ」と称される女性司祭の担う祭祀が久高には継承されている。そして、そのノロが祭祀を執り行う「御嶽《うたき》」と呼ばれる場所こそ、岡本が訪れた場所であった。御嶽は現在では立ち入り禁止となっているが、彼が旅した一九五九年当時は足を踏み入れることが可能であった。岡本はその場所で、ここに描かれたような信仰の姿を直感した。

岡本の文章は美しく、フランスで民族学を学んだ芸術家としての知性を感じさせる。しかしだとしても、彼の記述が学術的ではないことは確認しておく必要がある。御嶽に対する彼の理解は、特に折口信夫の依代《よりしろ》の概念との類似性が認められるものの、沖縄に関する民俗学・宗教学の標準的理解に準じたものとは言い難い。また一般的な意味での研究に裏付けられた、学術的批判に耐える仮説というわけでもない。むしろ彼の視線はかつてエドワード・サイードの『オリエンタリズム』が批判したものに相似している。すなわち彼は沖縄にプリミティヴなもの、彼の言葉で言えば人類と神との間の「初源的な回路」をあえて見出そうとしている。言わば岡本がここで見ているものとは、現代人としての自己に対置される、プリミティヴな他者として構成された沖縄である。しかしたとえば民俗学・文化人類学の立場から久高島の民俗誌を著した赤嶺政信が『歴史のなかの久高島』と題し描いたように、実際の久高にあるのはそうした原始的信仰ではない。久高は琉球国の聖地であったがゆえに、近世の段階より国家の変化や動揺に呼応し、文化・社会のあり方を変え続けてきた場所である。二〇世紀の岡本が御嶽に神と人との「初源的」な関係を直感したとしても、それは彼が自ら見ようと求め、見ようとしたがために見えたものに過ぎず、実際の久高に即した理解ではありえない。彼の『沖縄文化論』は「忘れられた日本」という副題が示すように、沖縄を、日本が忘れ去ったものが残る場所として、同時代の日本に対置されるべきものとする。その視線において沖縄は、あくまで自己を照射する参照点となる「他者」として位置づけられている。

沖縄という他者

近代以降、沖縄という地域は日本にとって、日本と対比され、あるいはそこから日本を照らし出すような場所であり続けてきた。それは一人一人の人間が自分自身のアイデンティティを他者との比較を通じて確立していくのと同様、日本が自己像を描くために沖縄という他者を必要とした、ということである。今日まで日本は他者としての沖縄に、時に侮りや差別の視線を向ける一方、また別の機会にはまったく逆に、その文化や精神性を称賛しもしてきた。しかしそれが侮りであれ称賛であれ、他者を記述するという行為が、往々にして自己像を構築するための自己愛的な運動に過ぎないことを指摘したのが、前述した『オリエンタリズム』であった。沖縄の特徴として記述される欠点や美点とは、実のところ必ずしも沖縄に内在するものではなく、むしろ自己像を描くために日本が必要としたネガなのである。

こうした他者表象をめぐる問題は、『オリエンタリズム』以降、宗教学を含む日本の人文科学では広く知られたものである。実際、一九九〇年代の終わりより、地域研究に関わるほとんどの学術領域において、こうした視点から、既存のエスノグラフィや文学作品に対する批判的な読みが試みられ、それまで政治的に中立と目されていたようなテキストにも非対称な権力関係が忍び込んでいることが明るみにされた。殊に沖縄に関して言えば、近代以降の日本国による統治の植民地主義的な性格もあり、それらと沖縄表象の抜き差しならない相関性が徹底的に検証されたことは、この時期の学史の成果であったと言って良い。

ただその反面でこうした批判は、特に文化の叙述に関して言えば、当初より大きな矛盾をはらむものであった。それは文化の真正性、すなわち、そこに記述されているのは正しい文化であるのか、という問題に関係している。論理の上で他者表象に関する批判には、そもそもその表象が誤っていることが含意されている。言い換えれば、それを叙述する者の欲望や立場性のために文化が正しく記述されず、偏見によって歪められている、ということが暗黙裡に織り込まれているのである。しかしながら現実の文化の次元では、実はそのような正しさなるものは決して自明ではない。

具体例として「パワースポット」という表象を取り上げてみよう。近年、沖縄の観光産業の文脈には、御嶽のような伝統的聖地をパワースポットという言葉で表現し、観光客の関心を喚起する事例がある。要するに御嶽を何らかの「パワー」を帯びた場所として表象しているのであるが、こうした用語法は明らかに、実際の沖縄の文化や信仰に根ざすものではなく、強い言い方をするのなら、伝統的信仰に対する侮辱以外の何物でもないだろう。しかしながらここで注意したいのは、往々にして「パワースポット」のような言葉に心を動かされる種類の観光客自身には悪意はなく、それどころか逆に真剣な信仰心を自覚している例さえあるという事実である。こうした観光客は、沖縄の宗教文化について最初から最後まで無知でありながら、御嶽で「パワー」を直感し、感動に満たされて帰っていく。あるいはその体験をSNSに書き込んだりすることも、現代では珍しいことではない。このような自己愛に貫かれた過程を、偏見に基づいた「誤った」他者表象として批判の俎上にのせるのは容易である。だがこうしたケースの本当の問題はその先にある。すなわち、その観光客の偏見を批判することは、果たして彼の信仰心や宗教的リアリティに対してどういう意味を持つだろうか。あるいは仮に研究者が「その感動は正しい知識に基づくものではない」と述べたとして、その批判は、彼の感動や信仰心にそもそも関係しうるものなのだろうか。

既に自明であろうが、実はここで述べたようなケースの中で最大のインパクトを持ったものこそ、冒頭の岡本のテキストに他ならない。岡本の表象は学術的なものではなく、彼の内なる直感を投影したものに過ぎない。しかしながら彼のこの文章は恐らく百万を超える人々に読まれ、その数は実際に久高を訪れた者の数千倍に及ぶことだろう。そしてそのテキストの魅力は日本本土の読者に対してだけではなく、既に沖縄自身にも折り返してきている。後述するように、御嶽で行われる祭祀は文字化された教典を伴なわず、口承のみによって伝えられてきた。その後継者が減り、口頭伝承が消えつつある最中へ、彼のテキストは観光開発と絡み合いながら影響を及ぼしている。実を言えば「パワースポット」のような表象のあり方は、既に日本から沖縄への押し付けとばかりは言えず、沖縄人自身を当事者とするものとなりつつあるのである。そしてその波紋の原点には、間違いなく岡本の仕事が存在している。

こうした今日の文化の現実を考察しようという立場にとって、文化の「真正性」を措定し続けることは既に生産的な態度ではなくなっている。何故ならそのような場においては、真正な文化なるものはしばしば何処にも存在しないからである。そうではなく実際に存在しているのは、当事者と他者、現地人と観光客、日常生活と観光開発が様々にぶつかり合い、もつれ、織り合わさっていく、文化人類学の言う異種混淆《ハイブリッド》という状況である。そして実際、近年の文化研究の試みは叙述の立場性・政治性の批判や、真正性をめぐって偏見の所在を明らかにしようというこれまでの問題系を越え、異種混淆の状況そのものに光を当てようとするものへと移行しつつある。

このような問題意識は同時に、人文科学にとっての「沖縄」の位置づけを大きく転回させるものでもある。既に述べたように従来、沖縄とは本土を主とする外部より一方的な視線を向けられ、解釈されるフィールドであった。しかし今や沖縄は、研究者自身も含む「日本」が「沖縄」と出会い、巻き込まれ、何事かを生み出していく異種混淆の場として位置づけられねばならない。この見通しにおいて沖縄は最早、日本の自画像に輪郭をもたらすだけの都合の良い他者ではなく、日本を越えたより大きな問いが縮図的に問われる場となることだろう。しかし、だとすれば、それはどのようなかたちで我々の前に現れてくるであろうか。

本章では以上のような問いに基づき、まず次節において沖縄の宗教文化の特質を、日本との比較から整理する。そしてそこから現代沖縄に生起している問題を眺めていくことで、沖縄を縮図として今日の我々に問われつつある問いが如何なるものであるのか、その見通しを素描していく。

二　沖縄の宗教

沖縄の歴史

日本という国に対し沖縄はいかなる関係にあるのか。最初に概略を確認しておきたい。

行政上、「沖縄県」と現在呼ばれている島々、すなわち沖縄本島及び宮古・八重山を中心とした先島諸島と、その他幾つかの離島群は近世まで琉球国という政治体制の下にあった。琉球国の国際関係上の地位、特に現代の概念で言う主権の実情については見解が分かれている。それというのも琉球国は近世以前には清国の冊封を受けて朝貢を行い、官職者を留学生として送るなど継続的な外交関係を築いていた。ただ同時にその関係は常に薩摩藩の隠然たる監視と制御を受けており、琉球国が完全にその裁量権を握っていたわけではなかった。更にこれらアクターの力関係やそれぞれの思惑も、近世を通じて決して一様ではなかった。このように琉球の国家としての地位は一言で片付く問題ではなく、それを論じることは小論の課題を越えている。ただ少なくとも近世の琉球国が幕藩体制の外にあって独立した内政を敷き、制限されながらも自律的な外交関係を営んでいたことまでは議論の余地はない。

この琉球国の体制が解体されたのが歴史上、琉球処分と称されている措置である。周知のように日本の諸藩は一八六九（明治二）年の版籍奉還をもって藩を廃止し、それに代えて県という行政単位を置いた。いわゆる廃藩置県であるが、それが琉球国に及んだのは一八七二（明治五）年のことである。この時幕藩体制の外にあった琉球国はそのまま即座に沖縄県に置き換えられたわけではなく、実はまず「琉球藩」と改称されている。すなわち本土の諸藩とは異なり、琉球国はまず一旦「藩」にされ、更にそれを改める形で県となっているのである。こうしたプロセスには前近代における琉球国の地位が反映されている。この時期に行われた介入は、在来の身分制度の廃止や清国との朝貢関係の解消等であった。これらがひとまず完了したのは一八七九（明治一二）年四月のことである。とはいえそれ以降も沖縄県内では不満が燻り続け、殊にそれは制度の改廃で既得権益を失った旧士族層に顕著であった。従って沖縄県政は不安定な状況が続くが、日本側もまた強権的措置を続けて清国との緊張を高めることを嫌い、この時期ひとまず介入の手を緩めている。沖縄史ではこの時期を旧慣温存期と呼んでおり、これは日清戦争（一八九四年～一八九五年）が両国の関係を新たに規定するまで続いた。沖縄が実質的に日本国の体制に組み込まれたのは、日清戦争後の一九世紀末以降、和暦では明治三〇年代後半以降のことである。

沖縄文化史の上でもう一つ踏まえる必要がある出来事が、太平洋戦争末期の沖縄地上戦、及びその後の行政分離である。一九四五（昭和二〇）年四月一日、沖縄本島に上陸したアメリカ軍は日本軍の守備隊と二ヶ月に渡って地上戦を繰り広げた。周知のようにこの戦いは市街地を戦場としたために多くの民間人を巻き込み、甚大な被害を出すこととなった。この戦いの後、沖縄にはアメリカ軍が駐留し、現地の言葉で「アメリカ世《ゆ》」と称される米軍統治の時代が始まる。この時代、沖縄県は日本とは分断されて県単独の行政が敷かれていたが、それらは常にアメリカの圧力の下にあり、住民自身の自治とは程遠い状態にあった。現代史の上で、沖縄の日本への返還は一九七二（昭和四七）年に実現するが、軍用地として接収された土地の住民への返還は、現代に至ってなお完了には程遠い状態にある。今日でも「沖縄の戦争は終わっていない」と呟かれる所以である。

　以上あくまでも概略ながら沖縄と日本との関係を見てきた。以下の議論のため、ここでは二つの点を押さえておきたい。一つは沖縄社会が近世までは日本の諸制度の外にあったという点である。このため沖縄では、日本本土に一般的な宗教制度である寺檀制や、氏神・氏子関係といったものがそもそも形成されなかった。後述するが沖縄にも、仏教や本土の神道と共通性のある宗教文化が分布している。しかしながら社会制度が異なるために、庶民の生活や民俗の次元における宗教の位置づけは異なっているのである。二点目は、こうした文化の違いにも関わらず、沖縄の近代化は日本国の主導により本土の文化や社会制度を基準に推進された、という事実である。次節以降に述べるように、沖縄の近代化は琉球処分以降、基本的に日本の内政の枠組みで進められた。この結果、沖縄は本土との様々な差異にも関わらず、それらの差異が顧みられることはなく、日本の諸制度を基準とした近代化が推し進められたのである。そしてその矛盾は近代の宗教政策にも現れることとなった。

沖縄文化への日本本土の関心が、具体的な現地調査報告として著され始めるのは、日清戦争に前後する時代のことである。それ以前から伝聞等に基づいた風俗誌の類がなかったわけではなく、たとえば新井白石『南島志』等の近世に遡る著作も例示される。しかし現地を実際に踏査し、その調査を通じて文化・社会の記述が試みられた点では、やはり近代以降に行われた事業が画期となる。それらの調査は主に政府に派遣された行政官や探検家に担われ、学術研究にも増して政策上の目的意識を帯びていた。すなわちそれらの調査が目指していたのは、現地の人々の文化慣習や精神性、規範意識、価値観等を測定し、それらの知見をもって産業振興に繋げることだったのである。この点でこれらの現地調査は事実上、植民地主義、あるいは植民地的経営の一部を成す事業であった。

こうした調査に携わった代表的人物に、後に政府に『南嶋探験』を提出した笹森儀助がいる。笹森は明治期の探検家で、日本の南西諸島だけではなく、樺太や中国東北部などの東アジア諸地域を踏査して現地の記録を残した人物である。彼は一八九三（明治二六）年、政府の委嘱を受けて奄美群島から沖縄本島、宮古・八重山までの島々を自ら巡検した。彼の記録の対象は現地の生活状況の広範囲に渡るが、その視線は現地産業の経営という問題意識に貫かれていた。たとえば笹森が調査に基づいて政府に上げた意見にいわゆる人頭《じんとう》税《ぜい》の問題がある。この時期は前述した沖縄史上の旧慣温存期にあたり、琉球国時代在来の租税制度が引き続き運用されていた。その詳細はここでは省略するが、笹森は現地でその実態を見聞し、旧税制の温存が庶民層を苦しめ続け、産業振興の足枷となっていると分析した。報告を受け取った政府は対策に動き、日清戦争以降、沖縄への介入を本格化させていく中で政策に反映させている。このように沖縄の文化は一九世紀末より、現地産業振興という目論見の下で日本からの視線を受け始めたのである。

それらの報告の中には沖縄の宗教に関する記述も含まれていた。それは宗教が、人間の精神性と深く関わるものとして、現地人を勤勉な近代人へと啓蒙し矯正する手がかりと見做されたためである。言うまでもなくこうした価値判断は記述そのものを歪ませ、そのためにそれら調査報告には不正確さや偏見が多々認められる。その中でも特に現代の我々を困惑させるのは、沖縄の人々がしばしば「無宗教」という言葉で表象されている点であろう。冒頭の岡本の記述を含め、今日の我々の抱く沖縄文化像には一般に「豊かな精神文化」という印象が含まれている。しかしながら二〇世紀初頭においては、沖縄はそのようには捉えられてはいなかった。それは沖縄の宗教が、日本本土とは様相をまったく異にしていたためである。

たとえば沖縄には琉球八社《りゅうきゅうはっしゃ》と称される八つの神社がある。これらは琉球国時代より信仰の対象となっていた神社を数え上げたもので、今でも存続し、沖縄を代表する神社とされている。歴史的にはこれらは全て、本来は仏教と習合したいわゆる神宮寺であった。これらの神社＝寺院を建立したのは、琉球国の時代に大陸への渡航を目指して日本本土より寄留した僧侶や、熊野系の修験者であったとされ、それが近代以降、神道の事実上の国教化の動きの中で現在のようになったのである。これらの神社には民俗信仰レベルでの崇敬も存在しており、たとえば宜野湾市の普天間宮は子授けの利益のあるものとして周辺住民の信仰を集めていた。しかしその一方で、こうした信仰はあくまでも私的なものに留まり、信仰者たちが檀家や氏子のような集団を形成することはなかった。従って沖縄には今日に至るまで、寺院や神社の崇敬者が組織的に祭礼を催行することや、神輿・山車を引き回すような祭りが現れたことはない。いわんや日本の天皇・皇室に関わる皇室神道とはまったく無縁であり、これらの信仰は早くとも大正・昭和以降、政策的に持ち込まれたものでしかないのである。

その代わりに沖縄で宗教的聖地とされていたのが、たとえば岡本が訪ねたような御嶽であった。これらの御嶽の宗教は「琉球神道」と称されることがあり、文化的には日本本土の神道との近縁性が認められる。しかしながらこれら沖縄の宗教が、歴史の中で本土の教団や宗教者と継続的な交渉を持った事実はなく、学術的には相互に独立した宗教体系として扱うのが妥当である。そもそも琉球神道という語彙自体、一六世紀末に琉球に渡来した日本人僧侶・袋中《たいちゅう》の著作『琉球神道記』等に見られるに過ぎず、当事者の自称としては決して一般的なものではない。歴史的ルーツの近縁性を措けば沖縄の「神道」とは、日本本土でそのように称しているものとは別の宗教なのである。

琉球神道とノロ

琉球神道と称される宗教の最大の特徴は、それが琉球国の体制を支える国家祭祀であった点にある。袋中の『琉球神道記』にはアマミキヨ・シネリキヨの二柱の創造神より始まる琉球列島の起源神話や、龍宮より訪れる予言の神キンマモンの伝説等も収められているが、これらは民間に広く流布した神話ではなく、彼が王府との交流の中で知るに至った国家の神話であった。琉球国において宗教は世俗権力から独立したものではなく、あくまで王権の一部を構成するものであったのである。そのため琉球神道は独立した宗教教団によってではなく、琉球国に任命された女性祭司によって担われていた。それが前述したノロである。

ノロは琉球国の全域に置かれ、それぞれの住まう村落共同体において一年の折々に聖地で祭祀を執り行う役割を負っていた。このノロ達は琉球国によって組織されており、その頂点に聞得大君《きこえおおきみ》という長を戴いていた。聞得大君は歴史的には当初は国王の姉妹が、やがて後世には王妃が務めた役職で、琉球国王の権威と不可分の存在であった。このため個々の集落においてノロは、出自に基づき集落の女性の中から選ばれたが、就任にあたっては王府に認められ、首里に上って辞令を受ける必要があった。こうした宗教と王権の強固な結びつきのため、琉球国の体制はしばしば祭政一致という言葉で表現される。祭祀を担うノロは国家体制の一端をなす公的存在であり、農地が俸禄として与えられ、ノロの邸宅は殿地《とぅんち》と称される祭場を兼ねていた。ノロが集落で執り行った祭祀には首里に向けた遥拝も含まれ、そうした儀礼を通じてノロたちは国家のコスモロジーを表現し、琉球王権の正統性を人々に示し続けたのである。

ところで沖縄ではしばしば集落のことを「シマ」と称している。シマは日本本土でいうムラに相当し、地縁に基づいた生活共同体として機能している。この沖縄のシマの特徴として指摘されるのが、自治や互助などの生活上の機能にも増して、宗教的な祭祀共同体としての性格を強く持つ点である。たとえば沖縄出身の地理学者である仲松弥秀《なかまつやしゅう》は腰当《くさて》という現地語を手がかりに、シマの景観からその精神文化の解読を試みたことがある。腰当とは集落後背にある山が、平地に広がった集落を、親が子を後ろから抱きかかえるように囲んでいる様子を表現したものである。この景観像において山は、神や先祖の宿る聖なる場所であり、聖なる存在はそこからシマを見守るものと解釈される。この仲松のモデルは神を先祖の祖霊と同一視する点で、柳田国男の祖霊論からの強い影響が認められるが、彼のモデルが目指していたのは、集落から外れた山中の聖地の成立史の解明であった。この聖地がこれまで言及してきた御嶽である。御嶽は主に集落後背の山中に設けられた小さな広場で、イベと呼ばれる中心には石の小祠や、ビジュルと称される霊石が祀られている。そのごく素朴な景観像は岡本の記述からも見て取れようが、建屋などは何もなく本来は鳥居を置く習慣もない。御嶽については近世に琉球国による所在・神名・祭祀・供物などの調査が行われ、その内容は『琉球国由来記』という文書に収録されている。それを見るに琉球国がトップダウンに各地に置いたものではなく、もともと在地的信仰であったものを王府がボトムアップに体系化し、整理した信仰と目される。これら御嶽はノロの屋敷（ノロ殿地《どぅんち》）や、ノロを補佐した在地の宗教者（根神《にーがん》・根人《にっちゅ》）の祀る根屋《にーや》、及び集落内で神を饗応した斎場であるトネヤ、アシャゲなどと共に、琉球の人々にとっての宗教的聖地であった。これらで祀られた神が果たして仲松の解釈したように本来はシマの祖霊であったのかは、史料もなく今日でも結論が出ていない。しかしいずれにせよ琉球国の国家祭祀は、こうした生活共同体としてのシマの聖地に根を持ち、その在地的信仰を撚り合わせて王府に接続することで成立していたのである。

このような琉球神道と日本本土の神道との間に、歴史的・文化的な意味での関係があったことまでは議論の余地はない。しかしながら琉球神道は琉球国の国家祭祀として体系化された祭祀であって、内容的には本土の神道とは異質であり、歴史の上でも日本の神道家・国学者から影響を受けることはないまま近代に至っている。事実、明治・大正期に沖縄を訪ねた行政官や学者は必ずしもその信仰を、日本本土の神道とは同一視せず、しばしば粗末な石などを祀った迷信とのみ見ている。沖縄の信仰を神道と共通する文化として理解する視線は、おおよそ昭和に入ってから、柳田国男の民俗学などとともに一般化し始めたものである。翻って沖縄の日本への同化が加速する大正時代後期を画期に、沖縄では御嶽に新たに鳥居を設ける動きが現われている。この鳥居の一部は現存しているが、こうした動きは御嶽の祭祀がそもそもから神道であったのではなく、神道に「される」過程を経て現在に至っていることを示している。

先祖祭祀とユタ

沖縄と日本の間の差異は仏教に関しても認められる。日本の宗教史には寺檀制や寺請制度と称される社会制度がある。これは近世の幕藩体制下で運用された社会制度で、それぞれの地域にある仏教寺院が檀那寺《だんなでら》となり、住民世帯を檀家《だんか》として管轄した仕組みを指している。寺檀制における檀那寺の機能は今日の町役場に例えられる。たとえば檀那寺は檀家に新生児が誕生したことを帳面へと記録し、戸籍管理に相当する役割を負うとともに、キリシタンではないことを藩に保証した。また檀家の者が遠くへ巡礼に出る時には、文書を書いてその身元や目的を明らかにすることもした。更に檀家に死没者が出た際には僧侶が枕経で弔い、その遺骨は寺院がその墓所で管理した。このように寺院と檀家を結びつける寺檀制は近世に、ごく一部の特殊な地域を除いて日本全体において敷かれていた。

しかしながら幕藩体制の外にあった琉球では、この寺檀制は施行されなかった。中世以降に本土から渡ってきた僧侶たちは王府に遇され、乞われた彼らは沖縄各地に寺院を設けた。それら寺院の多くは熊野にルーツを持ち、神仏習合の形態をとっていたため近代に神社に切り替えられている。しかしこれら寺院は歴史の中で庶民の素朴な信仰の対象となることはあっても、檀那寺の役割を持つことはなかった。葬式の際、僧侶が枕経をあげることは、沖縄では一部の上層階級のみが行った特別な習慣であった。他方である程度資力のあった層は葬儀の際に、僧侶ではなく念仏者《にんぶちゃー》と呼ばれた芸能者を招いていた。彼らは中世に日本から伝わった踊り念仏の担い手で、葬式では踊りながら鐘を打ち、経を唱えて葬列に付き従った。この踊り念仏が地域の若者の担う芸能に変化し、やがて今日のエイサーの原型となる。

僧侶の関与がないのは葬墓制についても同様である。日本本土では寺檀制の関係から、仏教寺院に檀家の石塔を並べた墓地が併設される例が一般的である。しかしながら沖縄では墓は寺院によってではなく、集落や親族集団に管理され、祭祀されていた。歴史的には琉球の人々は、当初は自然の洞窟や岩陰を加工し、その穴の中に骨や遺体を納めて墓としていたと考えられる。この形式はやがて中国文化の影響を受ける中で石造りの破風墓、亀甲墓に変化してゆき、それらは今日では親族集団のシンボルとなっている。沖縄では先祖の墓所は親族集団によって丁重に管理され、特に清明祭《しーみー》と盆には子孫によって祭祀が行われた。先祖祭祀に僧侶等が関与する例は稀であったのである。

他方で沖縄の先祖祭祀にしばしば影響を及ぼしてきたのが、ユタと称される在来の民俗信仰である。ユタとは学術的にはシャマニズムに分類され、神や霊魂の声を「聞く」ことが出来るとされた人々が、クライエントの求めに応じてアドバイスを行うことを指している。ユタとは本来はこうした宗教的な助言行為を指す言葉であるが、同時に「ユタ行為を行う者」を指す名詞としても用いられ、「ユタさん」のような言い回しもされる。ユタは女性が多いという点で前述したノロと共通するものの、ノロとは異なって血統では継承されず、何より公的役割を与えられたものではなかった。それどころかユタは近世から琉球王府より迷信と目され、しばしば禁圧を蒙っていった。こうした否定的評価のために、本人たちもユタと呼ばれることは好まず、「カミサマ」や後述する「精高《さーだか》」などの呼称を好んでいる。それにも関わらずユタが今日まで存続してきた理由として、一つにはユタを行う人々が、いわば自然発生的に現われることが挙げられる。

一般にユタは、普通に暮らしていた人々がある時、原因不明の精神病に罹患することをきっかけに、シャマンとしてのアイデンティティを獲得して「なる」ものである。この精神病は耳鳴りや頭痛、めまい、吐き気、悪寒等の様々な症状を呈し、現地ではカミダーリ、カンダーリなどと呼ばれている。このカミダーリは本人の意思や生活史に関わらず罹りうるものとされ、当事者も当初はそれが宗教的原因によるものとは思いもしない。それがカミダーリであることを罹患者が知るのは、病院に通いつめても快癒に至らないことから、やむなくユタにアドバイス（判示《はんじ》）を仰ぎ、そこで告げられてのことである。ユタはカミダーリを、言わば神からの召命として、神からの働きかけに対し人間の側の心身がそれに応えられずにいるために生じる不調として説明する。したがって「お前が虚心坦懐に神に従うのであれば、カミダーリは解消するだろう」とユタは言う。そのように説明された罹患者は、ほとんどが困惑し、まずはその判示を拒絶するが、やがて不調に耐えられなくなって召命を受け入れていく過程を辿るのである。ユタの修行とされるのは主に各地の御嶽などの聖地を巡って、御願《うがん》と呼ばれる祈願を行うことである。この御願を重ねることで徐々にカミダーリは快癒し、同時に神の声や意図を感知する能力が自覚されていく。沖縄では現在でも一部の人々がこうした能力を持つことが認められており、そのことは「精高」や「生まれ高い」といった言葉で表現されている。

禁圧にもかかわらずユタの文化が継承されてきたもう一つの理由は、そもそも人々が彼らを必要としてきた、という事情である。前述のように沖縄において先祖祭祀は親族集団によって担われ、僧侶などの関与はほぼ皆無であった。しかしながらそうした状況の下でも、たとえば親族の間で不幸が続いたりした場合には、災いに宗教的説明を与え、儀礼を執行して問題に対応する役割が必要とされることがある。こうした場合、僧侶であれば死者の供養や法要を行うであろうが、これに対してユタは神や死者の声を聞き、然るべき祭祀のあり方を人々に指示することを行う。この指示が判示であり、その内容は多様である。たとえばどこかの御嶽や聖地を回るよう伝える場合もあれば、位牌の並べ方や祀り方を変える場合もある。また甚だしい場合には、先祖の眠る墓を移動させたり、一族の系図を作り直したりすることを求める場合があることも報告されている。もちろんこうした宗教的役割は、いわゆる霊感商法めいた面があり、その負の面については後述する。いずれにせよユタは沖縄において人々の不安や不幸に宗教的に対処しうる存在であり、善悪はともかく沖縄社会に必要とされ続けてきた。だからこそユタの信仰は現代にまで命脈を保ってきたのである。

それだけではなく、戦後多くの民俗調査が報告してきたのは、祭祀の担い手であるノロたちもまた、ユタにアドバイスを受けてきたという実態である。ノロの祭祀には文字化された教典はなく、明確な教義や儀式体系も作られてはこなかった。このため各地のノロが、自身の祭祀のあり方に不明点が生じた場合などには、ユタの判示を仰ぐ他なかったのである。このようにユタの判示が、時には村落祭祀のあり方や存続そのものに干渉するという事例は、既に多くの民俗調査において報告されている。

沖縄の表象

沖縄の宗教文化はこのように、日本本土のそれとは大きく異なっている。独自の体系を持つ琉球神道は琉球国の国家祭祀であり、ノロの担う祭祀を通じてシマと国を結びつけていた。一方で仏教は寺檀制のようなかたちで人々と関係することはなく、葬墓の管理や先祖祭祀は普通の人々の手に委ねられていた。また偶発的な不幸や不安といった宗教的需要に応えてきたのは、ユタというシャマニズムの文化であった。このような文化上の差異のため、近代日本の行政官や探検家は沖縄を見て「宗教がない」土地だと記述したのである。もっともこうした認識は明らかに、沖縄への差別的感情を背景としていた。調査者たちは報告書の中で、沖縄社会の後進性や人々の怠惰さといったことを繰り返し指摘している。そして、まさにこの文脈で、沖縄の人々のエートスに関わる課題として「無宗教」という言葉は用いられている。要するに沖縄の人々は宗教によって自らを律する習慣を持たないがゆえに、怠惰で後進的なのだ、というわけである。

しかしこうした視線は戦後社会では反転して現れてくる。すなわち、豊かな精神文化の息づく土地としてのイメージがそれである。その転機を正確に測ることは難しいが、日本復帰以前に訪問した岡本太郎の記述には既にその兆候が認められる。そして周知のように沖縄は、一九七二年に復帰して以降、急速に魅力的な観光地としての存在感を強めていった。実際、近年の沖縄にみられる「パワースポット」「スピリチュアル」といった物言いは、こうした観光産業の隆盛を文脈として語り出されたものである。

沖縄と日本の間にある宗教の差異は、近現代史の中でこのように両極端な表象を生み出してきた。それは結局、これらの沖縄表象がいずれも日本という自己像のネガであり、都合の良い他者像を投影したものであり続けてきたことを反映している。しかしその一方で、現代において進行しているのは、こうした力学の前提そのものの変化という事態である。近年では移住や観光を通じた人や情報の移動が加速し、両者の接触と混淆はますます進行している。また同時に沖縄の中においても、村落祭祀の継承は後継者の問題を始め、様々な困難や課題を抱えるようになっている。そしてこのことは日本を当事者に含む新たな問題を、沖縄を縮図として浮き上がらせつつある。次節ではその進行中の模索が如何なるものであるのかを見てゆきたい。

三　現代

沖縄における聖と俗

沖縄を場とした宗教の問題について最初に抑えておくべきことは、沖縄文化における「聖」と「俗」、すなわち宗教と世俗の関係ということである。既に述べたように近世の琉球国において宗教は国家体制と一体であった。この体制は歴史的には琉球処分が完了した後、概ね明治三〇年代に日本の介入によって解体される。王府から土地を与えられていたノロは、琉球国の消滅後も旧慣に従って俸給を受給していたが、これは明治後半に廃止され、土地もノロ本人に買い上げさせる等の方法で私有化された。こうして二〇世紀の初頭には、祭祀の公的地位は否定されたのである。しかしながら制度の変化にも関わらず、宗教的祭祀を「公」と見る意識は依然、人々の間に根強く残り続けた。すなわち王府が消滅し、公職としてのノロが廃止され、更に「信教の自由」という近代的思想が説かれてもなお、沖縄のシマは祭祀の多くを維持したのである。その最大の理由は、祭祀自体が琉球国の体制に対して一定の自律性を具えていたことであろう。シマは近代以降も自らノロの選任を続け、民俗学者や文化人類学者が盛んにフィールドワークを行った昭和から平成に至る時期まで、沖縄各地において、ノロによる村落祭祀の相当数が継続していた様子が確認できる。

こうした経緯のため、沖縄においては今日でも、「宗教」と「世俗」の間の線引きは、少なくとも日本本土より不明瞭な状況にある。もちろんこの線引きとはあくまで相対的尺度に過ぎないが、それでも日本本土では、神社神道や仏教との関係が、「宗教」の領域を画定する一応の物差し足りうる。たとえば「地鎮祭は宗教であるか」といった問いについても、そうした物差しによって議論に補助線を引くことが出来るわけである。しかしながら沖縄では宗教と世俗、聖と俗、ひいては私的領域と公的領域の間の線引きは困難であり、そのことについて何らかの社会的合意《コンセンサス》があるとは言えない状況にある。

ところでこのような沖縄社会にフィールドワーカーが向けてきた視線に、ある意味で無邪気な面があったことは否めない。民俗学者や文化人類学者は、こうしたノロの祭祀を「民間信仰」あるいは「民俗宗教」といった術語を用いて論じてきた。それは、これらの祭祀が教義や教典、教祖、教団といったような宗教としての形式を具備せず、シマ共同体を母体として口承されてきた信仰としての特徴を持つことを捉えるためであった。そのような民間信仰には性格上「入信」のようなプロセスは存在せず、本人の意思とは無関係に、シマに生まれた者は自動的にその信仰の一員と見做される。やや誇張した言い方ではあるが、シマの人々にとって村落祭祀は個々人の意思や自由を越えた、公的義務としての重さをもって受け止められていた。そしてこの圧力はシマの中でも特に、ノロや根人といった祭祀を担うべき家系に生まれた人々に、特に重くのしかかり続けた。彼らは若年期から祭祀を継ぐことが周囲に期待され、それをやむなく受け入れた後も、今度は年に十数回にも及ぶ祭祀儀礼を行わなくてはならなかったのである。

民俗学者が無邪気であったというのは、こうした信仰のあり方について、たとえば人々の「信教の自由」を侵すものではないか、という可能性に向き合うことがなかったためである。近年ようやく、これら当事者の困難に光を当てる試みが現われるようになったものの、その問いはあくまで萌芽的なものでしかない。こうした視線の偏りは改めて、現在に至るまで沖縄が日本にとっての「他者」であり続けてきたことの反映に他なるまい。他者としての沖縄に見出された差異は文化相対主義という徳目によって「尊重」され、たとえそこに何らかの歪みが見えたのだとしても、当事者《ネイティヴ》が自ら解決すべき問題として、我々が口を出すべきではない現地の問題として忌避されたのである。沖縄の宗教をめぐるこうした葛藤への関心については、たとえば戦後の日本社会において、神道と公的領域の接触が社会的課題として認識され、多くの知識人に問われたのに比べ、大きな落差を認めなくてはならない。また翻って、日本における宗教の公的地位や役割が問われる際にも、沖縄が参照されることは皆無であったことは言うまでもない。

葛藤の顕在化

本論がこうした研究史を批判的に位置づけるのは、冒頭にも述べたように、それらの前提であった物事が今日の沖縄では大きな転機を迎えているためである。その最も顕著な事例は村落祭祀の変容である。女性神役によるシマの祭祀は、しばしば戦後も継承され続けたが、近代化に伴って女性神役の引き受け手は徐々に減少を続け、ノロは次々に廃絶していった。そもそも琉球国が消滅した以上、近代以降においてはノロへの就任は何ら制度的裏付けのない、言わば当事者の自由意思を建前とするものであったから、長期的な継承者の減少は自明の理であっただろう。しかし神役が絶えていったとしても、それで祭祀そのものが消えてしまうわけではなかった。すなわち、現在沖縄で多数派を占めているのは、各シマの区長が女性神役を代行して祭祀を行うという事例である。

沖縄の各シマは現在その多くが、区長職を選挙などで選任している。区長の役割はシマの自治の統括や行政との橋渡しが主であるが、そのために区長は地域に置かれた公民館に常駐して様々な業務に専念し、またそれに応じた給与を公費から得ている。更にシマによっては区長の下に書記や会計といった役職を置き、その体制によって集落の自治を行っているのである。そして、近年ではこうした公職者の業務に、年中行事としての祭祀の執行が含まれるようになっている。彼らシマの役職者が暦に従って集落の聖地を巡拝し、簡略化された祭祀を行う光景は、今日の沖縄では珍しいものではない。そもそも山の中にある御嶽は定期的に草を刈らなくてはならないし、住民のいなくなったノロ殿地なども、予算を割いて維持しなくてはならない。結果、ノロを始めとした神役が絶えてなお「公」としての村落祭祀は、世俗的なシマの自治組織を母体として、今も多くが継承されているのである。

しかし既に自明であるだろうが、このように地域の自治組織が宗教的祭祀に関与することは、世俗と宗教の分離という近代社会の建前とは矛盾している。そしてこの矛盾に抵抗する声は、少しずつだが確実に沖縄社会の中に現れつつある。それはシマの社会の中において価値観の世代交代が進んだ結果でもあり、また他方では、Ｉターン者などが新規住民としてシマに入り込んできたことによってももたらされている。こうした人々は、シマが自治を名目として集める村費の一部が、村落祭祀という「宗教」の維持に使われることに違和感を覚え、時には抵抗する。殊にノロの祭祀では、何か問題が生じた場合、ユタの判示を仰ぐ場合がある。それは沖縄の村落祭祀が教団を持たず、教典などにも拠らないために、参照できる権威が他に存在しないためである。したがって、たとえば地域の再開発のために聖地を移動する場合や、老朽化したノロ殿地を建て直すといった場合などには、シマはユタに依頼して判断をあおぐことになる。しかしこうした「公費を払ってシャマンに宗教的判断を求める」という進め方は、シマ社会がそれを必要としているという実情を踏まえてもなお、今日少なからざる人々にとって腑に落ちない手続きとなりつつある。

こうした宗教と世俗をめぐる葛藤が、沖縄社会において初めて大々的に問われたのは、一九七〇年代に沖縄の新聞メディアを通じて交わされた、「トートーメー論争」と言われる議論であった。トートーメーとは現地語で位牌を指した言葉で、論争はその名の通り位牌祭祀および位牌継承をめぐる在来の慣行の是非をめぐって戦われた。その内容は書籍『トートーメー考』にまとめられている。前述の通り沖縄の先祖祭祀には仏教寺院の関与はほぼなく、基本的に親族集団によって行われた。その親族集団を沖縄では「門中《むんちゅう》」と呼んでいる。門中は近世に清国との交流を通じて移入された文化で、男系出自に基づく直系かつ長子による相続を理想的規範としている。平たく言えば門中は「先祖の位牌は本家の長男が継ぐもの」とし、そうでない継承を適切ではないものと考えるのである。このためトートーメーを、女性(娘)や、長男を差し置いて次男以下が継ぐことは、「正しい継承ではない」として非難の対象となりえた。これによって特に苦しんだのは女性で、自身の両親から位牌や財産を相続することは否定され、同時に、嫁として長男を産むことが強く求められた。

トートーメー論争はこうした社会慣行をめぐって交わされたものであるが、そこで提起された問題の一つにユタの関与があった。沖縄では不可解な不幸に遭った場合、ユタに依頼して、何が原因となって事故や病気が生じているのか判示を受け、宗教的解決を図る場合がある。そしてこの災いの原因として、ユタの判示が頻繁に問題視したのが、このトートーメーの継承であった。すなわちユタは「不幸の原因は女や次男以下が位牌を継ぐなど、誤った先祖祭祀を行っているためである」と説明したのである。こうした説明は沖縄の人々に強く訴求し、親族集団のあり方や先祖祭祀の方法などに深い影響力を及ぼした。この点でユタの沖縄の親族集団に対する介入は、民法の規定よりも遥かに深かったのである。

こうした出来事の背景には、再び世俗と宗教の間の線引きの不明瞭さという問題を見出すことができる。しかしその一方で一九七〇年代の沖縄では、トートーメー論争が大いに盛り上がりを見せた事実そのものが示すように、世俗と宗教との撞着を懐疑的に見る視線もまた萌していた。そして価値観の変化は世代交代を重ねる中で影響力を帯び、現在へと繋がっていくことになる。

縮図としての沖縄

こうした沖縄社会の内的変化は、今日まで日本の関心の外にあった。それは繰り返しとなるが、沖縄が日本にとっての他者であり続けたためである。他者であるからこそ、日本は沖縄の抱える葛藤を共有せず、自己にとって都合の良いだけの美点を無責任に称揚してきた。しかしながら今日の異種混淆の状況は、そうした関係の前提を掘り崩しつつある。

その象徴的事例として、二〇二一年二月に最高裁判所で結審した孔子廟をめぐる違憲訴訟が挙げられる。この孔子廟は那覇市の中心部からやや外れた久米地区に所在している。久米は琉球国の対中外交に重要な役割を果たした渡来系住民の居留地であり、孔子廟はその子孫によって今日まで、儒教に則った祭式で祀られ続けてきた。問題視されたのは、この孔子廟の敷地が那覇市の所有であったことである。孔子廟を祀る人々は那覇市の所有となる敷地を利用して祭祀を行っていたのであるが、その際、市は廟を歴史的・文化的施設と捉え、使用料や賃料等を請求してはこなかった。この措置を、特定の宗教的信念に対し行政が便益を認める政教分離違反にあたるものだとし、市民が市を被告として訴えたのが今回の訴訟である。この訴訟はその趣旨からしても、最高裁の憲法判断にまで進むこととなり、最終的に違憲という判断が下されることとなった。

那覇の孔子廟は琉球国時代に遡る歴史を持ち、今日まで沖縄においてその「公」的地位を疑問視する声があがることはなかった。したがってこのような裁判が起きたことそれ自体が、今日の沖縄の宗教をめぐる状況の変化を示していると言えよう。すなわち宗教と世俗を線引きし、両者の関係の整理を求める考えが沖縄に現れてきたのである。最高裁の判決が出た以上、対応を迫られることとなった市や祭祀者たちが今後、どのような解決策を探るのかは本論の時点では不透明である。ただいずれにせよ、聖と俗の分離に向ける、新しく厳しい視線は今後、孔子廟の扱いのみに留まらず、村落祭祀など沖縄の宗教の全体に影響を及ぼしうるであろう。言わば沖縄の宗教は、これまでとは異なる変化と模索の時代に入ったのである。

沖縄の宗教は今、こうした潮流といかに折り合いをつけるのかを探り始めている。すなわち一方に宗教と世俗の分離という近代的理念があるとすれば、他方には歴史に根ざした現実の信仰や祭祀が存在している。その両者がともに現実の一部である以上、どこかで実現可能な妥協点を見つけなくてはならないのである。管見では沖縄におけるその擦り合わせは、二つの論理に沿いながら現実化している。一つは宗教にまつわる物事を、歴史的価値に基づく「文化財」として位置づけ直していく論理である。那覇市が孔子廟訴訟で、廟の文化財としての性格を強調したように、対象を宗教的聖地としてではなく、あくまでも歴史的な文化財として扱うことで、公的・世俗的なアクターがそれに関与することはある程度正当化され得る。そしてこれと交差するもう一つの論理は、それが宗教的であることは否定せず、しかしより普遍的な、言わば「宗教性一般」に関わるものとして読み替えていこうとするものである。これはたとえば御嶽が本来負った琉球神道の固有性を希釈し、代わりに「パワー」「エネルギー」のような如何様にも解釈できる宗教性によって意味づけていく論理を指す。こうした方向性は、特定宗教との利害関係を棚上げにすることで世俗社会と折り合い、より普遍的な「良いもの」としての価値を主張することで、現代社会に適応していこうとするものである。
以上に述べた二つの論理は背反ではなく、しばしば重なり合って生起する。実際、冒頭に触れた「スピリチュアル」「パワースポット」といった表象は、これらの論理に基づいて観光開発に接合されている。そしてこの中で岡本太郎の表象もまた、一つのモデルとして援用されている。岡本のテキストは宗教的であると同時に芸術的であり、そうした表象を付与されることで沖縄の宗教は、現代社会に新たな文脈を獲得しつつあるのである。

この、沖縄が模索している宗教と世俗の葛藤とは、琉球という一つの文明が現在進行形で辿っている近代化と世俗化のプロセスの一部である。その過程にとって日本という国は重要な当事者であるが、だからこそ注意すべきなのは、沖縄が日本本土とは異なる文化・社会を持つが故に、その近代化の模索は沖縄独自のものである、という点である。すなわち沖縄は、日本が歩んだ近代化や世俗化のプロセスを後追いしているわけでは決してないし、ましてや単純な日本への同化が進行しているわけでもない。沖縄は固有の伝統を有するが故に、社会変容もまた、その伝統の上にしか成り立ちえないのである。だからこそ将来沖縄に現れてくるであろう新たな聖と俗の配置もまた、日本本土のそれとは異なってくるに違いない。沖縄は宗教学にとって縮図的な問いの場の一つであるが、それは日本にとってという意味ではなく、より広い問題系の場としてである。日本はこれまで沖縄に自己像のネガを投影し、そのために差別と理想化の間で揺れてきた。だが今、沖縄で縮図的に問われているのは、日本の問題の鏡ではなく、日本を場として問われるべき問いと並行する、現代社会における宗教と世俗の行方という問題なのである。

参考文献

赤嶺政信（二〇一四）『歴史のなかの久高島――家・門中と祭祀世界』慶友社
及川高（二〇一六）『〈宗教〉と〈無宗教〉の近代南島史――国民国家・学知・民衆』森話社
太田好信（二〇一〇）『〔増補版〕トランスポジションの思想――文化人類学の再想像』世界思想社
岡本太郎（一九七二）『沖縄文化論――忘れられた日本』中央公論新社
門田岳久（二〇一三）『巡礼ツーリズムの民族誌――消費される宗教経験』森話社
塩月亮子（二〇一二）『沖縄シャーマニズムの近代――聖なる狂気のゆくえ』森話社
篠原徹編（二〇〇一）『近代日本の他者像と自画像』柏書房
仲松弥秀（一九九〇）『神と村』梟社
吉野航一（二〇一二）『沖縄社会とその宗教世界――外来宗教・スピリチュアリティ・地域振興』榕樹書林
琉球新報社編（一九八〇）『トートーメー考――女が継いでなぜ悪い』琉球新報社

コラム⑤　宗教の災害への応答

稲場圭信

一　平成の大災害と宗教

平成の時代は大災害が頻発した。一九九五年の兵庫県南部地震（阪神・淡路大震災）では多くのボランティアが活動し、一九九五年は「ボランティア元年」と呼ばれた。被災地には多数のボランティアが集う。被災者のニーズに応じて効率的にボランティアが活動できるようにする仕組みとして、被災地に社会福祉協議会による災害ボランティアセンター（以下　災害ＶＣ）が設置されるようになった。ボランティアは、行政が対応しきれない部分で活動し、状況に応じて時には行政に協力する補完的な動きともなっている。宗教者による災害時の支援活動もその一つである。

二〇一一年三月一一日、東北地方太平洋沖地震（東日本大震災）が発生した。この時、宗教者の対応は迅速であった。現地へ先遣隊を送り、宗教界全体が安否確認・救援活動へと動いた。さまざまな宗教者・宗教団体が救援・支援にかけつけるなか、互いに情報を共有して、支援の現場で発生している問題についての認識を深めあい、より有効な活動にしていくことを目的として、宗教者災害支援連絡会（略称・宗援連）が同年四月一日に発足した。被災地では一〇〇以上の宗教施設が緊急避難所となった。宗教施設には「資源力」（広い空間と畳などの被災者を受け入れる場と、備蓄米・食糧・水といった物）があり、檀家、氏子、信者の「人的力」、そして、祈りの場として人々の心に安寧を与える「宗教力」があった。

宗教施設が災害時の避難所として社会的力となることが明らかとなった。

全国において自治体と宗教施設の災害時協力や災害協定がどれほどあるのか、筆者は、政令指定市の区を含む全国一九一六自治体の全数調査を二〇一四年に実施し、一一八四（回答率六二パーセント）の回答を得た。協定締結と協力関係を合わせると災害時における自治体と宗教施設の連携は自治体数で三〇三、宗教施設数で二四〇一にものぼり、二一〇三の宗教施設が自治体から避難所指定されていることがわかった。また、東日本大震災後に自治体と宗教施設の災害協定の締結が増加していることも明らかになった。

二　東日本大震災以後の活動

宗教者の災害への応答としては、被災者支援をする宗教者の中から立ち上がってきた臨床宗教師の取り組みもある。臨床宗教師は超宗派を基本とし、布教を目的とせず、病院など公共の場で悲嘆や苦悩を抱える人々の心のケアをする宗教者である。臨床宗教師の育成は、東北大学実践宗教学寄附講座が二〇一二年度にはじめ、その後、他大学にも研修機関が広がり、二〇一六年には日本臨床宗教師会が発足している。このように宗教者は災害時の経験をもとに平常時も含めた寄り添い活動に関わっている。

今後の宗教者による防災・減災の取り組みとして、公益財団法人・世界宗教者平和会議日本委員会、宗援連、宮城県宗教法人連絡協議会の三団体は、東日本大震災での活動経験と教訓をもとに、二〇一五年、「防災と宗教」クレド（行動指針）を次のように策定した。

1、災害について学ぶ
2、災害に備える
3、災害時に支える
4、災害復興に歩む
5、連携の輪を広げる

宗教者の災害への備えが進むなか、二〇一六年の熊本地震の際には、災害ＶＣの運営に宗教団体が深く関わった。益城町では天理教災害救援ひのきしん隊が災害ＶＣの対応できないニーズに対応した。西原村では、公益財団法人・世界宗教者平和会議日本委員会と公益財団法人・新日本宗教団体連合会（新宗連）の青年会が立ち上げた連携支援組織Vows（Volunteers of WCRP & SYL）が災害ＶＣを通じて活動をした。また、熊本市東区では、真如苑熊本支部の敷地内に災害ＶＣのサテライトが設置され、社会福祉協議会と真如苑救援ボランティアサーブ（ＳｅＲＶ）が共同で災害ＶＣを運営した。臨床宗教師は、避難所、そして仮設住宅の集会所で支援活動や傾聴活動を行なった。金光教大阪災害救援隊は、益城町宮園の金光教木山教会の境内で炊き出しを行ったり、仮設住宅で被災者支援の炊き出しや傾聴カフェを行なったりした。

熊本地震の被災地で宗教者による寄り添い支援が続くなか、二〇一八年には、大阪府北部地震、西日本豪雨、台風二一号、北海道胆振東部地震など大災害が頻発した。各地の神社、寺院や宗教施設が緊急避難所となり、多くの宗教者が支援活動を展開した。大災害時に市役所などの行政施設がインフラごと被災する状況で、ＮＰＯ・ＮＧＯ等やボランティア組織間の連携に加えて、行政を含めたネットワーク組織「特定非営利活動法人　全国災害ボランティア支援団体ネットワーク」（ＪＶＯＡＤ）も設立された。そのＪＶＯＡＤに、カリタスジャパン、救世軍、ＳｅＲＶ、末日聖徒イエス・キリスト教／ヘルピングハンズなどの宗教団体や宗教関連団体が正会員として参画している。

三　将来への備え

今、東海地震、首都直下巨大地震、南海トラフ巨大地震などに備えた防災への取り組みがある。このような大災害が発生すれば行政の力だけでは足りない。広域にわたり電力が失われる。連絡もとれない。道路が寸断され、流通備蓄も機能しない。宗教者の災害ボランティア活動、宗教施設の避難所運営は社会的要請でもある。東京では二〇一八年二月に「東京都及び東京都宗教連盟の防災対策連絡会」が設置された。巨大地震における帰宅困難者への対策など防災の取り組みを進めている。二〇一八年七月、東京都宗教連盟が主体となり、大阪大学（稲場研究室）とＪＴＢ総合研究所が共同で東京都下の宗教施設を対象として「東京都宗教施設における平常時・災害時の受入体制調査」を実施した。回答した一三三一宗教施設のうち、耐震建築物がある施設が三分の一あること、井戸水を有する施設が二割あることがわかった。そして、区市町村の防災対策への協力意向については、半数（六五一宗教施設）が積極的な協力意向を示している。一方で、行政組織と防災に関する連携協定等を締結している施設は四・三パーセント（五七施設）にとどまっている。行政と宗教施設のさらなる連携が求められる。今後の取り組みとしては、受け入れ可能な宗教施設と市区町村が災害時協定を進めて行くことに加えて、個々の宗教施設が井戸水や地下水などの整備による生活用水や飲料水の確保、非常食の備蓄、停電時の発電設備などの備えを進めるとともに、災害を想定した計画・マニュアルの作成があげられる。

もちろん、宗教施設は宗教としての目的がある。宗教施設には、聖なるもの、また、文化財もある。その点も踏まえ、協定書に境内や駐車場などの開放する場所を明記した上で、庫裡や聖なる空間、そして文化財のあるスペースは立ち入り禁止とし、部分的に開放するのも一案。宗教施設が避難所や仮遺体安置所となった際には、自治体が光熱費や食糧の費用を弁済する場合もある。市町村、宗教施設のおかれている状況によって協定の内容は異なる。災害時の取り組み内容を検討してから、自治体との手続きを進めることが肝要である。また、災害時に宗教者、施設管理者がすべてをすることはできない。管理者が不在で、家族だけの時に大災害が発生することも想定し、地域の避難者が、避難所の運営をサポートできる体制を整えておくことも一つの方法である。

市民のボランティアの動きは、行政との間の補完関係により、新自由主義的な政策によって国家に取り込まれる傾向もある。そのような中、災害VCを通じたフォーマルな活動と独自に動くインフォーマルな支援活動といった多様なあり方が重要となる。それは、何よりも災害時の支援活動が被災された方々のためであるからだ。宗教者・宗教団体の中には既にそのような多様な応答をしているところもある。宗教者の防災の取り組みがより一層拡がることを期待している。

第七章　癒しの力としての宗教・水俣

飯嶋秀治

一　はじめに

水俣と宗教

水俣に育った作家の石牟礼道子はその文章や対談のなかで、しばしば水俣と宗教についてとりあげてきている。石牟礼の文章には全体的に現実の境界線上を漂うような雰囲気があるのだが、そのなかでも平成年間（一九八九〜二〇一九年）に入り比較的はっきりと書いてある部分を抜き出してみよう。〔〕内はその文章が公表された初出年月であり、その変化が追えるように年代順に並べる。

「今まで水俣にいて考えるかぎり、宗教も力を持ちませんでした。創価学会のほかは、患者さんに係ることができなかった」（石牟礼、二〇一二〔一九九六年九月〕、五二七頁）。

「人の魂を癒すことなど、できないですよね」（石牟礼、二〇一二〔一九九六年九月〕、五三二頁）。

「その頃すでに発病の兆候のあった〔杉本〕栄子さん一家の凄まじい闘病生活は、神さまもきっと涙したまうほどのものだった」（石牟礼、二〇一二〔一九九九年六月〕、三五一頁）。

「既成宗教のさまざまが、絵空事の曼陀羅図めいて、埋立地先の中に落ちてゆくのを、わたしは見ている思いだった」（石牟礼、二〇一二〔一九九九年六月〕、三五九頁）。

「神様が作られた聖域、そういう領域を水俣病というのは踏み荒らしたというか、起こったことの意味を考えなければならない、と私は思っているんですね」（石牟礼、二〇〇八〔二〇〇〇年三月〕、七〇五頁）。

「戦後日本人の、いわゆる知識階層ではなく、庶民の、それも海辺の民から生まれてきた、極限の宗教的哲学をわたしはなんとか美的に結像させたかった」（石牟礼、二〇〇八〔二〇〇三年八月〕、三七頁）。「これまでの哲学、宗教になかった展開がここ水俣ではじまりました」（石牟礼、二〇〇八〔二〇〇五年一〇月〕、四八頁）。この一〇年前後に大きな変化が見てとれよう。

未曽有の展開

九州の南部、不知火海に面し、鹿児島県と熊本県の県境にある水俣市は、一九五六年五月一日水俣病の公式確認を経てから六五年以上経過した。日本の人生儀礼では、生後六〇年経れば還暦となるので、二〇一六年、水俣で生まれた胎児性水俣病患者も還暦を迎えた。彼らは、母体の汚染は子宮にまで至らないという医学会の常識をひっくり返し、一九七二年初の国際連合人間環境会議でも世界に衝撃を与えた。

水俣病が公式確認されてから、幾度もの裁判を経て、水俣病として認定された患者は現在も補償金を受けているが、未認定患者たちの中には現在もなお裁判中の者もある。このため、当時の新日本窒素肥料株式会社（以下 チッソと略）の排出した水銀に暴露された人びとは、制度的に幾つもの集団に分断されてきこそすれ、水俣病患者の全体像は現在もなお確定できていないのである。

水俣病は単に日本の高度経済成長期における公害というのみならず、国際連合や世界的な学際研究に大きな遺産となった。そのため、初期に水俣病事件を描いた桑原史成や宇井純、石牟礼道子や原田正純以外にも、水俣病発生以前からの聞書き研究や、土本典昭や吉田司、北川フラムらの個性的で多様な表現、国際研究や学際研究なども存在している。

ここではこうした研究からの包括的な像を描くことは紙幅の都合もあるので諦め、石牟礼道子（一九二七〜二〇一八）、杉本栄子（一九三八〜二〇一四）、緒方正人（一九五三〜）という三名の人物に焦点を絞り、この三名を通じて見えてくる水俣という地が、諸宗教も行方を模索する現代において、既成宗教も通用しない状況からどのような経路を経て未曽有の展開を示したのかを見てゆきたい。

水俣外の人びとにとっては、水俣病を通じて意識する水俣であるが、この三名にももちろん水俣病以前の人生があり、そのなかでの苦悩が三人を三人ともある種の狂気や死に接近させた。それが、既成宗教を内破させる体験へ導いてきたように思われる。そこでまず前半では、この三名の人生それぞれにおける水俣病と苦悩の在り方を描き、後半ではこの三者が、特にいわゆる「政治決着」といわれた一九九五年から始めた本願の会以降の展開を追ってゆきたい。

なお、水俣は先にも触れたように、熊本県と鹿児島県の県境に位置することから、宗教的には興味深い歴史をたどる。具体的には鹿児島では、明治期に入るまで浄土真宗が禁止されていた。また明治期に入ってからは廃仏毀釈も激しかった。このため水俣には県境をまたいで聴聞があったともいわれ浄土真宗の南端にあって真宗色の濃い地域となっていた。平成当時の水俣市においては、神社は二九社（無格社二二、郷社一、村社六、その他一）が存在し、また寺院は九寺（浄土真宗四、曹洞宗一、浄土宗一、日蓮宗一、日蓮正宗一、その他二）が存在、その他の教団ではキリスト教三教会、天理教三教会、金光教一教会、立正佼成会一教会、世界真光文明教団一所、創価学会一会館が存在していた（水俣市史編さん委員会編、一九九一）。このうち水俣病の公式確認後に開設されたのが立正佼成会、世界真光文明教団、創価学会の三教団であった。

二　石牟礼道子（一九二七〜二〇一八）の人生史

基盤となる体験

石牟礼道子は一九二七年、熊本県天草郡に石工の吉田組を引き継いだ父、白石亀太郎と母、吉田ハルノの下に長女として生まれた。のちに弟四人と妹一人が生まれる（米本、二〇一七）。

母方の祖父母にあたる石工の吉田松太郎とその妻、萱原モカとで切り盛りしていた吉田組は、水俣湾の建設業などを引き受けていたため水俣に引っ越し、経営ぶりも大きくなるも、松太郎の女癖からモカが精神的に危うくなり、若いハルノが支えなければならなかったことは、道子の原風景の一つである（石牟礼、二〇一三〔二〇〇九年〕、第一部）。

当時住んでいた栄町には二軒隣に末廣という遊郭があり、そこに天草から来た少女たちがいて、可愛がってもらっていた一六歳頃の女郎が、中学生に刺殺されるという事件があった。道子が小学校に入学すると親しみを感じていた男の子が、その刺殺した中学生の弟だと分かった。その頃（道子八歳）、実家の吉田組は祖父の事業失敗で家業が傾き、一家は河口の荒神に引っ越すことになるが、その際、少年から絵本を餞別に渡され「とっさには言葉がでなかった（中略）お礼の言い方がわからない。胸がつまった」（石牟礼、二〇一三、九〇頁）と書いている。この河口への引っ越しは道子と海の生類との間を接近させた。

その後、小学校は優秀な成績で卒業し、水俣実業学校に進学して短歌を作るようになる。一九四三年には一六歳の身で小学校に勤めるのだが、この代用教員時代から一九四八年に夫、石牟礼弘と結婚して長男を出産し、詩歌の投稿が始まる間の一〇年間は、道子の人生の中では精神性と社会性のバランスが不安定になっていた時期に思われる。だが、終戦を挟んでいることもあってか、あまり書いたものには残されていない（米本、二〇一七、第二章・第三章）。分かっているのはそれがどうも初恋がらみのことであり、そこから生涯三度にわたる自殺未遂をしていること、また時期は不明なのだが子どもをおろした経験も語っている（石牟礼、二〇〇八、四八四頁／米本、二〇一七、五四・六六頁／石牟礼、二〇〇六a、四五九頁）。

なので、水俣病に出遭う以前から、こうした生育環境からの学びの蓄積があり、サークル村の時代に書いた主題群の一つは確かに奇病（のちの水俣病）であったが、西南の役と高群逸枝はほぼ同時代の構想であった。いずれの主題にせよ、上述してきた体験が共鳴の基盤になったように思われる。こうして一九六九年、道子の代表作となった『苦海浄土――わが水俣病』が公刊されたのである。

「仏教でいえば真宗の勢力範囲だと思いますけれども、ハッキリした形のものでなくて、神様も仏様も全部一緒に拝んでいる。（中略）この世に自分が生きているという事に対して、たいへん敬虔な人たちだと思うんです。そういう根源的な意味で敬虔な人たちが患者にされてしまって……」（石牟礼、二〇〇四a〔一九七〇年五月〕、四五六頁）。「水俣病は不治の病であるという定説は今のところ動かし難い。そのことを身をもって知っているのは患者たち自身である。祈祷師まわりをし、有名無名の神々に祈願をかけ、十ヵ所を超える病院まわりをしつくしてみて、市立病院もだめ、熊本医大、鹿児島医大もだめ」（石牟礼、二〇〇六b〔一九八〇年二月〕、四九七頁）という経験もしてきた患者たちであった。

庶民の浄土へ

『苦海浄土』公刊前後、水俣市では一九六八年に水俣病対策市民会議が発足するも、「宗教家、お医者さんにも呼びかけました。お医者さん方、はじめははいってこられようとしたんですけれど、いろいろあったらしくて、スーッと消えていきました。宗教家はひとりもはいってこない」（石牟礼、二〇〇四b〔一九七一年九月〕、三二五頁）状態であった。こうして、水俣病をめぐる道子の既成宗教へのまなざしが形成されたと思われる。

他方で支援運動の中で「死民」の文字を考案し、チッソ株主総会に入る患者たちの純白の巡礼姿や黒地に白の「怨」を描いた吹き流しを発案したのも、道子である（米本、二〇一七、一五五頁）。そうしたなかで、道子は「水俣の被害者たちは悲惨な姿もしておられますけれども、そういう人たちだけが浄土を夢見ることができるというか、浄土を思い浮かべることができると思うんですよね……」（石牟礼、二〇〇四a〔一九八八年一月〕、五六五頁）。「病気になって初めて、人間は平等だと自覚し、考えはじめるんですが、皆だいたい同じことを考えるんでしょうね」（石牟礼、二〇〇五b〔一九九三年一一月〕、五九六頁）と実感してゆく。「ひょっとしてこれは、仏教のいう真理や教義・教学などを、開祖たちが命をしぼるような苦業をして到達したいと願った世界を、庶民たちがひょいと乗り越える状態ではあるまいかと考える時があります」（石牟礼、二〇〇六c〔一九八三年八月〕、三六四頁）。「わたくしなど田舎の人間で海辺や山辺の人間ですから、〔杉本〕栄子さんの云われる世界がよくわかるんです。わたくしたち学問とか、宗教とか考えますが、やっぱり人間の居るいちばん元の元の故郷、原郷というのは、栄子さんの云われるようなそういう世界がいちばん理想郷ではないでしょうか」(石牟礼、二〇〇六c〔一九八四年四月〕、四三六頁)。
こうして彼らが到達した地点に、これまでにない世界が拓かれてゆくのを見るのである。

三　杉本栄子(一九三八〜二〇一四)の人生史

栄子の体験

杉本栄子は一九三八年、筏職人の父、中村某と母、鴨川トシとの間に鹿児島県長島村に生まれた。ところが実父は赤紙召集を受け、帰らぬと思い込んだトシが再婚したのが当時水俣漁村の網元で三〇から四〇人の網子のあった杉本進であった(藤崎、二〇一三、六二〜六四頁)。

三歳の頃から漁を習ってきた栄子の周囲に異変が起こり始めたのが一九五三年夏頃。飼っていた猫がヨダレを流して死に、一九五八年には飼っていた豚も同様の状態になり、ついに母が身体の痛みをいいだしNHKラジオニュースで「奇病」のことが取り上げられ、トシも「マンガン病」にかかったとわかり、当時伝染が疑われていたこともあり人が寄り付かなくなった(藤崎、二〇一三、九二〜九六頁)。

トシが隔離病棟に入院となった一九五九年の暮れに、全ての状況を知ったうえで杉本雄が結婚。たてつづけに三人流産した後、一九六一年に長男を授かると、さらに四人の男児をもつことができた。だがトシの看病をする進、栄子、雄にも水俣病の症状が出ており(藤崎、二〇一三、一二六〜一二七頁)、授かった長男を見に家に戻ったトシが崖から突き落とされるなど露骨な嫌がらせが繰り返された(杉本、二〇〇〇〔一九九九六年〕、一三五～一三六頁)。そんななかでも進は「人様は変えならんとやって(変えられないから)、自分が変わっていけばよかがね」と言っていたが、自身も入退院をするなか「もう大概こらえきらん。誰が悪かかはっきしさせんば死んでも死にきれん」と言い、周囲からの支援をうけるなかでついに一九六九年、裁判(第一次訴訟)に踏み切ったが、進はその一月後に他界してしまう(杉本、二〇〇〇〔一九九六年〕、一三六頁)。

裁判は一九七三年勝訴に終わり、一九七四年には栄子も水俣病患者として認定されるが、体調はその後もよくならず日々死と隣り合わせの生活であった。そうしたある日、海に落ちて「これで死んでよかっじゃなあ」と覚悟を決めて抵抗をしなかったところ、身体が浮上してきて「力入れんちよかっじゃな」「力入れて喘がんちよかっじゃな」と悟りまた海からの眺めで「ちっぽけな陸である」ことを悟り「海での回復」を迎えていった(杉本、二〇〇〇〔一九九六年〕、一四一～一四二頁)。

もとより不治の病の水俣病であったが、そのなかで自生の草木での体調回復を模索し(藤崎、二〇一三、一三四頁)、裁判の勝訴後には地元にえい子食堂を開店して村の関係の回復を模索し(藤崎、二〇一三、二〇四～二〇八頁)、一九七九年には農薬を使用しないミカン栽培を目指す反農薬水俣袋地区生産者連合の結成にたずさわっていった(藤崎、二〇一三、二三五～二三八頁)。

栄子もこうした体験が、のちに様々な他者との共鳴の基盤を促進したように思われる。

海での回復

栄子は父が他界し、裁判の渦中にある一九七二年、立正佼成会に入会している。

「苦しい修行に耐え、漁師が漁師を知り、生きることの大きな支えになったのが佼成会の教え。『裁判中に入会していて本当によかった。自分ば変わらにゃ人は変わらんと教えられていますが、それを目標にして、完全に受け継がしてもらっています』」(杉本、一九七五、五五頁)。

また、一九七三年、「自分で自分の体ぐらい治してみよう、どげんかして治すぞ、という気持ちで」はじめた花柳春汐門下の踊りは「習う踊りが漁とか、漁師に主題をとったものが多く『漁の出来なくなった私が、どうして…』と苦しんだ」が「因縁ちいえばそうなんでしょうけど、結局は漁師を忘れて漁師になり切れ、漁師の心を踊れ、ちいうことだったんでしょう」と納得した(杉本、一九七五、五五頁)。これが牛深ハイヤ踊りであった。「ハイヤ祭りは招魂祭りと港まつりをいっしょにしたわけですよ。そこでは魚も本当に大事に供養されるわけですよ。観音様の太かつを建てて」(羽賀、一九八五〔一九八一年〕、五六頁)。「おかげで病気が私に必要なこつばさせてくれるし、教えてくれた。踊りをするご都合のなったのもそん一つです。訓練の一つだって考えてますから、踊りも自由にどこでもできる。これは健康な人がやっとんじゃなくして、悪い人がやらんとじゃなかかち。そるば病気が教えてくれた」(羽賀、一九八五〔一九八一年〕、五九頁)。

こうして海との関係も回復してくる。「鰯が見ゆってでしょ、で、で、そっぱ見るなって。陸の方ば見ていっちょけ、陸では女やっで生きられるて。その女とですね、海ば見っときの私はちがう。女じゃなか。血が燃ゆっとです。(中略)海は敵じゃ、ち思ったとき、全部、こう、自分が何ばしよっか、どげん関係か忘れてしもうたこつのあったですもん。病院におって」(羽賀、一九八五〔一九八一年〕、八六頁)。だが「『あ、海に行ってたとえ落ちたっちゃ、おるが魚に食われるれば、かえしになるなあ、本望だなあ』そげん思ったです。やっぱり海で働こう、ち」(羽賀、一九八五〔一九八一年〕、八七頁)。「舟魂さんの汽車ん中でも追いかけてくっときのあっです。そげん時は、何ちゅうか、かきたてらるるっとですね。せっかく呼んどってもらって申し訳なかなあ、海に行かれずに、て。おととし、もう誰にも会いたくなか、ちゅう時のあったですもん。そっで鹿児島の栗岳《くりのだけ》にあがっとって、一カ月目にその山に舟魂さんの漂《さ》れいてくれらったもんで、これは鰯来たっかなあと思って帰ったことのありよったです」（羽賀、一九八五〔一九八一年〕、八七頁）。

こうして、海に救われ、舟魂に誘われ、鰯と交流する世界が拓かれきたのである。

四　緒方正人（一九五三〜）の人生史

正人の体験

緒方正人は、一九五三年、熊本県芦北郡に網元の父、緒方福松と後妻になった母の下に末子として生まれたが、先妻との子ども一二人、後妻の子ども六人の末っ子であった。

福松は大いに栄えた網元であり正人は末っ子として溺愛されていたが、一九五九年、正人が六歳の時に発病し、二ヶ月ほどの入院ののちに他界する。小学校も高学年に進級すると教科書に水俣病が掲載されている世代であり、（緒方・辻、二〇二〇〔一九九五年〕、五九頁）中学校卒業直後に裁判（第一次訴訟）が開始された世代であった（緒方・辻、二〇二〇〔一九九五年〕、六二頁）。

一時、熊本に家出したのち実家に戻り漁を始めようとした一九七三年、第一次訴訟に勝利したすぐあとに第三次水俣病事件のパニックで魚が大暴落して身動きがとれなくなると、「自分も水俣病であることを打明けて、家族のこと、親父のことを全部さらして生きていこう」（緒方、二〇〇八、一四四頁）と決意し、一九七四年から水俣病認定申請患者協議会に入り、水俣病運動に没入していった。

一九七七年に同郷のさわ子と結婚し、のちに三女を授かる。

その後も運動を続け申請協会会長にもなりながらも、「〔父の〕仇を討つ」ためにやっていた運動が「何をやっても仕組みの中でしかない」ことへの疑問が募り、一九八五年九月、申請協会を退会。それまで精力を注いできた運動をやめたことで孤独と無理解にさらされることになる（緒方・辻、二〇二〇〔一九九五年〕、第二部）。

「いつから狂ったというのはしかしはっきり言えんのです」と正人は言う。その兆候は名前がメッセージ性を帯びてくるという形で現れた。「川本〔輝夫〕さんの名は川がもとだと言い、土本〔典昭〕さんの名は土がもとだと言い、柳田耕一は田を耕せと言っている。そして石牟礼道子さんの名は人の道を来いよと言っている。つまり、人の名前には人間世界の希望とか願いが託されていて、そのそれぞれがどこかでつながっているんじゃないか」（緒方・辻、二〇二〇〔一九九五年〕、一二八頁）というふうに、名前の向こう側の世界が自らに呼びかける主体になっている（飯嶋、二〇一一、五三頁）。

またそれは、他の生類と存在の重みが同等になる形でも現れた。「飯だって、涙をぽろぽろ流しながら食う。こん中にどれだけ生き物がおるか、それを俺はどれだけ食ってきたのか。ことばでこげん出てくればまだよかったばってんが、ことばにならずにただ感じるわけです。そのうち食えなくなってくるんです」（緒方・辻、二〇二〇〔一九九五年〕、一二九頁）。

主体性の変容、また他の生類と存在への接近は、これまでの自己とその仕組みの解体にもなる。「死への誘いも一日中無数にあった。それは、言ってみれば、落とし穴のような感じ。（中略）途中で俺を落そうとするものが襲ってくるんです。実際に首括るロープを用意するといったところまではいかなかったけっど、それに近いぎりぎりのところにはいた」（緒方・辻、二〇二〇〔一九九五年〕、一三〇頁）。「突然どうしてもテレビというものに耐えられなくなった。で、テレビを抱えて、止めようとする女房をふりきって、『始末せねばすまん』と言いながら、玄関から外へ出た。そして庭へ放り出したんです。（中略）／とにかく機械じかけのものに囲まれていることが耐えられなくなっていたんです」（緒方・辻、二〇二〇〔一九九五年〕、一三一頁）。

つながりの発見

こうして生死の境を往還しながら、「ある時ふと自分が試されているんだと気づいたんです」（緒方・辻、二〇二〇〔一九九五年〕、一三二頁）。「発見と驚きの連続なんです。すべてにつながっている自分にも驚く。ドラマの台本のようでもある。はあ、そういうことだったのか。これが延々と続く。／つながりということで一番教えられたのは、やはり、死者と自分がつながっているということです。現世においてはみんな死者とは切り離されていると思っている」（緒方・辻、二〇二〇〔一九九五年〕、一三四頁）。「間もなくのことです、俺が『鬼が島』を見たのは。それは夢でもなければ、幻想というのでもない。確かに見てるんです。ただ他の人には見えんというだけで。チッソにのりこむ気で行くんです。で、まず井戸みたいな縦穴をロープをつたって降りていく。やがて横穴に出る。奥へ進むとそこに大きな鬼が四、五匹おって、何かをさかんにむしゃぶり食っている。見るとそれは人間で、鬼はその手足を引きちぎっては、口から血をスタスタと滴らせながら食っている。奴らの前には屍の山。／俺は恐怖に青ざめ、立ちすくんでウワーと叫びにもならない叫びをあげました。すると見られた鬼たちは俺をつかまえようと迫ってくる。縦穴のところまで逃げたときにはもう鬼たちは直前に迫っていた。最後の瞬間、言葉を失っていたはずの俺が声をあげるんです。『おら、人間ぞ！』。その時、自分の方からバーッと光が出とっとですよ。それで奴らは目をやられる。縦穴の上には親父や亡くなった村の人たちがおって、俺を引き上げてくれる。そして穴からやっとのこと出てきた俺に『危なかった』とか『あげんとこにゃ行くなち言うたろが』とか言う」（緒方・辻、二〇二〇〔一九九五年〕、一三六～一三七頁）。

「狂ったときに開かれる回路があるような気がします」（石牟礼・緒方、二〇一三〔二〇〇六〕、一八四頁）。この体験から、「もし自分がチッソや行政の中にいたなら、やはり彼らと同じことをしていたのではないか」と自らに問い、「自分の中にもチッソがいる」（緒方・辻、二〇二〇〔一九九五年〕、二〇一頁）「チッソは私であった」という回路も開かれたのである。

五　本願の会発足

三人の関わり

こうして、石牟礼道子、杉本栄子、緒方正人の住まいと世代とをすこしずつ異にした三人が、それぞれの人生の経緯のなかで、それぞれが水俣病を窓口にして狂気や死に接近し、その境界で生類や死者にもつながり、この世界で息を吹き返したのであった。もちろん、三人はそれぞれこの水俣病事件のなかで知己になっていた。道子が栄子と会ったのは一九五九年に、道子が漁村の猫の様子を見に出かけたところ、栄子の父、進と出会ったところからのちに知り合いになっていった（石牟礼、二〇一三、二四六頁）。また正人が二〇歳で水俣病の運動に入った時には既に道子の『苦海浄土』は公刊されていたので名前はしっており、直接的には一九七五年に熊本県議の「偽患者」発言に抗議した際に逮捕されてしまうのだが、その際に道子が救援活動に参加しにきて出会っていた（緒方、二〇一三a、三六頁）。

この「狂い」を抜けた後の一九八六年一月、チッソに向け「問いかけの書」を執筆してチッソに渡すも返事が返事になっていないと感じ、木造船をつくってチッソへ行き、身を晒そうと考えた。この時の木造船「常世の舟」を舟下ろしした五月一日、杉本栄子、石牟礼道子夫妻がきて一緒に祝った（緒方・辻、二〇二〇〔一九九五～一九九六年〕、一三四頁）。

この船出が実行されたのは一二月七日になり、チッソ前で「チッソの衆よ」「被害民の衆よ」「世の衆よ」と、加害、被害、市民全方位に問いかけた。また一九九〇年、水銀を呑んだ魚介類を埋めて造った水俣湾埋立地で熊本県知事細川護熙が開催した「一万人コンサート」に、正人夫妻が熊本県庁に抗議に向かい、当日も会場でビラを配って抗議した。

行政の動き

さて、こうして三人がそれぞれの経緯で戻って来たこちらの仕組みの世界では一九七三年にはじまった裁判（第二次訴訟）が一九七九年に患者側勝訴となり、また一九八〇年初の国賠訴訟（第三次訴訟）でも一九八八七年に原告全員を水俣病と認め、国・熊本県・チッソに賠償命令が出され、一九九〇年に入ると東京、熊本、福岡、京都で和解勧告がなされた。

一九九四年二月になると、水俣市長に水俣の山側に当たる久木野出身の吉井正澄が水俣市長となった。彼は市長となる前の一九七五年、上述の「偽患者」発言に端を発して道子の『苦海浄土』などを紐解くことから理解をふかめており、一九九〇年には、「一万人コンサート」に、緒方正人が抗議のビラを配っている姿を見かけており、さらに一九九二年には杉本栄子の講演を聞いていた。この時、栄子は上述した体験から「綺麗な海にかえすためには、国や県にお願いし漁民も懸命に努力しなければならないが、それだけでは海は生き返らない。魚たちが沢山湧く海に帰すために大切なのは、山の人たちが水俣川に綺麗でミネラルを沢山含んだ水を流しつづけてくださることです」という趣旨の講演をし、山側出身の吉井市議が喜びの手紙を出したことから交流が始まっていた（吉井、二〇一七、一三〇頁）。

患者の本願

そうしたところに、では水俣病患者有志で「水俣病の原点」ともいうべき水俣湾埋立地にどう向き合うか考えるなか、一九九三年、埋立地に野仏を立てようという話になり、一九九四年三月に栄子夫妻や正人を含む水俣病患者有志一七名で発足させたのが「本願の会」であった。本願の会の会誌『魂うつれ』の第一号に掲載された「事のあらまし」には次のように書いてある。「本願の会は一九九四年三月、田上義春、浜元二徳、杉本栄子、緒方正人ら一七人の水俣病患者が呼びかけ、発足した会です。その思いは本願の書という形で残されています。長い裁判闘争、補償交渉の後、移り行く時代の中で和解という決着を目前にし、『今のままでは、患者は犬死じゃ。払った犠牲も強いられ続けている犠牲も患者がいなくなればみんな忘れられてしまう。おどんたちの生きた証しばどげんかして残せんもんじゃろうか』という田上義春さんの心の底の唸りの様な発言から会は出発しました。その後、中心となる活動を水俣湾の埋立地に森を創って、お地蔵さん（魂石）を置き続ける事、我々が生きるこの時代を見据え続ける事などに絞り活動を続けていきます」（『魂うつれ』一九九八年一一月号、六頁）。

「本願の会」の名の発案と「本願の書」は正人が下書きしたものであり、上述した道子の『苦海浄土』や栄子らの生類との同等性などの特徴が色濃く見られる。「時代の産業文明に犯された水俣の海は、それゆえに病み続け、さらに埋め立てられた我らが命の母体は今も絶命せずに呻吟しています。そのうめき声はあまりに切なく私達の心に日夜響きます」「この原罪は消し去ることのできない史実であり、人類史に人間として永久に刻みこまれなければなりません。その意味から、埋め立てられた苦海の地に数多くの石像（小さな野仏さま）を祀り、ぬかずいて手を合わせ、人間の罪深さに思いをいたし、共にせめて魂の救われるよう祈り続けたいと深く思うのです」「病み続ける彼の地を水俣病事件のあまねく魂の浄土として解き放たれんことを強く願うものです」（『魂うつれ』一九九八年一一月号、ⅱ～ⅲ頁）。

「その本願とは、大いなる自然の命に繋がる、そのことに目覚めることだと私は思います。『本願の会』とは何かい、本願とは何をいっとるのか、というふうに何度か私は聞かれたことがあります。私としては、共に命としてあらんことを願うというふうで、その願いは、実は私たちの方にかけられている。私たちが願っているということだけではなくて、おそらく、私たちの方にかけられた願いだろうと思います」（緒方、二〇二〇、一四七～一四八頁）。

六　水俣病犠牲者慰霊式と政治決着

式辞の内容

とはいえ、埋立地は熊本県の所有地であり、地蔵の建立は政教分離に抵触する可能性があるため、吉井が入り「宗教色を出さないということで許可になった」（吉井、二〇一七、三〇頁）。

他方、一九九四年、吉井はこれまで「行政が水俣病問題を終結させる企みを患者に押し付ける官製の慰霊式」（吉井、二〇一七、二八頁）と反発され患者団体が欠席してきた水俣病犠牲者慰霊式を、自身が市長となった第三回目で患者団体代表も参加する慰霊式とできたことを喜んだ。

そこでの式辞は「水俣病犠牲者慰霊式を挙行するにあたり、水俣病の発生によって犠牲になり、尊い生命を失われた方々の御霊に対し、謹んで哀悼の意を表します」に始まり、主に二つの内容が盛り込まれた。一つは前半の「水俣病で犠牲になられた方々に対し、十分な対策を取り得なかったことを、誠に申し訳なく思います」「あなた方の犠牲が無駄にならないよう、水俣病の悲劇と反省と教訓を基に環境、健康、福祉を大切にする町づくりをさらに進めていくことでお赦しをお願いしたいと存じます」と水俣病の健康被害について言及したものである。いま一つは後半で市民に向け「市民のほとんどが、水俣病を克服しなければ水俣の発展はないことを十分に認識し理解していながら『ではどうすればよいのか』という判断をしないまま四十年近く過ごしてしまいました」「水俣病の教訓を、外に向けて発信する前にまず水俣市民自らが受け止め、水俣の悲劇を乗り越える新たな地域文化を形成し、今までにない価値観に基づく地域づくりをなすことができなければ、水俣病による苦しみも悔しさも永遠に癒されることはありえないでしょう」とした。こうして両者の悲劇について「亡くなった方々が浮かばれるように、己を識りお互いを認め合うという羅漢の和で、諸々の困難な事柄を克服し、今日の日を市民みんなが心を寄せ合う『もやい直し』の始まりの日」と宣言した（吉井、二〇一七、一七頁）。

これには逆に本願の会が反応した。本願の会の会誌『魂うつれ』第一号には「『もやいなおし』（関係性の修復）という言葉は、本願の会を発足させるための話し合いの場で緒方正人さんが言い出した言葉で、大小合わせて二三団体もある患者団体に対して本願の会の事をどう呼びかけるかという時に言い出された。（中略）しかしながら、気がつくと行政の施策のスローガンとなっていた。一住民である患者がもやいなおしを言い出すことと、行政が頭ごなしにそれをいうのは少し意味が違う」（『魂うつれ』一九九八年一一月号、一〇～一一頁）と緊張が生じたのが見て取れる。

政治決着と終わりなき水俣病

さて、時間はやや前後するが吉井は市長選に勝利すると、就任前に対立している主要患者団体一六団体を回り、一九九四年六月に村山富市内閣が社会党・自民党・新党さきがけの三党連立政権で成立したのを「好機到来、水俣病解決のチャンス」と見ていた（吉井、二〇一七、一八九～一九九頁）。

未認定患者たちを一時金と医療費・医療手当を支給することで「解決」とする政治決着は、当事者には「ようやく水俣病に理解を示し始めた水俣市民とのおそらくこれが最後の和解の機会になるだろうという思い」で、受け入れられたと想像され（栗原、二〇〇〇、一九頁）、むしろ「終わりなき水俣病」という形でそのすれ違いを生み出すことにもなってゆく。

七　火のまつり――魚の視点

こうした政治決着のあり方を前にして、一九九四年一一月六日に開催された環境創造都市水俣推進事業の催しが第一回「火のまつり」であった。

吉井側の把握では「水俣病犠牲者慰霊式は、死亡された認定患者だけに限定されたが、その後、水俣湾埋立地において『火のまつり』が開催され、親水護岸に野仏が安置され、犠牲になった生物すべての霊を慰霊することになった。（中略）私は勿論賛成であったが、行政が宗教行事をすることは禁じられている。そこで市民団体が祈りを捧げるまつりとして実現した」（吉井、二〇一七、二九頁）。

当夜の埋立地は二千本の松明と千五百本の浮き蝋燭入りの孟宗竹で舞台がつくられ、七百人ほどの市民の前で鐘や打楽器が奏でられたのち、祭主として白装束に身を包み、紫の布で額を包んだ栄子が登壇し、埋め立てられた魚の視点から語り出した。

「おっどんが魚じゃった時の話ばい／ここは昔　海じゃった／おっどま　あしこん（あそこあたりの）藻ん中で生まれ／こっちんこん　瀬で育って／小まんか魚どんたちを追いかけ　太か魚どんたちから追われ　毎日仲間どんたちとようここで遊びよった」。そこに暗雲が垂れ込める。「急に人んこられんごつなったち思ったら／仲間どんたちが　あっちも　こっちも　何処もここも　浮いた／まあ　なにが起きたじゃろかち　お

どま　何もわからんかった／逃げようにも逃げられず　逃ぐるところもなかったもんな」。そこから生類への訴えになる。「今生きとる者ば大切にする　そは一番たい／じゃばってん　昔生きとった者んも思い出してくれんな！／人は人　魚は魚ち思うとらす者もいっぱいおらすばってん　そるがほんなこつじゃろか？／みんな目に見えん小まんかもんから　とてつもなか太かもんまで　お互いに　生かし生かされながら　みんな繋がっとっとばい」。その鍵は死類の納得だという。「おっどんも早う土になろうごたっと　ばってん　まだ　なりきれんと／納得できたとき　土になろうち思う／納得でけんときゃあ　化けて出るかもしれんとばい！／おっとま『ごめんなさい』ち言うてもらうためじゃなか　あんたたち　あんたたちのお蔭様ですち思い出して貰いたかー！」（藤崎、二〇一三、二五九～二六一頁）。

こうして栄子はその体験から全生類からさらに大きな死類にも開かれた納得の仕方を表現したのである（cf.下田、二〇一七、九四頁）。

八　日月丸──開かれる回路

また政治決着の動きに対して、別の応答となったのが公式確認四〇年目にあたる一九九六年九月に水俣東京展を企画したＮＰＯ水俣フォーラムの動きであった。フォーラムから水俣の打瀬船の展示を正人に打診したところ、正人が自ら水俣湾から舵を取って魂たちと一緒に遡る「魂入れ」の儀式を逆提案されたものの、魂という発想が受け容れられず本願の会の主催となった。

「一体誰が海ばこんなにしてしまったか、ある意味じゃ東京湾も水俣湾になってしまったと思いました。出港する時、広島・長崎や沖縄の気持ちを引き継いで乗せていこうという気持ちが私の中にはありましたので、八月六日出港ということになりましたが、このルートは毒を押し返すルートなんです。逆にいうと、なんでん悪かことは東京から来るもんじゃからですね。沖縄の問題にしても広島・長崎の問題にしても、元をたどれば東京が原因をつくっちょるもんじゃから、押し返してやろうという気持ちもありました」（緒方、二〇二〇〔一九九八〜二〇〇〇年〕、一三四頁）。

「やっぱり本当の自分というのはなんだろうかと思うようになったんです。それまでは、そんなこと考えないでおったんです。ところがその問いが始まってから、今まで持ちあわせとったのがボロボロ崩れ落ちていく。恐くはありましたけれども、命を賭けてでもそのことを知りたいと思ったんですね。ですから水俣病の事から、実は戦争の問題を考えるようになり、沖縄や広島・長崎の問題も少しわかるようになり、様々な社会事件や薬害事件や、日本国内だけじゃなくて、あちこちで起きる民族同士の対立の問題や宗教戦争や、いろんなことを考えるようになりました。ですから、水俣病事件というのはチッソを問うていたという言い方もありますけれども、おのれが問われていた気がします。このことが水俣病に遭遇した自分の体験の中で一番気付かされたことだと思います。ですから、たしかに私の小さいころの親父は、非常に苦しんで目の前で狂って死んでいきましたけども、そのことが少し自分の中で意味をもってきたという気がしているわけです」（緒方、二〇二〇〔一九九八〜二〇〇〇年〕、一四三頁）。

こうして栄子において病の体験が死類への回路に開かれたのに重なり、正人においても狂いの体験が戦争、長崎、広島、沖縄、民族対立、宗教戦争などへの回路に開かれ、水俣病体験が積極的な意味を担う場になってゆく。

九　不知火――体験の結晶

道子に新作能の依頼が来たのも、水俣フォーラムの縁で土屋恵一郎の提案で書かれたのが新作能「不知火」であった（大岡・石牟礼、二〇一三〔二〇〇三年〕、七二頁）。

物語は末世に顕れる菩薩たる「隠亡の尉《おんぼうのじょう》」により顕された舞台で、海霊の宮の斎女で竜宮の姫「不知火」と、その弟にあたる竜神の王子「常若《とこわか》」とが救いがたき穢土の世を離れ、古代中国の楽祖で木石の怪の「夔《き》」の楽音のなかで祝婚され海霊の宮に戻ってゆく（石牟礼、二〇一三〔二〇〇四年〕、一二～二一頁）。二〇〇四年、本作が水俣湾埋立地での上演となった。八月当日は、栄子は留袖、正人は紋付き袴で臨んだ。

緒方正人の挨拶では「水俣におきましては、およそ、五十年におよぶ受難の歴史を、背負ってきた」けれども「たとえ事件史上の立場の違いなどがあったにしても、私どもは、受難の地において、ともに立つ場がまさしくここにございます」（『魂うつれ』二〇〇五年一九号、四頁）と述べたが、これは上演をチッソにも呼びかけていたためであった。

登壇した石牟礼道子はさらに「皆様の足下は二十七年前まで、波の行きかう海で、イルカも遊びにきておりました。どんなに豊かななぎさであったことか。人間だけでなく、おびただしい水鳥たちや、キツネやタヌキやムジナや、鶏、ブタなども命を養ってもらって、向こうの天草島とも行き来して、浜ん小浦と呼ばれ親しまれておりました」「この〔夔の〕神が、浜の石を、ここの浜の水銀のにおいの濃い意志をとって音曲をつかさどられると、無数の獣たちが舞いだしてくる」（『魂うつれ』二〇〇五年一九号、五頁）と、生類から死類にまで世界を広げる。

杉本栄子は上演後の感想を聞かれ、「具合の悪かったけん、結婚できなかったとか、あの人を思うとるばってん、口に出されんかったとか、そういう部分を道子さんが、きれーに理想とする形で書いてくださって。亡くなった人達、苦しんだ人達のことを、どうすれば苦しさを乗り越えて、綺麗な死に方として伝えられるかというのが道子さんでしょ。／水俣病を自分の……のさりとして死んでいった人達ば見た神々が、こっじゃ……ぐらしかった（可哀相だった）よねて。そんなら、あの世での約束を言うとかんとねて。そういった感じで、ロマンを描いて演じてくださった」（『魂うつれ』二〇〇五年一九号、七〜八頁）と語っている。

この不知火が、三人が水俣病を体験してきて結晶化した一つの極北であろう。

一〇　内破された宗教

まとめよう。

本章では、諸宗教も行方を模索する現代において、石牟礼道子、杉本栄子、緒方正人の三人を通じて、既成宗教も通用しない水俣病の状況からどのような経路を経て未曽有の展開を示したのかを見てこようとした。冒頭では石牟礼道子の断章を並べ、前半では各自の人生におけるある種の臨死体験が、諸方面に共感性を拓く回路となり、水俣病事件から四〇年ほどの年月を経て水俣病の死者死類を見てきた者たちが集まったところに本願の会が発足したのを見て来た。

後半では本願の会発足以降、当時市長選で選ばれた吉井の慰霊祭への関与などで、彼ら本願の会の人びとの言葉（もやいなおし）が行政にも響いたかのように見えたが他方でその「決着」のつけ方のすれ違いを確認するかのように、火のまつり、日月丸、不知火とで、栄子、正人、道子がどのように自らの本願の表現を拓いてきたのかを見て来た。それは、既存宗教が動かなかったところで、自らのいのちを賭して生類や死類も含めたいのちへの応答の回路が開いた者たちによる宗教の内破のようにも見える。だがその動きは、これまで加害者と被害者の間での現実的な闘争であった水俣病事件が、加害と被害の関係を超え、人間と多種との関係も超え、さらには生類と死類の関係をさえ超えたがために水俣病の被害という焦点が像を結ばなくなってしまったかのようにも見える（下田、二〇一七、二二五〜二二八頁／cf.永野、二〇一八、一二六〜一三一頁／井上、二〇二〇）。一体、道子はそこにどのような世界が拓かれゆくのを見出したのかを確認しよう。本願の会の発足の裏に何がうごめいていたのかを、のちに道子は書いている。

「『人を憎めば我が身はさらに地獄ぞ。その地獄の底で何十年、この世を恨んできたが、もう何もかも、自分が変わらんことには、人さまを変えることはできん。戦いというものはそこの所をいうとぞな』と、涙をふきこぼし、ふるえながら言われるのは、杉本栄子さんご夫妻である」（石牟礼、二〇〇四a、五九一頁）。

「患者さんに取りついた水俣病は離れてくれず、痛みも癒えることはない。それなら、いっそのこと水俣病を『守護神』にしよう。人間の、この罪と痛みをわが身に全部引き受けて、一心に祈ろうと思っておられます。似たような心境を語ってくださる患者さんはほかにもいます」（石牟礼、二〇一四〔二〇〇二年九月〕、五六一頁）。

「また緒方正人さんはいう。／『チッソの人の心も救われん限り、我々も救われん』／そこまで言うには、のたうち這いずり回る夜が幾万夜あったことか。このような人々を供犠として私たちの近代は道義なき世界に突入してしまった」（石牟礼、二〇〇四a、五九一～五九二頁）。

「これは大変なことだと私は思いまして、キリストが磔になる直前〔＊実際には絶命する直前〕に、『エリ　エリ　レマ　サバクタニ』と言いました有名な言葉がありますね。『わが神わが神、私をどうしてお捨てになりますか』と言って死んだんですね。水俣の患者さんは全部そこを通られたんだと思うんです。神も仏もないのか、一度ならず二度ならず、どの患者さんも思われたと思うんですね。『とうとう神様、仏様は私をお見捨てになるんですか』と、水俣の患者さんは思われたと思います。ですけど、そこを乗り越えて、十字架に磔されているのじゃなくて、水俣の場合は、水銀というのは体を突き通していますよね。ご自分の体とぴったり重なっていますよね。それをゴルゴダの丘ではありませんけど、みなまたのあそこの海辺にいて背負い直すぞとおっしゃっています。私、うわあっと思いまして、これはどういうことか」（石牟礼、二〇〇五a〔一九九五年一〇月〕、三二六～三二七頁）。

「わたしはこの人々と『本願の会』なる集まりを持って来たが、人柄にふれるたびに、人間への、あふれてやまぬ慈悲のようなのを感じる。愛というには、悲しみの方が深いからである。戦後日本人の、いわゆる知識階層ではなく、庶民の、それも海辺の民から生まれてきた、極限の宗教的哲学をわたしはなんとか美的に結像させたかった」（石牟礼、二〇〇八〔二〇〇三年八月〕、三七頁）。

この道子の目撃してきたものは、二〇一一年東日本大震災とその後の原子力発電所の事件の体験者たちの間で、水俣を再び注目させることになった。水俣湾埋立地の爆心地は爆進地として、水俣をフクシマの先進地として位置付けることになり、正人の書いた『チッソは私であった』が入手困難な書籍となった背景には、当時あちこちに「東電は私であった」「緒方は私であった」人々が連なったことを示しており、ついには東本願寺が本願の会の正人にインタビューする事にもなった（緒方、二〇一三b〔二〇一二〕）。

本章では本願の会の姿勢が宗教を内破して、宗教でなかったがゆえに行政に、チッソに、フクシマに、既成宗教にと影響を与えていったのは見て取れた。この爆心（進）地の力が癒しとどう出会いすれ違うのかは、今しばらく先を見てゆかねばなるまい。

参考文献

飯嶋秀治（二〇一一）「宗教の教育と伝承――ベイトソンのメタローグを手がかりにして――」『宗教研究』八五巻二輯、二一九～五六頁

石牟礼道子（二〇〇四a）『不知火』第三巻、藤原書店

――（二〇〇四b）『不知火』第五巻、藤原書店

――（二〇〇五a）『不知火』第七巻、藤原書店

――（二〇〇五b）『不知火』第一一巻、藤原書店

――（二〇〇六a）『不知火』第六巻、藤原書店

――（二〇〇六b）『不知火』第九巻、藤原書店

――（二〇〇六c）『不知火』第一〇巻、藤原書店

――（二〇〇八）『不知火』第一四巻、藤原書店

――（二〇一二）『不知火』第一五巻、藤原書店

――（二〇一三）『不知火』第一六巻、藤原書店

――（二〇一四）『不知火』別巻、藤原書店

石牟礼道子・緒方正人（二〇一三）「加害・被害の枠組みをどう超えるか」石牟礼道子『蘇生した魂をのせて』河出書房新

社、一六五～一九五頁
井上ゆかり（二〇二〇）『生き続ける水俣病――漁村の社会学・医学的実証研究』藤原書店
大岡信・石牟礼道子（二〇一三）「救いとしての本物の美」石牟礼道子『不知火』第一六巻　藤原書店、七二～八八頁
緒方正人（二〇〇〇）「魂のゆくえ」栗原彬編『証言　水俣病』岩波新書、一八二～二〇二頁
――（二〇二〇）『チッソは私であった――水俣病の思想』河出文庫
――（二〇〇八）「生命の記憶よ　よみがえれ」原田正純・花田昌宣編著『水俣学講義』第四集、日本評論社、一〇七～一二六頁
――（二〇一三a）「三十八億年の生命の願い」『KAWADE道の手帖　石牟礼道子』三六～五四頁
――（二〇一三b）「水俣からフクシマへ」『人間といういのちの相V　今、いのちがあなたを生きている』東本願寺出版、六〇～八三頁
緒方正人語り・辻信一編著（二〇二〇）『常世の舟を漕ぎて――熟成版』ゆっくり小文庫
栗原彬（二〇〇〇）「死者と未生の者のほとりから」栗原彬編『証言　水俣病』岩波新書、一～二六頁
島薗進（二〇二〇）『新宗教を問う――近代日本人と救いの信仰』ちくま新書
下田健太郎（二〇一七）『水俣の記憶を紡ぐ――響き合うモノと語りの歴史人類学』慶應義塾大学出版会
杉本栄子（一九七五）「〈話題〉水俣病に克った杉本栄子さん」『佼成』六月号、五四～五五頁
――（二〇〇〇）「水俣の海に生きる」栗原彬編『証言　水俣病』岩波新書、一二九～一四六頁
永野三智（二〇一八）『みな、やっとの思いで坂をのぼる――水俣病患者相談のいま』ころから
羽賀しげ子（一九八五）「海が私の舞台　杉本栄子」『不知火記――海辺の聞き書』新曜社、四九～九一頁
藤崎童士（二〇一三）『のさり――水俣漁師、杉本家の記憶より』新日本出版社
水俣市史編さん委員会編（一九九一）『水俣市史』上巻、水俣市
吉井正澄（二〇一七）『「じゃなかしゃば」新しい水俣』藤原書店

米本浩二（二〇一七）『評伝　石牟礼道子――渚にたつ人』新潮社
――（二〇二〇）『魂の邂逅――石牟礼道子と渡辺京二』新潮社

コラム⑥　生命倫理

前川健一

一　生命倫理とは何か

生命倫理はバイオエシックス（bioethics）の訳語であり、人間の生死や医療にかかわる学問研究の領域として一九七〇年代に形成されたものである。そこで扱われる問題は多岐にわたるが、重要なのは、生命倫理という特別な倫理があるわけではなく、あくまで日常的な倫理の延長上に、生命科学や医療にかかわる特定の問題への応答があるということである。それゆえ、そもそも倫理・道徳が意識化されていないところで、生命倫理の問題だけを考えることなどできない。一神教の伝統では、神との契約にもとづく倫理規範は、日常生活において多かれ少なかれ意識されているので、生命倫理にかかわる問題はただちに宗教上の意味を有することになる。こうした社会において、人工妊娠中絶や安楽死の是非といった問題に、宗教者・神学者が積極的に応答し、公共的な議論にも影響を与えるのは当然といえば当然である。

二　日本仏教と生命倫理

翻って、日本仏教の場合はどうであろうか。日本人の多くは、特定の寺院・宗派の檀家という意味で、名目上は仏教徒であるが、日常の倫理・道徳において仏教に判断基準を置いているとは言い難いし、仏教の側もそのような発言を積極的に行ってきたわけではない。鎌倉新仏教以後の日本仏教では、度重なる戒律復興の動きにもかかわらず、全体としては戒律軽視ないし戒律否定の傾向が強かった。『歎異抄』に見られる悪人正機説が高く評価されてきたように、どのような者でも信仰があれば救済されるという点に日本仏教の到達点を認める言説は、仏教界の内外に溢れている。また、歴史的に見て、日本仏教の社会的役割として、死者の慰霊・追悼に大きな比重があったことも認めざるを得ない事実である。それゆえ、日本仏教が生命倫理の問題に対応する場合も、キリスト教などと同列ではあり得ない。ここでは、脳死・臓器移植と人工妊娠中絶という二つの問題への対応を通して、検討してみたい。

三　日本仏教と「脳死」・臓器移植

多くの日本人にとって「生命倫理」を強く意識するようになったのは、いわゆる「脳死」（全脳ないし脳幹の不可逆的な機能喪失）と臓器移植（特に心臓移植）をめぐる議論からである。世界的には、脳死を死亡判定基準として使用することは事実上広く受け入れられ、免疫抑制剤の開発以後、臓器移植も一般化していたが、日本では、一九六八年に札幌医科大学で最初の心臓移植手術が行われた後、その適正性が問題となったため、長らくタブー視されてきた。しかし、一九八〇年代からこのような状況への見直しが始まり、活発な議論が開始されるようになった。

この動きに仏教界も巻き込まれ、個々の教団や仏教者が意見を公表したほか、仏教界を代表する形で日本印度学仏教学会に「臓器移植問題検討委員会」が設置され、一九九〇年九月二九日付で「委員会見解」とそれを補足する「委員長覚書」を公表した。仏教界全体としては、脳死を死亡判定の基準とすることにも、脳死状態の人からの臓器摘出・移植についても、反対ないし慎重な意見が多かったが、発言者の多くが仏教学者や僧侶であったこともあり、仏教経典の解釈や既存の教理との整合性など、いささか当事者性を欠いた議論に陥りがちであった。逆に、十分な教理的裏付けのない個人的見解が、仏教の立場として示されることも少なくなく、全体として見れば、理論的な混乱が目立った。仏教界からの論点のうち特徴的なものとして、「脳死状態の人からの臓器の摘出・移植は仏教的な意味での布施や捨身に相当するか」

「他人の臓器を移植して延命しようとするのは、執着ではないか」といったものがあるが、仏教の教理解釈としては重要でも、賛成派・反対派いずれにとっても迂遠な問題であったのは否めない（今日から見ると、重要な問題提起につながる要素もあるが、当時は掘り下げが不十分であった）。そのため、仏教者の議論は一般世論に影響を与えるには及ばず、臓器移植法（一九九七年）が成立すると、一部を除いて、仏教者の関心は急速に薄れていった。いわば、脳死・臓器移植に対して、日本仏教は真正面から応答しようとして、十分な応答をなし得ないことを露呈してしまったのである。後智慧を承知で言えば、このとき、倫理的な問題に単なる倫理的次元で応答するのではなく、仏教にしか扱えない宗教的領域（その意味は後述）を見いだすことが必要であったのである。

四　日本仏教と人工妊娠中絶

ある意味で、脳死・臓器移植とは対照的であるのが、人工妊娠中絶に対する日本仏教の関わりである。人工妊娠中絶は、欧米では、その是非が政治問題化するほどの大きな問題であり、キリスト教、特にカトリックが厳しく批判していることは周知のとおりである。しかし、日本では大いに事情が異なる。終戦直後の日本では、急激な人口増加に対応するため、本来、優生学的な趣旨であった「優生保護法」に一九四九年に人工妊娠中絶の事由として「経済的理由」が加えられ、事実上、人工妊娠中絶が解禁された。その後、何度か「経済的理由」条項見直しの動きはあったものの、それらは主として人口政策上の観点からのもので、欧米のように胎児の生命権が正面から問題となったことはなかった（ただし、重篤な疾病・障碍を有する胎児に対する人工妊娠中絶の許容については、障碍者団体からの強い反対があった）。

これら一連の動きの中で、仏教界が主体的に発言したり、仏教思想が影響を与えたりしたことは、ほぼ無い。しかし、仏教は水子供養というかたちで人工妊娠中絶と結びつくことになる。水子供養は、人工妊娠中絶によって堕胎された胎児への供養として、戦後に成立し、一九七〇年代に一般化したものである。その段階では、胎児のタタリの強調や、過度な金銭的要求など、オカルト的・商業主義的な側面があり、純粋に仏教的なものとは言えないが、今日では広く定着していると言ってよい（近年では、日本以外の仏教圏でも、水子供養的な儀礼の存在が報告されている）。日本の仏教界では、水子供養は一種のタブーのような扱いをされてきたが、海外（特にアメリカ）では大きな注目を集め、研究と議論が重ねられている。

ここで重要なことは、水子供養が示唆する、人工妊娠中絶における宗教的次元の存在である。人工妊娠中絶にともなう精神的なダメージやトラウマは、場合によってはカウンセリングなどによって軽減することができるかも知れない。しかし、堕胎された胎児への関心を汲み取ることは宗教にしかできないのであり、その点で水子供養は一定の役割を果たしていると思われる。これは、東日本大震災以後、特に注目されている仏教者によるグリーフ・ケアにも言えることであり、被災体験や喪失感への心理的・精神医学的ケアとは別に、死者そのものへの関心に応えることは極めて宗教的な領域に属すると言えよう。もちろん、これは極めて際どい作業であることも確かで、下手をすれば、オカルト的な領域に踏み込みかねないし、どのようにして適切な自己規制が可能なのかは重要な課題であるが、歴史的に死者追悼の宗教として定着してきた日本仏教としては自然な対応であり、社会的にも貢献を期待しうるものである。

生命倫理を含む倫理的問題に対して、日本仏教には直接に応答できるような枠組みは存在しない。しかし、これは信仰のみを救済の条件とする日本仏教の一般的傾向からすれば必然的なことであり、何ら否定的な意味を持たない。むしろ、死者への関心など、倫理的次元を超える宗教的次元を引き受けることに、日本仏教の可能性があると思われる。

最後に、今後の課題として、能力増強（外科的手術や薬剤などで様々な能力を増強すること）と人工知能技術に触れておきたい。これらは、それぞれの仕方で従来の人間の在り方や定義を更新するものであるが、無我説に立つ仏教では、人間や人格はそもそも実体的なものではない。このような観点は、従来の人間観や倫理を超える問題に、重要な寄与ができる可能性があると思われる。

第八章　霊性と宗教——平成期

鎌田東二

一　昭和から平成へ——成長と爛熟と拡散の時代

一九六〇年代の日本

「平成」の元号は一九八九（昭和六四）年一月八日に始まり、二〇一九（平成三一）年四月三〇日に終わった。その一九八九年から始まる平成期の日本の社会と宗教の動向を、「霊性と宗教」という本章の視角からアプローチしていく際に、そこにつながる一九六〇年代からの大きな変化の流れやうねりを捉えておく必要がある。そこで、最初に、一九六〇年代から一九八〇年代の終わりまで、あるいは昭和三〇年代から昭和六四年までの日本の社会の動きと宗教やスピリチュアリティへの関心の動向を簡潔にトレースし、その後に平成年間と令和時代の現在に至る動向を、一九九〇年代、二〇〇〇年代、二〇一〇年代の三つに分けて見ていくことにしたい。

一九六〇（昭和三五）年、日米安全保障条約に対する反対運動（安保闘争）の後、一九六五（昭和四〇）年以降大きな文化変革の波が打ち寄せた。それが後に「精神世界」の動きや島薗進の言う「新霊性運動」の動きともつながっていく（島薗、一九九六）。たとえば、土方巽が創始した暗黒舞踏や寺山修司の天井桟敷、唐十郎の状況劇場（赤テント）、佐藤信の自由劇場、鈴木忠志の早稲田小劇場など、いわゆるアングラ（アンダーグラウンド）・小劇場演劇が活発となり、その動きと反体制運動・カウンターカルチャーの波や全共闘運動が連動する形となった。アメリカ西海岸のフラワーチルドレンや欧米のヒッピームーブメントやビートニックやベトナム反戦運動の波は、近代資本主義システムの構成要素となることを拒否し、オルタナティブな生き方を自由に探究する人たちを生み出した。そのオピニオンリーダ的な存在がティモシー・リアリー（一九二〇～一九九六）や『ビー・ヒア・ナウ』の著者のラム・ダス（一九三一～二〇一九）やチャールズ・タート（一九三七～）などで、彼らによるサイケデリックや「変性意識状態」（altered state of consciousness, ＡＳＣ）の探究は、後代の「精神世界」探究者に多大な影響を与えた。

人間の意識の諸相についての、フロイトやユングなどの深層心理学とは異なるトランスパーソナルな視点で捉えていく変性意識研究の方向と並行して、わが国では新アニミズム論が浮上してくる。その代表的な論客が文化人類学者の岩田慶治（一九二二～二〇一三）と哲学者の梅原猛（一九二五～二〇一九）であった。岩田は、『日本文化のふるさと―東南アジア稲作民族をたずねて―』（角川新書、一九六六）、『東南アジアのこころ―民族の生活と意見―』（アジア経済研究所、一九六九）、『カミの誕生――原始宗教』（淡交社、一九七〇）、『草木虫魚の人類学――アニミズムの世界』（淡交社、一九七三）、『コスモスの思想――自然・アニミズム・密教空間』（ＮＨＫブックス、一九七六）、『カミの人類学――不思議の場所をめぐって』（講談社、一九七九）、『カミと神――アニミズム宇宙の旅』（講談社、一九八四）、『アニミズム時代』（法藏館、一九九三）など、「アニミズム」を冠した著作を多く世に問うた。

一方、梅原猛も、ほぼ同じ時期から、『美と宗教の発見』（筑摩書房、一九六七）、『地獄の思想』（中公新書、一九六七）を始めとして、「怨霊」論など独自の観点から日本文化研究を進め、『［森の思想」が人類を救う――二十一世紀における日本文明の役割』（小学館、一九九一）や『人類哲学序説』（岩波新書、二〇一三）などで、アニミズムによる文明転換を主張している。日本の高度経済成長期に、この二人を中心にして日本文化論やアニミズム論が活性化してきたことは、批判的反応を含めて、国内外に一定の影響とインパクトを持った。後に、島薗進によって「霊性的知識人」（島薗、一九九六）と評されるようになる人々の本の出版や雑誌・メディアへの登場が一九六八年前後であることには注意しておきたい。

この一九六八（昭和四三）年は、パリでの五月革命を始め、先進諸国で反体制運動がもっとも盛り上がった年であるが、全共闘運動など政治的な運動が挫折し、政治の時代が過ぎると、体制への叛乱の一部は「精神世界」の探究に引き継がれていく。一九七七年、東京都内の大手書店が開催したフェアーで「精神世界」を銘打ったコーナーが設けられた。以後、「精神世界」という言葉が流行語となり、書店コーナーばかりでなく、一般メディアでも用いられるようになった。「精神世界」には、超能力やオカルティズムや密教の流行とも連動しつつ、宗教的伝統に根ざす諸種の瞑想や近代以降に展開された身体修練などさまざまな実践的な身体技法が含まれていた。社会学者の見田宗介（一九三七〜）が真木悠介名で刊行した『人間解放の理論のために』（筑摩書房、一九七一）、『気流の鳴る音——交響するコミューン』（筑摩書房、一九七七）は、この流れに連動したアカデミズムサイドからのオルタナティブな動きであったと振り返ることができる。その延長線上に中沢新一などの「ニュー・アカデミズム」の動きが出てくるのである。その間の山口昌男（一九三一〜二〇一三）や川田順造（一九三四〜）青木保（一九三八〜）らの文化人類学、山折哲雄（一九三一〜）や佐々木宏幹（一九三〇〜）らの宗教学、宮田登（一九三六〜二〇〇〇）らの民俗学などの人文社会科学の新しい研究動向もこれらと連動している。

一九八〇年代の日本

一九八五（昭和六〇）年、心霊科学研究家の梅原伸太郎が事務局長となり、「国際精神世界フォーラム」が設立された。その前後に、荒俣博編『世界神秘学事典』（平河出版社、一九八一）、『精神世界の本』（平河出版社、一九八一）、小松和彦『神々の精神史』（伝統と現代社、一九七八）、『憑霊信仰論——妖怪研究への試み』（伝統と現代社、一九八二）、『異人論——民俗社会の心性』（青土社、一九八五）、『鬼の玉手箱——民族社会との交感』（青玄社、一九八六）、中沢新一『チベットのモーツアルト』（せりか書房、一九八三）、『雪片曲線論』（青土社、一九八五）、橋爪大三郎『言語ゲームと社会理論——ヴィトゲンシュタイン・ハート・ルーマン』（勁草書房、一九八五）、『仏教の言説戦略』（勁草書房、一九八六）、『はじめての構造主義』（講談社現代新書、一九八八）、『冒険としての社会科学』（毎日新聞社、一九八九）、上野千鶴子『セクシィ・ギャルの大研究——女の読み方・読まれ方・読ませ方』（光文社カッパ・ブックス、一九八二）、『資本制と家事労働——マルクス主義フェミニズムの問題構制』（海鳴社、一九八五）、『構造主義の冒険』（勁草書房、一九八五）、『女は世界を救えるか』（勁草書房、一九八六）、『女という快楽』（勁草書房、一九八六）、『マザコン少年の末路——女と男の未来』（河合ブックレット、一九八六）、『〈私〉探しゲーム——欲望私民社会論』（筑摩書房、一九八七）、『女遊び』（学陽書房、一九八八）、『スカートの下の劇場——ひとはどうしてパンティにこだわるのか』（河出書房新社、一九八九）などの著作が次々と刊行され話題となった。これらの多様な研究動向を一括りにすることは無謀であるが、総じて、周縁的な文化事象に大胆に切り込んでいき、大衆的関心を呼び込んだと言えよう。

ほぼ同じ時期に、「氣」をめぐる画期をなす問題提起的なシンポジウムが開催された。一九八四（昭和五九）年、湯浅泰雄が中心となり、筑波大学で日仏協力筑波国際シンポジウム「科学・技術と精神世界——東洋と西洋の対話」が開催された。このシンポジウム記録は、湯浅泰雄・竹本忠雄編『科学・技術と精神世界』(一～五巻、青土社、一九八六～一九八七)にまとめられ、第一巻「科学の逆説」、第二巻「生命と宇宙」、第三巻「ニューサイエンスと気の科学」、第四巻「身体から精神への架橋」、第五巻「科学と宗教の回路」と題されている。

こうして、人文社会科学の新しい動向と並行しつつ、気や身心変容技法に関する関心と実修と研究がこの頃に大きな潮流になってきたことがうかがえる。この動きは湯浅泰雄と門脇佳吉が中心となって一九九一(平成三)年に設立された人体科学会の活動につながっていく。

この気功についていては、一九六四(昭和三九)年に中国に渡っていたことのある津村喬(一九四八～二〇二〇)がいち早くその動向を紹介した。津村はオルタナティブな「東洋体育」の身体論を探り、『からだの言いぶん——しなやかトレーニング実技編』(野草社、一九八一)で「しなやかな心とからだ」を育てる練功十八法、気功易筋法、二十段錦などの気功法を紹介し、「身心一如」の身体解放の道を示した。また、『別冊宝島三五・もっとしなやかに生きるための東洋体育の本』(JICC、一九八三)では、「からだに聞いて自分でつくる健康法」を提示した。その後、津村は一九八七(昭和六二)年に関西気功協会を設立・主宰し、そこを気功実修の拠点として精力的に『気功への道』(創元社、一九九〇)、『気脈のエコロジー——天人合一と深層体育』(創元社、一九九三)、『実践伝統四大功法のすべて』(帯津良一との共著、学研、二〇〇四)などを上梓し、近年では中国政府が公式の国際気功普及として打ち出している「健身気功」の日本の拠点「NPO法人日本健身気功協会」(二〇〇四年設立)の理事長を務めた。

中国気功には、①導引(いわゆる気功法)、②吐納(呼吸法)、③静定(瞑想法)、④存思(イメージ法・観想法）、⑤内丹（気功的身心変容の究極としての道との合一）の五段階があるが、その種々の功法と理論的背景や思想動向を示す先導的な役割を津村は果した。

こうして、「Japan as number One」（エズラ・ヴォーゲル、一九七九年）などと驚嘆された日本の高度経済成長の大きなうねりのさ中に、オウム神仙の会の主宰者の麻原彰晃（一九五五〜二〇一八）が、一九八五年、「空中浮揚」の写真とともに、オカルト雑誌の『ムー』や『トワイライトゾーン』に登場してきた。そして、ほぼ同じ頃に、幸福の科学、ＧＬＡ、真如苑などの「新・新宗教」「霊術系宗教」（西山、一九九一）ないし「第三次宗教ブーム」を牽引する新宗教教団も信徒を広げていく。この動向の分析と位置付けについては、宗教社会学の領域で多彩な議論の蓄積がある（たとえば、西山、一九七九／島薗、一九九二・一九九六／櫻井、一九九七など）。

この「新・新宗教」や「霊術系新宗教」や「第三次宗教ブーム」の流れに並行し連動するかのように広がっていったのが島薗進の言う「新霊性運動」である。島薗は『精神世界のゆくえ』（東京堂、一九九六）の中で、アメリカの「ニューエイジ運動」の「信念や観念のリスト」を一九項目挙げ、その第一番目に「自己変容あるいは霊性的覚醒の体験による自己実現」を置き、「新霊性運動」を定義して「個々人の『自己変容』や『霊性の覚醒』を目指すとともに、それが伝統的な文明やそれを支える宗教、あるいは近代科学と西洋文明を超える、新しい人類の意識段階を形成し、霊性を尊ぶ新しい人類の文明に貢献すると考える運動群である」と述べているが、これはオウム真理教などの目指したところと大きく重なっている。その意味では、「新・新宗教」群と「新霊性運動」群とは、同じ時代の同じ船に乗っていた両サイドだったと言うことができよう。

二　動乱の平成時代の始まり――一九九〇年代

以上、平成の宗教と霊性を考える前提となる戦後日本の社会状況をトレースしてみた。詳細に見ていけば、他にも記述しておかねばならない政治的・社会的事件（たとえば、三島由紀夫自決事件や連合赤軍による浅間山荘事件など）や文化事象も多々あるが、本章の文脈において関わりを持つ事項を挙げてみた。

さて、一九八九（昭和六四／平成元）年一月七日、昭和天皇崩御により、翌一月八日に元号が昭和から平成に変った。この年の一一月にベルリンの壁が崩壊したが、それはボーダーレス化が進行した一九九〇年代の象徴的事件のようにも映る。平成最初期の一〇年というのは、ベルリンの壁が崩壊したように、日本社会のタガが外れ、崩壊していく一〇年だったと見ることができる。そのことを端的に表す出来事が、一九九五（平成七）年一月一七日に起きた阪神淡路大震災と三月二〇日に起きた地下鉄サリン事件に端を発するオウム真理教事件、一九九七年の神戸児童連続殺傷事件（少年A・酒鬼薔薇聖斗事件）、一九九七年の山一証券倒産、そしてその年から始まる自殺者三万人超の事態であった。

「平成」という元号を発表したのは時の官房長官小渕恵三であった。この元号は、東洋史学者など有識者から提案された「修文・正化・平成」の三案を「元号に関する懇談会」と衆参両院正副議長で吟味し、全員一致で「平成」を選び、臨時閣議で決定したという。典拠は『書経』の「地平天成」とも、『史記』の「内平外成」であるとも言われている。だが、平成という時代は、「地平天成」「内平外成」とは真逆の、阪神淡路大震災やオウム真理教事件や東日本大震災など、「地動天乱」「内動外乱」とも言える大動乱の時代であった。

日本はその動乱に翻弄されつづけ、社会の再構築につながる自己修復（『古事記』の中の言葉を使えば「修理固成」〔つくり、かため、おさめ、なせ〕）も自己転換もできずに今日に至り、新型コロナウイルスの感染拡大が続く中、今なお衰弱しつづけている。もっと比喩的で過酷な言い方をすれば、阪神淡路大震災でポートアイランドなどの埋め立て地が液状化現象を引き起こしたように、一九九〇年代に日本の社会は「液状化」し、二〇一〇年代には東日本大震災後時の原発事故後の炉心溶融による放射能の漏出のように「空状化（エアロゾル化）」していると言えるのではないだろうか。液状化から空状化へと歯止めが効かない崩落を続けているように見えるのである。

二つのボーダーレス化

一九八九年のベルリンの壁崩壊以降の一九九〇年代のボーダーレス化は、二つの面で顕著になった。一つはグローバル金融資本主義の拡大、もう一つは地球温暖化現象に集約される気候変動である。そのいずれもが、政治と経済における国民国家的な枠組みをはるかに超出している。一方では、グローバル経済により、世界中が国家間の依存関係を強くしている。しかしながら、逆にそのことによって、格差と巧みな収奪が拡大する結果を招き、極端にまでグローバル化しているにもかかわらず、分断と対立と貧富の差は徐々に顕著かつ熾烈になってきている。

また、とりわけ、一九九二（平成四）年六月にブラジルの首都リオデジャネイロで開催された「地球サミット」（Earth Summit、国連環境開発会議 UNCED=United Nations Conference on Environment and Development）において、「生物多様性」と「持続可能な開発」（sustainable development）の重要性が共通認識になってきたにもかかわらず、この時以降、事態は悪化しつづけている。実際、この時の環境と開発に関するリオデジャネイロ宣言では、人類と自然との共生や相互依存が謳われて、持続可能な開発のためには地球環境の保護が必要であるとの認識で一致し、アジェンダ21（環境保護行動計画）、気候変動枠組条約、生物多様性条約、森林に関する原則声明が採択されたが、年々、状況は深刻度を増し、気候変動がもたらす自然災害は激甚化してきた。

あえてセンセーショナルな言い方をすれば、戦後の日本社会は、「ソリッド・ソサエティ」（固体化社会）から、「リキッド・ソサエティ」（液状化社会）を経て、「ガスオス・ソサエティ」（気体化社会・gaseous society）あるいは「エアロゾル・ソサエティ」（aerosol society）に突き進んでいると言えるかもしれない。一言で言えば、社会的紐帯の無効化の過程である。

だが、そのような事態の深刻化が進んでいる半面、揺り戻しのように、繰り返し「絆」や公共性やケアやボランティアの必要が説かれ、諸種の実践も始まっている。阪神淡路大震災の時には、「心のケア」が問題になり、茶髪の若者のボランティアなども見られ、「ボランティア元年」とも言われた。阪神淡路大震災とオウム真理教事件という、激烈な天災と人災が相次いで起こったこの年に、「ケア」の重要性が認識され始めたのである。これは、「心のケア元年」とも言われている。また、オウム真理教事件のさなかの同年四月、ティクナットハンが来日してマインドフルネスの重要性を訴えたので、図らずもこの年は「マインドフルネス元年」ともなった。

阪神淡路大震災と心のケアと芸術

兵庫県こころのケアセンター・センター長の加藤寛によれば、「こころのケア」という言葉が日本で最初に使われたのは「こころの科学」第四五号（日本評論社、一九九二）の「特別企画——こころのケア」で、そこに掲載された「チーム医療におけるこころのケア」「子どもの障害の診断告知と家族のこころのケア」「末期がん患者のこころのケア」「神経難病患者のこころのケア」などの論文で「こころのケア」のありようがさまざまなケースとして吟味された。が、その「こころのケア」が社会の前面に出てきたのが、阪神淡路大震災後のことであった。被害の状況と被災者の苦悩が、余すことなくメディアで伝えられ、強い共感を多くの人々が持った」からだという（加藤、二〇一四）。

加藤によれば、阪神・淡路大震災後に心のケアが大きな注目を集めるようになったのは、メディアによる報道によるもので、この時、「精神科医が行う医療的活動から、ボランティアが心を込めて被災者に寄り添う行動までを、カバーする用語となった」という。これに併せて、「ＰＴＳＤ」（心的外傷後ストレス障害）という専門用語もメディアでもよく使用されるようになった。加藤は、トラウマを「生命の危険を伴い絶望的で悲惨な状況を経験したことによる心の傷」で、「恐怖体験の記憶が脳に刻み込まれた結果、その記憶が何らかのきっかけで思い出されたときに、記憶の内容だけでなく強い恐怖感や無力感までも蘇るというのが、トラウマ反応の本質である」と指摘している。ＰＴＳＤを抱えている人は、そのフラッシュバックやリマインダーにより、社会生活や人間関係に支障が出ることがあるが、時間の経過とともに緩やかに回復することもあり、その回復のプロセスやありようについての事例研究も進み、特に東日本大震災後には、人の持つ「レジリエンス」（自己回復力・しなやかな回復力・弾性）が注目されるようになった。このレジリエンスが立ち現れる条件として、①安全と安心、②穏やかさ、③社会的つながり、④自己効力感、⑤希望などが指摘されている（こころのケアセンター編、一九九九／加藤、二〇一四）。

もう一つ、阪神淡路大震災後のケアのあり方を考える上で重要なのは、芸術の役割である。被災者でもあった島田誠は、神戸の老舗書店海文堂やギャラリーの社長でありオーナーであったが、阪神淡路大震災直後から「アート・エイド・神戸」を立ち上げて、当事者的立場から芸術による復興支援の活動を始め、その様子を『蝙蝠、赤信号をわたる――アート・エイド・神戸の現場から』（島田、一九九七）にまとめている。

島田は、一九七八（昭和五三）年に神戸市中央区に「ギャラリー島田」を創設し、近在のアーティストたちの発表の場を作って支援を行なってきた。このようなことから、阪神淡路大震災直後にアーティストの緊急支援の組織である神戸文化復興基金「アート・エイド・神戸」を設立し、わずか震災一ヶ月後の一九九五（平成七）年二月一七日に「チャリティ美術展」を開催した。このチャリティで五〇〇万円ほどの資金が集まり、これをもとにアーティストの救援活動を始めた。それは、二〇二〇年政府が行った国民一人一〇万円のコロナ支援にも似て、アーティストの活動資金として一人一〇万円を支援するという活動であった。その審査基準は、簡単で次の三項目のみであった。①プロとしての活動を一〇年間続けていること。②震災で具体的な被害を受けていること。③以上の二点を証明する知人の証言。こうして、最終的に八三人に七三〇万円の援助を行なった。

この援助の仕組みは、阪神淡路大震災のちょうど一年前の一九九四（平成六）年一月一七日に起こったアメリカ・カリフォルニア州のノースリッジ地震に際して現地のNPOグループが始めたもので、島田は新聞記事でその活動のことを知り、これまでの活動を基盤に、すぐにこの方式を取り入れて実現し、現在の公益財団法人神戸文化支援基金の活動につながってきている。これは、日本初の市民自らが負担し自分たちで運営していく「市民メセナ」の先駆け事例となった。これは、被災当事者の内なる創造性を引き出すセルフケアと他者へのケアの両方を含む多くの可能性を含んだケアのあり方と見ることができる。

島田は東日本大震災が起こった時にも、いち早くこの方式を用いて、東北の関係者とネットワークを構築し、それがきっかけとなって、被災後ほぼ三ヶ月のちの二〇一一（平成二三）年六月二二日に、「アーツエイド東北」が組織され、芸術を通した災害支援の輪を広げている。この「アーツエイド東北」は「一般財団法人アーツエイド東北」の活動時期を経て、現在「公益財団法人地域創造基金さなぶり　アーツエイド東北・芸術文化支援事業」として活動を続けている。このような芸術を通した心のケアのあり方は様々な可能性を秘めている。

こうした芸術を通した心のケアやグリーフケアに関わる催しとして、筆者は、一九九八（平成一〇）年、「神戸からの祈り」という被災地イベントに関わった。それは、沖縄の音楽家喜納昌吉の呼びかけに答える形で、映画監督の大重潤一郎（一九四六～二〇一五）や筆者らが関わり、ボランティア一五〇〇名ほどを動員して、一九九八年八月八日の「神戸からの祈り『満月祭コンサート』」や津村喬による生田神社会館での気功実修やジャズコンサート、神戸の酒蔵でのピアノや声楽のコンサートや映画上映会など、さまざまな芸術的様式を駆使した催しであった。そして、同年、平成一〇年一〇月一〇日、鎌倉の大仏・浄土宗高徳院で「東京おひらきまつり」という「神戸からの祈り」の姉妹コンサートを行なった（喜納・鎌田、一九九八）。

島田誠は神戸市中央区北野在住の大重潤一郎の友人でもあったこともあり、これらの活動を通して筆者は、気功やヨーガなどの身心変容技法の実修と芸術を通した心のケアの可能性やレジリエンスの強化のすがたを目の当たりにすることになった。

オウム真理教事件

しかしながら、ヨーガや密教瞑想などの各種修行や身心変容技法は、オウム真理教事件によって負の側面を露わにすることになった。オウム真理教事件については、一般社会の宗教不信や警戒心だけでなく、宗教学者・宗教研究者に対する不信や批判も顕著になった。その意味で、戦後の宗教シーンの最大の危機ともなったと言える。これについては、宗教学や社会学などをベースにした学術的研究や評論やルポルタージュが相当数積み重ねられているにもかかわらず、事件の全体像も真相も明らかになっているとは言えない。

これまで、教祖、教団、教義、宗教思想、宗教活動、政治活動、「ポア」と呼ばれた殺害行為、弟子たち、社会、メディアとの関わりなどなど、さまざまな視点から考察されて来ている。それでも、全貌が見通せない。真相が究明できない。そして、不透明で曖昧さを強く残したまま、オウム真理教教団の教祖であり元代表の麻原彰晃（本名松本智津夫、一九五五〜二〇一八）を含む死刑判決を受けた死刑囚一三名全員が、二〇一八（平成三〇）年七月に処刑された。二〇世紀後半の日本社会の最大の謎がこのオウム真理教事件である。

阪神淡路大震災のほぼ二ヶ月後に、東京で地下鉄サリン事件が起こり、そこから一連のオウム真理教事件となっていくのだが、阪神淡路大震災と同じ年に生起したこのオウム真理教事件が宗教やスピリチュアリティの探究に甚大な影響を与えたことは言うまでもない。その年の秋、日本トランスパーソナル学会の設立大会が伊豆で開催されたが、その席で、ある講師が、これでこの領域の探究が一〇年遅れることになるだろうと発言したことを忘れることができない。

オウム真理教では、「修行するぞ、修行するぞ、修行するぞ」と言い続ける麻原彰晃の声をヘッドホーンで聞きながら、麻原彰晃の脳波と「シンクロ」しようと弟子たちは懸命に修行していた。そのオウム真理教事件の問題点をここでは、次の四つの点から検討しておきたい。

①瞑想などの身心変容技法を用いた修行者が直面する「神秘体験」や「イニシエーション」や「魔境」の問題

②「グル」(師・霊的指導者)と成ること、「グル」であることの資格と基準

③弟子であることの倫理性

④「シンクロする」力の可能性と危険性――オウム真理教と『新世紀エヴァンゲリオン』に共通するもの

まず第一の問題、神秘体験やイニシエーションや魔境の問題から見ていこう。

宗教的修行者は、真面目に修行していれば、多かれ少なかれずある段階で必ず「神秘体験」の如きものを体験する。その「ある状態」を「イニシエーション」なり「奥義」なり「印可」なりと認定して、その修行者の修行の「境位(境地)」にある認可や承認を与えることがある。それは、その宗教集団の評価基準に照らして行われる。

釈迦は過度な修行、すなわち難行・苦行を戒めた。「出家」とは「出世間」、すなわち「発心(発菩提心)」を起こし、俗世を捨てて「修行者=求道者」となり、たゆまずその「求道」の道を歩み、一定の「修行」を修め、「真理=法(ダルマ)」を認識し、「解脱」の「智慧(般若)」を獲得することを目的とする。

オウム真理教が依拠した仏教とは、ブッダ(Buddha悟れる者、覚者)と「成る」(成仏)ための教えであり(=仏道)、仏陀の悟りの真理(dharma法)の教え(=仏法)である。であれば、「出家修行」は仏教本来

の原姿であるが、問題はその「修行」の内容と方法になる。ゴータマ・シッダッタがブッダ（覚者）と成ったのは、六年間の苦行の末であった。重要なのは、そこで断食やヨーガによる難行苦行を断念し、それを排して、静寂の中で身心をときほぐし解脱に至った点である。

解脱に至る前には、確かに釈迦は厳しい「修行」（苦行）を行なった。そこでさまざまな「神秘体験」や「超能力」や「不思議」を体験した。しかしそれは、釈迦に「悟り」も「解脱」ももたらさなかった。かえって、さらなる救いがたい執着や迷妄を生み出す危険があると見抜いた。「修行者」が陥りやすい「魔境」を釈迦はくまなく体験したといえる。そのことを「マーラ（魔羅）」の襲来として伝える仏伝が示している。だが、オウム真理教の「修行」はさまざまな「偏差」と「魔境」を孕んだ。教理内容も修行内容も問題が多い。それは過度に「超能力」や「神秘体験」や「イニシエーション」にこだわった点によく現われている。この問題は解決済みではない。今なお問題であり続けている。

このことが、第二の問題、「グル」（師・霊的指導者）と成ること、「グル」であることの基準にもつながる。「グル」であるためには、「解脱」していなければならないが、その「解脱」は「最終解脱者」を自ら名乗る麻原彰晃自身の自己申告に過ぎない。これを評価する上位者はいない。これは、自分は神だとか仏だとか勝手に名乗りを上げる主観的とも詐欺的とも詐称的とも言える言動となり、評価の妥当性を担保することができない。要するに、ニセブッダやニセキリストを厳しく査定する評価軸を持っていないことによる惑わしが発生するということになる。神道には、神の発する神託の真偽を問う「審神者《さにわ》」という伝統があるが、そのような判定者を持たない場合の虚偽や暴走に対する歯止め・ブレーキをどうするかは大きな問題である。

次に、第三の「弟子」であることの倫理性。「グル・師」や「教祖」につき従い学ぶということは「弟子」

としての礼や帰依を表明することでもある。しかし、この時、間違った「グル」に騙された「弟子」となったとすれば、その後の行動や人生に大きな禍根を残すことになる。「弟子」も「グル」の真贋を見分けることが要請される。「弟子」が気をつけるべきは、「正しいグル・師」に付いているかどうかの吟味である。だが、修行途中の迷い多き凡夫にそれが正しくできるかどうか、事はそれほど簡単ではない。このあたりも、慎重な吟味が必要である。

麻原彰晃の高弟で教団幹部であり、麻原とともに死刑に処せられた早川紀代秀は「消えない足跡——オウムと私の軌跡」(『私にとってオウムとは何だったのか』ポプラ社、二〇〇五)の中で、「なぜグル麻原のポアの指示に逆らえなかったのか?」という問いを立て、結論的に次のように述べている。「グル麻原が自分は人類のカルマを生産する地球規模の救世主であるという救世主幻想とでもいうべきグル幻想(グルのグル幻想)をいだき、それを私達も共有してしまったこと(弟子のグル幻想)、これがオウムの間違いの根本ではなかったかと思います。こうしたグル幻想(グルのグル幻想と弟子のグル幻想)を持ったがゆえに犯罪に走ってしまったのであり、こうしたグル幻想がなければ、オウムの凶悪犯罪は起こらなかったのではないかと思います」。グルと自称し弟子たちからもグル「尊師」として個人崇拝された麻原彰晃自身が抱いた「グルのグル幻想」と、早川ら死刑となった弟子たちが抱いた「弟子のグル幻想」という二重の「グル幻想」の中で、彼らは相互に依存し合い、行動も倫理もがんじがらめに緊縛し合っていたということになる。

最後の第四の「シンクロする」力の可能性と危険性であるが、これもなかなかデリケートな問題を含んでいる。というのも、そもそも密教や神秘主義は神秘的合一を目指すもので、「三密加持」とか「我即大日」とかと言った究極的実在者との合一を希求する。その合一先が、間違ったニセ究極的実在者であった場合、何が起こるか。ブラックホールのような、魔的な乗っ取りにより、自己を侵食され失うことになる。オウム真理教事件に関わった弟子たちに起こった問題もここに関係する。

麻原彰晃は弟子たちに「クローン」になることを要求した。麻原彰晃が説いた弟子の「精神の自由」を奪う教義は「クローン化」やヘッドギアを装着した教祖の脳波データとの同調を図る「修行」に端的に現われている。麻原彰晃は『教学システム教本』(オウム真理教教団刊、一九九四)の中で、「金剛乗の教えというものは、もともとグルというものを絶対的な立場において、そのグルに帰依をすると。そして、自己をからっぽにする努力をすると。その空っぽになった器に、グルの経験、あるいはグルのエネルギー、これをなみなみと満ち溢れさせると。つまり、グルのクローン化をする」と説教している。それによると、「金剛乗の教え」とは「グル」の絶対性を前提にして成り立つ。そこでは、弟子たる者の修行とは、「自己をからっぽにすることである。次いで、その「空っぽになった器」に、「グルの経験」や「グルのエネルギー」を注入して、「グルのクローン化」を成し遂げる。これが「グルへの帰依」であると説く。これは、弟子の「精神の自由」の完全収奪・完全支配であることは明らかである。

ところで、「三密加持」やグルのクローン化ともつながる「シンクロ」能力の問題の危険性として、オウム真理教と『新世紀エヴァンゲリオン』(一九九五年一〇月～一九九六年三月テレビ東京放送、全二六話)との関係を吟味しておきたい。主人公碇シンジ(EVA初号機のパイロット)も、「クローン」の綾波レイ(EVA零号機のパイロット)も、惣流・アスカ・ラングレー(EVA弐号機のパイロット)も、みな母親のいない一四歳の「境界年齢」の少年少女である。つまり、母親の喪失ということと「エヴァ(EVA)」と呼ばれる「汎用人型決戦兵器人造人間エヴァンゲリオン」に搭乗できる一四歳の少年少女の「シンクロ能力」に関係があるように設定されている。なぜならば、「エヴァ」のパイロットは母親のいない一四歳の少年少女から選抜されるからである。

この人造人間兵器「エヴァ」にはそれぞれ固有のパーソナルパターンのパルスがあるので、パイロットはそれによく似たパルスパターンの持ち主が選ばれ、「シンクロ能力」がテストされる。「シンクロ」するとパイロットと「エヴァ」とは同調してA10神経を使って「神経接続」され、その「シンクロ率」により機体に与えられたダメージの転写が変化する。

これらの「シンクロ能力」などの設定が、オウム真理教の「ヘッドギア」や「コピー」や「クローン」のありようと共通の構造を持っている点に注意したい。碇シンジらのエヴァ・パイロットが操縦する時には、パイロットはパイロット自身の脳とエヴァの機体とを接続するインターフェース・ヘッドセットを頭に被る。『新世紀エヴァンゲリオン』の庵野秀明監督が阪神淡路大震災やオウム真理教事件をどこまで意識し、組み込みながらアニメーション化したか、定かではない。しかし、「サード・インパクト」などの破局的様相を含む状況設定や人物設定や「シンクロ能力」の設定の仕方に、オウム真理教事件と阪神淡路大震災が影を射していることは間違いないであろう。

神秘主義思想や「神秘体験」という文脈においては、「シンクロ能力」は極めて重要な「能力」となる。新プラトン主義風に言えば、「流出」してきた「原型」や「原像」に復帰・帰還する「脱自・脱魂」能力に関わるからである。「神秘的合一」や「即身成仏」や「三密加持」能力とは、ある面では間違いなく「シンクロ能力」として測定することも可能である。

しかし、この「シンクロ能力」「同調能力」が集団的「霊的暴力」として悪用されればどうなるだろうか。

であるなら、オウム真理教事件をこうした身心変容技法を伴う「シンクロ能力」の誤作動として検討する必要があるだろう。その意味で、一九九五年に生起したオウム真理教事件と同年秋に放送されたアニメーションの『新世紀エヴァンゲリオン』とは、意図的に「シンクロ」させつつ、同列に論じていく必要がある。

ロバート・J・リフトンは『終末と救済の幻想――オウム真理教とは何か』（岩波書店、二〇〇〇）の中で、オウム真理教を「世界を破壊する計画において究極の狂信を究極兵器と結び付けた、史上初の集団」であると位置づけ、その「黙示録的暴力」のありようを関係者のインタビューや欧米での類似の事件の分析を通して炙り出している。確かに、オウム真理教には、「ノストラダムスの大予言」とか「ハルマゲドン」とかの終末論的なイメージを取り込んだキッチュな思想混合があり、それを独自の狂想的な陰謀史観や未来計画やユートピア思想と結びつけていた。リフトンは同書で述べている。「オウムの暴力――と暴力的な世界終末妄想――の核心には、誇大妄想的なグルと究極の絶滅兵器との相互作用があった」、「オウムの登場を説明しはじめるために、われわれは近現代の日本におけるさまざまな心理的・歴史的動向をみつめなければならない。これらの時期の日本には、暴力、国家的グルイズム、黙示録的な誘惑などが充満していた」と。ここで、リフトンが指摘している「国家的グルイズム」や「黙示録的な誘惑」に潜む霊的暴力の内実を見つめなければならないのである（鎌田、二〇一八）。

三　二〇〇〇年代の日本

ＷＨＯの「健康」の定義をめぐる議論と「スピリチュアリティ」

一九八〇年代以降、徐々に信仰の新しい形や現代の宗教意識を表す言葉として「スピリチュアリティ（spirituality）」ないし「霊性」という語が頻繁に用いられるようになってきた。それが現代世界の重要マターとして顕在化したのが、一九九八年に提起されたＷＨＯ（世界保健機関）における新しい健康の定義の検討であった。

これまで、「健康」の定義は、「健康とは、完全な肉体的、精神的及び社会的福祉の状態であり、単に疾病または病弱の存在しないことではない」（一九五一年官報掲載）"Health is a state of complete physical, mental and social well-being and not merely the absence of disease or infirmity" というものであった。これは、ＷＨＯ憲章の序文にも出ている健康観である。この健康の定義は、一九四六年六月にニューヨークで行われた国際保健会合で採択され、同年七月、六一ヶ国が署名して一九四八年四月に発効となった。

この健康の定義の変更が一九九八年に提起されることになった。一九九八年一月に行なわれた第一〇一回ＷＨＯ執行理事会で、東地中海地域加盟国のアフガニスタン、バーレーン、キプロス、ジブチ、エジプト、イラン、ヨルダン、クウェート、レバノン、リビア、モロッコ、オマーン、パキスタン、カタール、シリア、サウジアラビア、ソマリア、スーダン、チュニジア、アラブ首長国連邦、イエメンから出た見直し要求に基づく改正案の討議がなされた。

臼田寛と玉城英彦と河野公一は「ＷＨＯ憲章の健康定義が改正に至らなかった経緯」（臼田寛・玉城英彦・河野公一、二〇〇〇）の中で、「アラブ諸国がこの時期に改正案を提出した最も大きな理由の一つは、現行の

ＷＨＯ健康定義に含まれるphysical, mental and social well-beingという3つの指標が西洋医学の成熟限界に伴いphysical一辺倒となり、また、あまりに数値化、客観化されすぎた事の反動として伝統医学への回帰が起こった世界的流れの一環と無関係ではない」と指摘している。その背景には、一九八〇年代以降高まってきたホリスティック医学や代替医療、またアラビアのユナニ医学への再注目と再評価があった。臼田と玉城は代替医療の具体例として、ホメオパチー、ナチュロパチー、ホリスティック医療、心理療法、心霊療法、呪術療法、祈祷療法、アロマテラピー、ヒーリング・リラクゼーション、鍼灸、指圧、整体、食餌療法、ライフ・スタイル指導、薬草療法、気功療法、水療法、運動療法、マッサージ、電気治療、超音波療法、光療法、カウンセリングを挙げている。

こうして、ＷＨＯ執行理事会における改正案が次のように示された。"Health is a dynamic state of complete physical, mental, spiritual and social well-being and not merely the absence of disease or infirmity"（「健康とは、完全な肉体的、精神的、霊性的及び社会的福祉の活力ある状態であり、単に疾病または病弱の存在しないことではない」）。

しかし、この改正案が正式に提出された一九九九年五月に行なわれた第五二回ＷＨＡ（世界保健総会）では、実質的な審議が行われないまま事務局長預かりとなり、健康の定義は改正されなかった。以来、この改正案は事務局長預かりになったまま変化は見られない。とはいえ、注目したいのは、この改正案には従来の健康定義に、"spiritual"と"dynamic"という語が加えられた点である。つまり、従来の「身体的、心理的、社会的」良好に加えて、"spiritual"と"dynamic"という語を加えようと議論し、執行理事会では承認され、世界保健総会で決議されれば、「健康」には"spiritual"な面での充実が不可欠であるとの認識が世界中に共有されることになろうとしていたわけである。

実際はそこまでには到らなかったが、これは二〇世紀から二一世紀の宗教や霊性の問題を考える際の指標ともなる動向である。健康の定義に「spiritual」を入れることは、イスラーム世界からの提言で、最終的に欧米諸国や日本がこれに難色を示したことで健康の定義にスピリチュアルやダイナミックという言葉が入ることはなかったが、しかし、現代世界の健康観の一つのレベルとしてスピリチュアルな次元が想定されてきたという大きな動きを見過ごすことはできないだろう。ケアの領域でも、「心のケア」から「スピリチュアルケア」への踏み入れが起こってきたのが、二〇世紀末から二一世紀にかけてであったと言える。

「スピリチュアリティ」の探究と「死生学」の形成

現代社会で、瞑想と平和運動などの実践的な観点から「spirituality（霊性）」の必要を強く広く訴えてきた代表的な人物の一人は、チベットからの亡命者でありチベット仏教の最高指導者ダライ・ラマ一四世（一九三五〜）である。ダライ・ラマ一四世は「平和五原則」などの平和活動を評価され、一九八九（平成元）年にノーベル平和賞を受賞したが、ガンジーの衣鉢を継ぐ愛（慈悲）と非暴力的平和の運動は“spirituality”の実践であった。ダライ・ラマは『愛と非暴力』（春秋社、一九九〇）の中で、“spirituality”は「慈悲心＝compassion」の基台であり、智慧と慈悲の源泉であると主張している。

一九九〇年代から続く「パワースポット・ブーム」や聖地巡礼や美輪明宏や江原啓之らの「スピリチュアル・ヒーリング」のメディアでの登場（堀江、二〇一九）を含めて、二〇〇〇年代には「スピリチュアリティ」や「霊性」の希求は、一部の特殊な「新霊性運動」にとどまるものではなくなった。二〇〇一（平成一三）年九月一一日に起こったニューヨーク同時多発テロ事件、二〇〇五（平成一七）年四月二五日に起こったJR西日本福知山線脱線事故、またそれ以前、一九九七（平成九）年に起こった神戸連続児童殺傷事件（少年A・酒鬼薔薇聖斗事件）や二〇〇一年六月八日に大阪府池田市の大阪教育大学附属池田小学校で起こった児童無差別殺傷事件などによる被害者や遺族の喪失の悲嘆に向き合う「グリーフ（悲嘆）ケア」や「スピリチュアルケア」が「心のケア」の延長線上に前景化してきたのである。

それが二〇〇七（平成一九）年の日本スピリチュアルケア学会の設立、二〇〇九（平成二一）年の日本グリーフケア研究所の設立（翌二〇一〇年に上智大学に移管され、上智大学グリーフケア研究所となる）となり、阪神淡路大震災や池田小学校児童殺傷事件やJR西日本福知山線脱線事故の遺族や深い喪失を抱える人々へのグリーフケアを実践するケア実践者の育成が始まった。

この流れに並行するかのように、「死生学」の研究が東京大学を拠点に始まったのが、二〇〇二（平成一四）年である。その年から、東京大学大学院人文社会系研究科に二一世紀COE「死生学の構築」（拠点リーダー・島薗進）が始まり、二〇〇七（平成一九）年からはグローバルCOE「死生学の展開と組織化」（拠点リーダー・島薗進・一ノ瀬正樹）として引き継がれ、さらに二〇一一（平成二三）年からは死生学・応用倫理センターの活動となって現在に至っている。

一方、上智大学の教授でありカトリック神父であったアルフォンス・デーケン（一九三二〜二〇二〇）は一九八二（昭和五七）年から「生と死を考える会」を立ち上げ、日本における終末期医療やホスピス運動の先駆者ともなったが、その取り組みがカトリックの修道女で聖トマス大学教授であった高木慶子（一九三六〜）に引き継がれて上智大学グリーフケア研究所の活動となり、そこに二〇一三（平成二五）年から島薗進が加わり、二〇一六（平成二八）年から上智大学大学院実践宗教学研究科死生学専攻が立ち上がる。

一九九八（平成一〇）年から日本では自殺者が三万人を超え、また超高齢化社会に突入し、「多死時代」が叫ばれるようになる中で、このようなスピリチュアリティ（霊性）や死生学の問題が社会の重要な関心事となって前景化してきたのである。その反面、人と人との絆や共同体的な紐帯は希薄化し、二〇一〇（平成二二）年の流行語大賞に、「無縁社会」が選ばれるほど、無縁化への拍車がかかっていた。島田裕巳の書いた『葬式は、要らない』（幻冬舎新書、二〇一〇）が話題になったのもこの年であった。そんな矢先の二〇一一（平成二三）年三月一一日に、東日本大震災が起こり、福島原発の炉心溶融が起こった。

四　二〇一〇年代の日本——東日本大震災と臨床宗教師

東日本大震災の津波では、多数の行方不明者と身元不明者が出た。地震から約半年後の二〇一一年八月二七日の発表では、死者数は一五七三五人（二〇二〇年三月時点では一五八九九人：警察庁発表）。行方不明者数は四月五日の発表では一五三四七名で、その四ヶ月後の八月二七日付けで四四六七名（二〇二〇年三月時点で二五二九人）に減少した。これほどの行方不明者数の多さは、阪神淡路大震災でも中越地震でもなかった。津波によってどこへ行ったか分からない。一ヶ月たっても二ヶ月たっても見つからない。見つからない肉親をどのように扱えばよいのか？　それは死者なのか？　生者なのか？　その時に去来した悲嘆は複雑である（複雑性悲嘆）。

また、遺体が見つかっても、損傷がひどく、姿形も全体が分からない。肉親が探しに行っても確信を持てるほどの痕跡を留めていないこともある。それは、死体であり、遺体であり、死者であることは分かっているが、どこの誰の死体であるか分からない。身元不明の遺体。その遺体をどう扱えばいいのか?

東日本大震災は、否応なく、このような行方不明者と身元不明者の葬儀と埋葬に関わらなければならなかった。しかし、身元が分からなくても葬儀を行なう必要があった。そのようなやむにやまれぬ事情の中で、合同葬儀が執り行われることになった。その時、神道、仏教、キリスト教、新宗教など、さまざまな宗教・宗派の宗教者が集まって合同礼拝の形で葬儀を執り行なった。

身元不明者の場合、どのような宗教宗派に属しているのか分からない。分からないけれども、これ以上埋葬を先延ばしにするわけにはいかない。とすれば、さまざまな宗教宗派の合同葬儀で死者に対し、遺体に対して哀悼の意を表しつつとりあえずの葬儀を執り行なうほかない。どこの誰かが分からなくても、死者と死体に祈りを捧げ、儀礼的に弔わなければならない。

このような事態が東日本大震災の時に起こってきた。そのことは諸宗教・諸宗派の宗教者の連携を促すことになった。自分たちの一宗一派の立場などにこだわってはいられなくなった。合同で葬儀をし、共に敬虔に祈り、鄭重に弔う儀式を行なうことが死者への供養や鎮魂だとするしかなかった。

そのような経緯や事情と経験を通して生まれてきたのが「臨床宗教師」という公共空間で活動する宗教家であった。「臨床宗教師」という命名は、宮城県仙台市で緩和ケアに従事していた岡部健医師(一九五〇〜二〇一二)に由る(金田、二〇二一)。岡部は、被災直後に設立された「心の相談室」の室長を務めたが、それを母胎に二〇一二年に東北大学大学院文学研究科実践宗教学寄附講座が開設された。そしてそこで日本で最初に「臨床宗教師」の名で、宗教学や死生学やスピリチュアルケアや臨床実習を組み合わせた研修と養成が始まり、それが各大学に拡がっていったのである。その後、諸大学研究機関もこれに取り組み、二〇二一年五月二〇日現在の有資格者は二〇三名である。これら認定臨床宗教師の資格を有する人たちが全国各地で活動し、各種メディアで取り上げられることも多くなっている（藤山、二〇二〇）。

「心のケア」が問題となった阪神淡路大震災後の臨床心理学や精神医学の広がりと展開に対して、東日本大震災後においては、心のケアからさらに一歩踏み込んだ「スピリチュアルケア」や「グリーフケア」や「宗教的ケア」が前景化した。これはこの約二五年余の大きな社会変化である。

こうして、二〇一六（平成二八）年二月二八日、「日本臨床宗教師会」（会長・島薗進）が設立された。同会の設立趣意書には、「臨床宗教師（interfaith chaplain）」とは、「被災地や医療機関、福祉施設などの公共空間で心のケアを提供する宗教者」であると規定されている。「臨床宗教師」という言葉は、これまで台湾などでも用いられてきたが、日本では欧米の聖職者「チャプレン」に対応する日本語として、故岡部健医師が東日本大震災後の二〇一二年にその必要性を提唱してから広く使用されるようになり、大きな反響を呼びながら新しい活動と運営のうねりを生み出してきた。

基本的に、臨床宗教師は、自宗の布教や伝道をすることを目的としない。相手の価値観や人生観や信仰を尊重しながら、各自が立脚する宗教者としての経験を活かして、苦悩や悲嘆を抱える人々に寄り添う。そして、さまざまな専門職とチームを組み、宗教者として全存在をかけて人々の苦悩や悲嘆に向き合い、かけがえのない個人の経験と物語をあるがまま受けとめ、そこから感じ取られるケア対象者の宗教性を尊重し、スピリチュアルケアと宗教的ケアを行なう。

臨床宗教師という名称は、「チャプレン」（病院や刑務所や軍隊などで行なうキリスト教聖職者の宗教的ケア実施者）や「ビハーラ僧」（仏教聖職者の仏教的ケア実施者）や「パストラルケアワーカー」（キリスト教司牧者のケア実施者）などを包含している。各宗教の一宗一派の立場や方式を超えて、各宗教者のそれぞれの宗教的基盤を尊重しそれに敬意を払いながらも、それにとらわれずに広く協力していく。仏教やキリスト教や神道や新宗教など、さまざまな信仰を持つ宗教者が協力して活動と展開を始めているのである。

臨床宗教師が誕生するきっかけとなったのは東日本大震災である。「3・11」後、医師や看護師や臨床心理士らによる「心のケア」と、悲しみに寄り添う宗教者の支援活動が被災者に生きる希望と助けと支えとなった。加えて、支援した宗教者みずからが被災者の思いやりや優しさに支えられ、生きる意味と宗教の存在意義を改めて学び直した。二〇一一年四月、島薗進を中心に、宗教者や宗教学者や医療関係者らによって「宗教者災害支援連絡会」が設立され、それに連動しつつ、「臨床宗教師」の動きも活発になっていったのである。

先にも述べたように、東日本大震災では、津波によるこれまでにない多数の行方不明者や身元不明者が出た。気の遠くなるような捜索と確認の作業とその過程での悲嘆や絶望、そして葬儀の問題。死者をどのように見送り、埋葬し、鎮魂・供養すればよいのか？　人間の生存と生死にかかわる本質的な問題に直面せざるを得なかった。ケアや死生観が切実な叫びと希求を伴って被災地の現場で問われた。

また、福島原子力発電所の炉心溶融による放射能被害により、居住地を離れるほかない故郷喪失者が多数出たことも、これまでにない新たな深い喪失経験となった。町ごと、コミュニティごと、そこの自然と生活圏全体を喪うことになったからである。

被災地の大半を占める東北地方には古くからのシャーマニズム的な民間信仰が色濃く残っていた。恐山のイタコのように、死者の霊と交信・交流する習俗も特異な事例ではない。この習俗化し身体化した民間信仰の基盤は知的な認識や意識的な行動を超えて、あるいは包み込んで作用する、まさにスピリチュアルなリアリティを持っている。そこで、幽霊体験なども多く報告され、死者との民間伝承的な交信現象も多数浮上してきている。

そのような死の前景化の過程におけるもう一つの新しい変化として、「G.R.A.C.E.」の活動がある。「G.R.A.C.E.」は、医療人類学者であり僧侶でもあるジョアン・ハリファックス（一九四二〜）が考案した死にゆく過程と共にある"being with dying"のプログラムを研究し実践する集まりである。そこでは、仏教的実践の中核になるコンパッション（compassion: 慈悲心・思いやり）に基づいて、ケア者自身のあり方や死生観を見つめ深めていくプログラムが最新の脳科学や認知科学の成果を取り入れながら考案されている。「G.R.A.C.E.」とは、①Gathering attention（注意を集中させること）、②Recalling intention（動機と意図を想い起こすこと）、③Attunement to self/other（自己と他者の思考、感情、感覚に気づきを向けること）、④Considering what will serve（何が役に立つかを熟慮すること）、⑤Engaging and Ending（行動を起こし、終結させること）の頭文字をとった合成語であるが、英語で「優雅・気品・思いやり・恵み・神の恩寵」などの意味を持つ「grace」との掛詞でもある。

最初の「G」の「注意の集中」は、まさにそれが「マインドフルネス」であり、今ここのこの瞬間に注意を集中させて、落ち着いていることができるかどうかをチェックする。そして次に、「R」の自分がなぜここにいるのか、その動機や意図を想い起す。さらに、「A」の自分や他者に波長を合わせて深い交感ができる状態に導く。そして、「C」の今ここで何ができるか、何が役に立つのかを熟慮する。最後に、「E」の関わりを持ちながら実際に行動し、終結させる。このような過程をプログラム化している。

このプログラムの発案者のジョアン・ハリファックスは、『死にゆく人と共にあること――マインドフルネスによる終末期ケア』（井上ウィマラ監訳、春秋社、二〇一五）の中で、バーニー・グラスマン老師の提唱した平和構築の基礎となる「三つの信条」を示している。その三つの信条とは、①「知らない（わかったつもりにならない）ということ」（not knowing）、②「見届ける（見守る）こと」（bearing witness）、③「慈悲深い行為」（compassionate action）の三つである。ジョアン・ハリファックスは、同書で、「これら三つは、死にゆく人や、悲嘆にくれる人や、ケアを提供する人たちとのあいだで私が経験したことを反映しています。三つの信条は、死にゆくプロセスと共にあることを実践するとき、私にとってのガイドラインになっています」と述べている。

また、自分自身をモニターチェックするテーラワーダ（上座部）仏教のヴィパサナ瞑想や禅に端を発する「マインドフルネス」の三つの鍵を、①気づき、②リラックス、③手放すことと述べている。最初に、注意を凝らして、自分の状態に気づかなければならない。そして、自分が陥っている状態に気づくことによって、意識と行動との間に余白が生じ、余裕が生まれる。そして、自分の傾向や気がかりなことを手放すことによって解放される。そのようなプロセスを辿ることによって、心をクリーニングしリフレッシュしノンストレスにメインテナンスする。それがマインドフルネスの目指す方向である。

マインドフルネスをエビデンスに基づいてストレス低減法として医療の領域に活用し定着させた分子生物学者のジョン・カバット・ジンは、『マインドフルネスストレス低減法』（春木豊訳、北大路書房、二〇〇七）の中で、マサチューセッツ大学メディカルセンター（マインドフルネスセンター）での四〇〇〇例の症例をもとに、「マインドフルネスとは、意図的に、この瞬間に、評価することなく注意することで湧き上がる気づきである」と述べ、その瞑想の特徴を、①判断しないこと、②忍耐強さ、③ビギナーズマインド、④信頼、⑤頑張らないこと、⑥受容、⑦手放すこととした。

ジョン・カバット・ジン（一九四四〜）は身心の相互関係を臨床研究し、慢性疼痛やストレスを持つ患者に有効なハタヨガと瞑想を組み合わせた八週間のプログラムであるマインドフルネスストレス低減法（MBSR）を開発し、一九七九年からマサチューセッツ大学のマインドフルネスストレス低減センターで臨床応用を始めた。

だが、どのようにマインドフルネスを講じても、いつかは必ず誰にでも死が訪れてくる。また、死を含むさまざまな喪失や破局的事態に直面する。その時、どのような心構えで向き合えばよいのか。最終的にはそれぞれの死生観と覚悟を構築するほかないのだが、ジョアン・ハリファックスは前掲書の中で次のように述べている。「破局的事態というのは、たいてい、息も詰まるほどの恐怖に囚われた状態から、力強さや、智慧や、やさしさが解き放たれる局面となります。死に向かいながら、私たちはさらに生き生きとすることができます。心あるいは人生が溶解していく只中で、それに立ち会いケアをするなら、慈悲の種をまくことができます。このようにすることで、私たちは成熟し、透明性や親密さが生みだされます。私たちが肉体的にも精神的にも傷つきやすいということは、もしそれを自分に許すなら、進むべき道と今ここを教えてくれます。それはまた感謝と謙虚さをも育んでくれます。破局的であることは、スピリチュアルな道の本質である。一連の挫折を経ることによって、私たちは、人生のすべてを一枚の布全体に織りあげる糸を発見することができます。」

ジョアン・ハリファックスは、人は死に向かいながらもさらに生き生きとすることができるという。そこから力強さや知恵や優しさが生まれてくるともいう。破局的な過程を通過することがスピリチュアリティを深めていくという事態は、自然災害の多発や新型コロナウイルスのパンデミックで、「世界史的多死時代」を迎えている今日、けっして生易しくも簡単でもないけれども、そこから生と死の意味の探究と確認を伴う味わい深い人生過程である。

かつて、精神科医のエリザベス・キューブラー＝ロス（一九二六～二〇〇四）は、『死ぬ瞬間』（*On Death and Dying* 原著一九六九、川口正吉訳、読売新聞社、一九七一）において、死の過程で現われる五つの心理的段階を提示し、注目を浴びた。①否認、②怒り、③取引、④抑鬱、⑤受容の五段階である。癌などで死を告知されたり、死を目前にした患者は動揺する。衝撃を受け、そんなはずはないと否定する。だが、その事実が打ち消し難いものと知ると、どうしてこの今、この自分が死ぬ羽目にならねばならないのかと怒りが湧いてきて、それを周りにぶつける。そして、何とかならないか、何とかして助かる方法はないかと延命への道を探し、いろいろと取引を試みようとする。何でもするから命だけは助けてほしいとかとすがる思いで神にすがったりする。しかしそれも無駄なことだと分かると、いかんともし難いことの事態に無力を覚え、失望感を抱き、抑鬱状態に陥り、絶望と悲嘆に暮れる。そして最後に、死を受け容れるほかないと諦める。

その死の受容の過程で、いろいろなレベルでの和解が生まれるかどうかが、死に至る最終段階の課題である。自分自身との和解、他者との和解（肉親・友人・知人・先祖・子孫などなど）、自然・生命・宇宙との和解。突き詰めて言えば、「ごめんなさい。ありがとう。愛している。」ということを心の底から言えるかどうかで人生の意味と他者との関わりが変わってくる。

二〇二〇（令和二）年に感染拡大が爆発した新型コロナウイルスCovid-19が現代社会に突き付けた問いは深く、根源的である。自然と人間、文明と社会、人と人との関わり、それらすべてが関わりながら、混乱の極みにあるかのような世界的混乱と混迷の中で全体性・根源性・深みというスピリチュアリティの本源に向かって問いと探索は静かに深く進行しつつある。

参考文献

荒俣宏・鎌田東二編（一九八七）『神秘学カタログ』河出書房新社
臼田寛・玉城英彦・河野公一（二〇〇〇）「WHO憲章の健康定義が改正に至らなかった経緯」『日本公衛誌』第四七巻第一二号
加藤清・鎌田東二（二〇〇一）『霊性の時代』春秋社
加藤寛（二〇一四）「こころのケアのあり方を巡って」『復興』一〇号 Vol.6, No.1,「特集 災害復興における医療・福祉の展開」日本災害復興学会
金田諦應（二〇二一）『東日本大震災――3・11 生と死のはざまで』春秋社
鎌田東二（一九八五）『神界のフィールドワーク――霊学と民俗学の生成』創林社
――（一九九五）『宗教と霊性』角川選書
――（二〇〇五）『霊性の文学誌』作品社
――（二〇一一）『現代神道論――霊性と生態智の探究』春秋社
――（二〇一六）『世直しの思想』春秋社
――（二〇一八）「身心変容技法と霊的暴力」『サンガ』二〇一八年一二月号
喜納昌吉・鎌田東二（一九九九）『霊性のネットワーク』青弓社

こころのケアセンター編（一九九九）『災害とトラウマ』みすず書房
櫻井義秀（一九九七）「新宗教の形成と社会変動―近・現代日本における新宗教研究の再検討―」『北海道大學文學部紀要』第四六巻一号
島薗進（一九九二）『現代救済宗教論』青弓社
――（一九九六）『精神世界のゆくえ――現代世界と新霊性運動』東京堂出版
――（二〇〇七）『スピリチュアリティの興隆――新霊性文化とその周辺』岩波書店
島薗進・島田裕巳・鎌田東二・吉福伸逸・岡野守也・松澤正博（一九九三）『宗教・霊性・意識の未来』春秋社
島田誠（一九九七）『蝙蝠、赤信号をわたる――アート・エイド・神戸の現場から』神戸新聞総合出版センター
ジョアン・ハリファックス（二〇一五）『死にゆく人と共にあること――マインドフルネスによる終末期ケア』井上ウィマラ監訳、春秋社
――（二〇二〇）『コンパッション』海野桂訳、英治出版
滝口俊子・大村哲夫・秋田信編（二〇二一）『共に生きるためのスピリチュアルケア――医療・看護から宗教まで』創元社
ダライ・ラマ（一九九〇）『愛と非暴力――ダライ・ラマ仏教講演集』三浦順子訳、春秋社
チャールズ・タート（一九八二）『サイ・パワー――意識科学の最前線』井村宏次・岡田圭吾訳、工作舎
――（二〇〇一）『覚醒のメカニズム――グルジェフの教えの心理学的解明』吉田豊訳・大野純一監訳、コスモス・ライブラリー
西山茂（一九七九）「新宗教の現状――〈脱近代化〉にむけた意識変動の視座から」『歴史公論』一九七九年七月、歴史公論社
――（一九九一）「霊術系新宗教の現在と将来」『G-TEN』第五九号、天理やまと文化会議
藤山みどり（二〇二〇）『臨床宗教師――死の伴走者』高文研
堀江宗正（二〇一九）『ポップ・スピリチュアリティ』岩波書店

松澤正博・鎌田東二（一九八六）『魂のネットワーキング――日本精神史の深域』泰流社
ラム・ダス（一九八七）『ビー・ヒア・ナウ――心の扉をひらく本』吉福伸逸他訳、平河出版社
ロバート・J・リフトン（二〇〇〇）『終末と救済の幻想――オウム真理教とは何か』岩波書店

編者紹介

島薗進（しまぞの・すすむ）

一九四八年生まれ、東京大学大学院人文科学研究科博士課程単位取得退学、東京大学名誉教授、上智大学グリーフケア研究所所長。

末木文美士（すえき・ふみひこ）

一九四九年生まれ、東京大学大学院人文科学研究科博士課程単位取得退学・博士（文学）、東京大学名誉教授、国際日本文化研究センター名誉教授。

大谷栄一（おおたに・えいいち）

一九六八年生まれ、東洋大学大学院社会学研究科社会学専攻博士後期課程修了・博士（社会学）、佛教大学教授。

西村明（にしむら・あきら）

一九七三年生まれ、東京大学大学院人文社会系研究科基礎文化研究専攻宗教学宗教史学専門分野博士課程単位取得退学・博士（文学）、東京大学准教授。

本論執筆者紹介

島薗進（しまぞの・すすむ）

一九四八年生まれ、東京大学大学院人文科学研究科博士課程単位取得退学、東京大学名誉教授、上智大学グリーフケア研究所所長。

塚田穂高（つかだ・ほたか）

一九八〇年生まれ、東京大学大学院人文社会系研究科博士課程修了・博士（文学）、上越教育大学大学院学校教育研究科准教授。

高橋原（たかはし・はら）

一九六九年生まれ、東京大学大学院人文社会系研究科博士課程単位取得退学・博士（文学）、東北大学大学院文学研究科教授。

堀江宗正（ほりえ・のりちか）

一九六九年生まれ、東京大学大学院人文社会系研究科博士課程単位取得退学・博士（文学）、東京大学大学院人文社会系研究科教授。

川村覚文（かわむら・さとふみ）
一九七九年生まれ、ロンドン大学ゴールドスミス校にてコミュニケーション・文化・社会修士号取得後、オーストラリア国立大学にて思想史研究で博士号取得、関東学院大学人間共生学部コミュニケーション学科専任講師。

及川高（おいかわ・たかし）
一九八一年生まれ、筑波大学大学院人文社会科学研究科歴史・人類学専攻修了・博士（文学）、沖縄国際大学総合文化学部社会文化学科准教授。

飯嶋秀治（いいじま・しゅうじ）
一九六九年生まれ、九州大学大学院人間環境学研究科修了・博士（人間環境学）、九州大学大学院人間環境学研究院准教授。

鎌田東二（かまた・とうじ）
一九五一年生まれ、國學院大學大学院文学研究科博士課程単位取得満期退学、上智大学大学院実践宗教学研究科特任教授・京都大学名誉教授。

コラム執筆者紹介

岡本亮輔（おかもと・りょうすけ）
一九七九年生まれ、筑波大学大学院人文社会科学研究科修了・博士（文学）、北海道大学大学院メディア・コミュニケーション研究院准教授。

川又俊則（かわまた・としのり）
一九六六年生まれ、成城大学大学院文学研究科博士後期課程満期退学、鈴鹿大学こども教育学部教授。

橋迫瑞穂（はしさこ・みずほ）
一九七九年生まれ、立教大学大学院社会学研究科博士課程後期課程修了・博士、立教大学社会学部兼任講師。

磯前順一（いそまえ・じゅんいち）
一九六一年生まれ、東京大学大学院人文科学研究科博士課程中退・文学博士（東京大学）、国際日本文化研究センター研究部教授。

稲場圭信（いなば・けいしん）
一九六九年生まれ、東京大学文学部卒、ロンドン大学キングスカレッジ大学院博士課程修了・博士（宗教社会学）、大阪大学大学院人間科学研究科教授。

前川健一（まえがわ・けんいち）
一九六八年生まれ、東京大学大学院人文社会系研究科博士課程修了・博士（文学）、創価大学大学院文学研究科教授。

近代日本宗教史　第六巻
模索する現代——昭和後期～平成期
二〇二一年七月二十日　第一刷発行
編　者　島薗　進・末木文美士・大谷栄一・西村　明
発行者　神田　明
発行所　株式会社　春秋社
東京都千代田区外神田二―一八―六（〒一〇一―〇〇二一）
電話〇三―三二五五―九六一一　振替〇〇一八〇―六―二四八六一
https://www.shunjusha.co.jp/
印刷・製本　萩原印刷株式会社
装　丁　美柑和俊
定価はカバー等に表示してあります
ISBN 978-4-393-29966-1

近代日本宗教史［全6巻］

第1巻　維新の衝撃——幕末～明治前期
明治維新による国家の近代化が宗教に与えた衝撃とは。過渡期に模索された様々な可能性に触れつつ、神道、仏教、キリスト教の動きや、西洋思想受容の過程を論じる。（第1回配本）

第2巻　国家と信仰——明治後期
近代国家日本として国際社会に乗り出し、ある程度の安定を得た明治後期。西洋文化の受容により生まれた新たな知識人層が活躍を見せる中で宗教はどのような意味を有したのか。（第3回配本）

第3巻　教養と生命——大正期
大正時代、力を持ってきた民間の動きを中心に、大正教養主義や社会運動、霊能者やジェンダー問題など新たな思想の流れを扱う。戦争に向かう前、最後の思想の輝き。（第2回配本）

第4巻　戦争の時代——昭和初期～敗戦
天皇崇敬が強化され、著しく信教の自由が制限されるなかで、どのような宗教現象が発生したのか。戦争への宗教の協力と抵抗、そしてナショナリズムの思想への影響を考察する。（第5回配本）

第5巻　敗戦から高度成長へ——敗戦～昭和中期
敗戦により新たな秩序が生まれ、焦土から都市や大衆メディアが立ち上がる。「神々のラッシュアワー」と表現されるほどの宗教熱の高まりとは何だったのか。新たな時代の宗教現象を扱う。（第4回配本）

第6巻　模索する現代——昭和後期～平成期
現代の閉塞感のなかで、宗教もまた停滞するように思われる一方、合理主義の限界の向こうに新たなニーズを見いだす。スピリチュアリティや娯楽への宗教の関わりから、カルト、政治の問題まで。（第6回配本）